国际儒学联合会教育系列丛书

汉唐书局

丛书指导委员会主任　滕文生

总主编　钱逊　执行总主编　于建福

国际儒学联合会　国家教育行政学院国学教育研究中心　组编

张岂之　李学勤

中华传统文化经典诵读

周易

山东城市出版传媒集团·济南出版社

本书编著　温海明　韩盟

图书在版编目（CIP）数据

周易 / 温海明，韩盟编著 . — 济南：济南出版社，
2019.11

（中华传统文化经典诵读 / 钱逊，于建福主编）

ISBN 978-7-5488-4012-1

Ⅰ . ①周… Ⅱ . ①温… ②韩… Ⅲ . ①《周易》—注
释 Ⅳ . ① B221.2

中国版本图书馆 CIP 数据核字（2019）第 248813 号

出 版 人	崔　刚
丛书策划	冀瑞雪
责任编辑	冯文龙
	张子涵
图书审读	马恒君
封面设计	李海峰
	谭　正
版式设计	张　倩

出版发行	济南出版社
地　　址	山东省济南市二环南路1号（250002）
编辑热线	0531-86131747（编辑室）
发行热线	82709072　86131747　86131729　86131728（发行部）
印　　刷	山东新华印刷厂潍坊厂
版　　次	2020 年 1 月第 1 版
印　　次	2020 年 1 月第 1 次印刷
开　　本	185 mm×260 mm　1/16
印　　张	17.25
字　　数	340千
印　　数	1—10000册
定　　价	49.00元

汉唐书局

总序

党的十八大以来，以习近平同志为核心的党中央以高度的文化自信，大力倡导弘扬中华优秀传统文化。习近平同志指出："优秀传统文化是一个国家、一个民族传承和发展的根本，如果丢掉了，就割断了精神命脉"；"中华民族有着五千多年的文明史，创造和传承下来丰富的优秀文化传统"，"我们决不可抛弃中华民族的优秀文化传统，恰恰相反，我们要很好传承和弘扬，因为这是我们民族的'根'和'魂'，丢了这个'根'和'魂'，就没有根基了"。习近平同志的这些论述，是指导我们弘扬中华优秀传统文化，做好中华优秀传统文化教育的重要南针。近几年来，在习近平新时代中国特色社会主义思想指引下，国人文化自信得到彰显，中华优秀传统文化得以广泛弘扬，国家文化软实力和中华文化影响力大幅提升。

教育工作的光荣任务就是传授知识传承文化，而学校则是传授知识传承文化的主要场所。历史的经验反复说明，要做好教育工作，既取决于教师的文化知识积累和讲授水平，又取决于学校课程的合理设置和教材的编写质量。要做好传承中华优秀传统文化的教育工作，亦复如是。

习近平同志在谈到有关教材编写工作时指出："我很不赞成把古代经典诗词和散文从课本中去掉，'去中国化'是很悲哀的。应该把这些经典嵌在学生脑子里，成为中华民族文化的基因。"2017年1月，中共中央办公厅、国务院办公厅颁布的《关于实施中华优秀传统文化传承发展工程的意见》，要求按照一体化、分学段、有序推进的原则，把中华优秀传统文化贯穿于启蒙教育、基础教育、职业教育、高等教育、继续教育各领域，以幼儿、小学、中学教材为重点，构建中华文化课程和教材体系，并要求实施中华文化经典诵读工程。教育部颁布的《完善中华优秀传统文化教育指导纲要》，要求从小学到大学，都要分学段由浅入深地贯穿中华优秀传统文化的教育，在小学、中学、大学的课程设置中要强化中华传统文化的教育内容；并要求修订中华传统文化的相关教材，组织编写中华优秀传统文化的普及读物。

正所谓"工欲善其事，必先利其器"。要提高教师以及学生的传统文化素养，编写一套供大家诵读和研修的中华传统文化经典诵读本，很有必要，也是当前亟须的。为此，国际儒学联合会、国家教育行政学院国学教育研究中心联合济南出版社，共同推出了《中华传统文化经典诵读》系列丛书。

《中华传统文化经典诵读》系列丛书第一辑包括《论语》《孟子》《大学》《中庸》《三字经》《百家姓》《千字文》《千家诗》《弟子规》《声律启蒙》共10种，已由济南出版社出版发行，深受读者欢迎，也赢得多方好评。第二辑拟包括《周易》《诗经》《孝经》《孔子家语》《老子》《庄子》《荀子》《孙子兵法》《史记》《近思录》《传习录》《六祖坛经》《颜氏家训》《笠翁对韵》《增广贤文》《名贤集》等读本，其中《孝经》《老子》《增广贤文》《名贤集》《笠翁对韵》《龙文鞭影》读本已出版，其他读本拟于2020年出齐，以满足广大读者诵读经典、研修经典的需要。

"文化兴国运兴，文化强民族强。没有高度的文化自信，没有文化的繁荣兴盛，就没有中华民族伟大复兴。"具有里程碑意义的党的十九大确立的习近平新时代中国特色社会主义思想，为中华优秀传统文化传承发展提供了精神支柱和力量源泉。作为新时代学人，传承和发展中华优秀传统文化，恰逢其时，时不我待，任重道远。我们应按十九大报告提出的要求，深入挖掘和阐发中华优秀传统文化尤其是经典中蕴含的思想观念、人文精神、道德规范，结合时代要求继承创新，让中华文化展现出永久魅力和时代风采。

编委会

2018年4 月

　　本书是供读者学习经典，也可以兼供教学参考的普及性读物，包括导论、《周易》上经、《周易》下经、系辞上传、系辞下传、说卦传、序卦传、杂卦传七章。

　　导论部分介绍了《周易》的重要价值。《周易》上下经文解读部分包括六十四卦卦辞三百八十四爻爻辞的注释、大意两个部分。经典原文以唐代孔颖达《周易正义》为依据。原文断句以意群明白、结构清晰、意思明了为宗旨，参考现当代断句而成，并标注读音，以方便诵读和教学。注释力求简明扼要、清楚直截、择善而从。大意是对原文的白话文译述和解释，参考现当代译文和历代解读，力求有根有据、逻辑连贯、前后呼应、明白晓畅。注释和大意主要参考《周易正义》王弼注、孔颖达疏，唐李鼎祚《周易集解》，宋程颐《周易程氏传》，宋朱熹《周易本义》，明王夫之《周易内传》《周易外传》，清李道平《周易集解纂疏》，今人马恒君《周易正宗》，黄寿祺、张善文《周易译注》，金景芳、吕绍纲《周易全解》，朱高正《周易六十四卦通解》，杨庆中《周易解读》等，以传解经，辨象证义，力求象数与义理融会贯通，强调卦变在解读卦爻辞当中的核心地位，通过卦变释读卦象，做到纲举目张，文字精准明晰，义理深入浅出，希望能够引人深思，回味无穷，百读不厌。

《周易》系辞上传、系辞下传、说卦传、序卦传、杂卦传部分主要是解读大意，《易传》本来就是解读经文的，理解《易传》是为了更好地解读卦爻辞。译释大意主要参考历代注释和现当代解读，力求提纲挈领、要言不烦、言简意赅、明白晓畅。为了理解的方便，有些译文带有解释的意味，尤其是对《说卦传》的解读，很多卦象需要略加解释，很多古代字词前后的联系和脉络需要通过注释和大意揭示出来。读者通读《易传》大意，就可以感受卦中爻与爻之间上下往来推移的奇妙意味，卦与卦之间跌宕起伏、荡气回肠一般的互联互通，象与象之间天光地影、山重水复、流转变幻的无限风光，从而领略《周易》精妙绝伦的哲理意趣和象数鬼斧神工般的灵通意境。

卦变学说是易学研究中的哥德巴赫猜想，基于卦爻辞背后的卦变线索梳理而成的"文王卦变方圆图"是学习和理解《周易》最难的内核，本书仅点到为止，学有余力且对此问题有兴趣的师友们可以继续研究马恒君以及虞翻、李鼎祚、朱震、朱熹、丁易东、吴澄、董守谕、毛奇龄、潘思榘、惠栋、李道平等古今易学家的相关著作。

温海明　韩　盟

2018 年 10 月 23 日

目录

导论 / 1

第一章 上经 / 4

乾为天（卦一）（乾下乾上）/ 4

坤为地（卦二）（坤下坤上）/ 14

水雷屯（卦三）（震下坎上）/ 21

山水蒙（卦四）（坎下艮上）/ 24

水天需（卦五）（乾下坎上）/ 27

天水讼（卦六）（坎下乾上）/ 30

地水师（卦七）（坎下坤上）/ 33

水地比（卦八）（坤下坎上）/ 37

风天小畜（卦九）（乾下巽上）/ 40

天泽履（卦十）（兑下乾上）/ 43

地天泰（卦十一）（乾下坤上）/ 45

天地否（卦十二）（坤下乾上）/ 49

天火同人（卦十三）（离下乾上）/ 52

火天大有（卦十四）（乾下离上）/ 55

地山谦（卦十五）（艮下坤上）/ 57

雷地豫（卦十六）（坤下震上）/ 60

泽雷随（卦十七）（震下兑上）/ 62

山风蛊（卦十八）（巽下艮上）/ 65

地泽临（卦十九）（兑下坤上）/ 67

风地观（卦二十）（坤下巽上）/ 70

火雷噬嗑（卦二十一）（震下离上）/ 72

山火贲（卦二十二）（离下艮上）/ 75

山地剥（卦二十三）（坤下艮上）/ 77

地雷复（卦二十四）（震下坤上）/ 80

天雷无妄（卦二十五）（震下乾上）/ 83

山天大畜（卦二十六）（乾下艮上）/ 85

山雷颐（卦二十七）（震下艮上）/ 88

泽风大过（卦二十八）（巽下兑上）/ 91

坎为水（卦二十九）（坎下坎上）/ 94

离为火（卦三十）（离下离上）/ 97

第二章　下经 / 100

泽山咸（卦三十一）（艮下兑上）/ 100

雷风恒（卦三十二）（巽下震上）/ 103

天山遯（卦三十三）（艮下乾上）/ 106

雷天大壮（卦三十四）（乾下震上）/ 108

火地晋（卦三十五）（坤下离上）/ 111

地火明夷（卦三十六）（离下坤上）/ 114

风火家人（卦三十七）（离下巽上）/ 117

火泽睽（卦三十八）（兑下离上）/ 120

水山蹇（卦三十九）（艮下坎上）/ 123

雷水解（卦四十）（坎下震上）/ 125

山泽损（卦四十一）（兑下艮上）/ 128

风雷益（卦四十二）（震下巽上）/ 131

泽天夬（卦四十三）（乾下兑上）/ 134

天风姤（卦四十四）（巽下乾上）/ 137

泽地萃（卦四十五）（坤下兑上）/ 140

地风升（卦四十六）（巽下坤上）/ 143

泽水困（卦四十七）（坎下兑上）/ 145

水风井（卦四十八）（巽下坎上）/ 148

泽火革（卦四十九）（离下兑上）/ 151

火风鼎（卦五十）（巽下离上）/ 154

震为雷（卦五十一）（震下震上）/ 157

艮为山（卦五十二）（艮下艮上）/ 160

风山渐（卦五十三）（艮下巽上）/ 163

雷泽归妹（卦五十四）（兑下震上）/ 166

雷火丰（卦五十五）（离下震上）/ 168

火山旅（卦五十六）（艮下离上）/ 172

巽为风（卦五十七）（巽下巽上）/ 174

兑为泽（卦五十八）（兑下兑上）/ 177

风水涣（卦五十九）（坎下巽上）/ 179

水泽节（卦六十）（兑下坎上）/ 182

风泽中孚（卦六十一）（兑下巽上）/ 184

雷山小过（卦六十二）（艮下震上）/ 187

水火既济（卦六十三）（离下坎上）/ 190

火水未济（卦六十四）（坎下离上）/ 193

第三章　系辞上传 / 196

第一节 / 196

第二节 / 198

第三节 / 199

第四节 / 200

第五节 / 201

第六节 / 202

第七节 / 203

第八节 / 203

第九节 / 208

第十节 / 210

第十一节 / 212

第十二节 / 216

第四章　系辞下传/ 219

第一节 / 219

第二节 / 221

第三节 / 225

第四节 / 225

第五节 / 226

第六节 / 232

第七节 / 233

第八节 / 235

第九节 / 236

第十节 / 237

第十一节 / 238

第十二节 / 238

第五章　说卦传/ 241

第六章　序卦传/ 251

第七章　杂卦传/ 259

篇章体例

◎ 原文

◎ 注释

◎ 大意

导论

　　《周易》是一部充满神奇色彩而又家喻户晓的书，其成书年代久远，穿越古今，在各个历史时期都备受关注。有"不读易不可为将相"（唐虞世南）的政治高度，有"闲坐小窗读《周易》，不知春去几多时"（宋叶采）的诗情画意，有"何以明吾志，《周易》在床头"（唐白居易）的豪情壮志，有"各朝学者，无不读《易》者，无不悉医者，医者易也，医则调身，易则调神"（清曾国藩）的高深学问，当然也有"《周易》就是一本算命书"的大众化认识。有的人会被《周易》深深吸引，穷尽毕生精力去探赜索隐；有的人则冷眼旁观，难以入门。有时候，《周易》能得到官方的重视而被大力推广，特别是在古代，有些皇帝会亲下诏书修订《周易》注释本，从而推行文治武功，教化百姓。如唐朝孔颖达奉唐太宗敕命编写《周易正义》，其他的如明朝的《周易经传大全》（明成祖），清朝的《易经通注》（顺治）、《日讲易经解义》（康熙）、《周易折中》（康熙）、《周易述义》（乾隆），都是历代统治者重视《周易》的明证。有时也会因其神秘性而遭到冷落甚至排斥。《周易》历经起起伏伏，在官方和民间都有极高的地位。《系辞传》说："《易》与天地准，故能弥纶天地之道。"《周易》之道与天地齐准，《周易》之道就是宇宙自然的规律。

纵观自然界，万物看似互不相关，各自生存，实际上人们通过意识之感，可以与万物相通，人们正是通过《周易》的模拟想象方式去领悟自然，认识人生，感悟生命。《周易》的感通使人心通于万物，本心通于他人。整个《周易》系统，上经是乾卦创生，生生不息，下经是咸卦开头，从感开始，从而达到人与自然相通，心意与易道相感通的状态。

《周易》从八卦出发，形成一套模拟自然的象征性符号系统，后经文王系文辞，孔子作《易传》，将这套符号系统的意义从天道贯通到人世之间，发挥出人伦道德含义，也使人心通达万物之情。《周易》希望通过对具体物进行取象，使人心能够转化物、理解物，然后彻底感通天地，领会宇宙的本然状态。人的心念有大有小，所以《周易》经文中有君子、小人之别，人们学习成长的过程，是小人变成君子，心领神会、学达致天的过程，从而使人的起心动念跟易道相通，达到趋吉避凶，最终可以达到"与天地合其德，与日月合其明，与四时合其序，与鬼神合其吉凶"的大人境界。

《周易》"周流六虚，变动不居"，"不可为典要"，学习《周易》要能够随机应变，但对于其中的伦理善恶标准，必须准确把握。《周易》看似重视吉凶利害的趋避，但其实更重视对伦理道德的约束和把握，只有这样才能更好地趋吉避凶。对善恶标准的判定，实际上在《易传》里说得很清楚，那就是"继之者善"。所以，《周易》的伦理标准是向善的，只有向善才可以成就道德，超越吉凶祸福的外在约束。

《周易》教人修身养性，学达性天，之所以最后能超越伦理意义上的吉凶祸福，是因为《周易》之教，从根本上说是动机论，而不是后果论。也就是说，《易》教不是功利主义的，而是动机主义的。虽然《周易》充满伦理意味，有很多伦理性的判断，也通过对伦理标准的把握来趋利避害，但这绝不是说《周易》就是功利至上的，而正因为强调伦理追求，才证明《易》教是修养第一的，目的是修养人的伦理道德。《周易》中虽然用了很多"利"字，《易传》中也多处提到利害观念，但《周易》本质上是一种动机论，而且这个动机论有一个很重要的特点，就是动机当以天地自然之善为最核心的原发端点。

《周易》很强调人间正义问题，《周易》通过阴阳变化、刚柔迭用来表达天道阴阳的自然损益，以指导分配的合理性。如果不按照《周易》的道理行事，私心太多，个人的欲望和违反天道的内容太多，就会事与愿违。《周易》从大自然生生不息最本源、最正义的规律出发，所以，正义是天道自然的分配，人间社会要推天道以明人事，人间的公平应该是天道公平的推理，那么人间的利益分配当以天道自然运作的损益为合理的参照。《周易》扶阳抑阴，"遏恶扬善"，在阴阳消长的过程当中，在可能掌握的范围内，要让阴阳互动处于一种合理的平衡，这就是易道在人间显现的正义。

　　人们通过学习《周易》，领悟易道能够使自身达观，修身养性，治国济民，成就事业，与自然、社会和谐相处。《周易》帮助人领略人与世界的关联关系，追求人心与宇宙规律之间的和谐境界。人通过学习《周易》，领悟易道以后，要能利于他人，道济天下，成就一种"大人"境界。

第一章 上 经

䷀ 乾为天（卦一）（乾下乾上）

^{qián} ^{yuán hēng lì zhēn}
乾①：元亨利贞②。

^{tuàn} ^{yuē} ^{dà zāi qián yuán} ^{wàn wù zī} ^{shǐ}
《彖》③曰：大哉乾元④，万物资⑤始，

^{nǎi tǒng} ^{tiān} ^{yún xíng yǔ shī} ^{pǐn wù} ^{liú xíng} ^{dà míng}
乃统⑥天。云行雨施，品物⑦流形。大明⑧

^{zhōng shǐ} ^{liù wèi} ^{shí chéng} ^{shí chéng liù lóng yǐ yù tiān}
终始，六位⑨时成。时乘六龙以御天。

^{qián dào} ^{biàn huà} ^{gè zhèng xìng mìng} ^{bǎo hé tài hé}
乾道⑩变化，各正性命⑪。保合太和⑫，

【注释】①〔乾〕卦名，象征天和像天一样刚健的事物。②〔元亨利贞〕卦辞，乾卦的四德。指元始，亨通，利宜，贞正。③〔《彖》〕彖传是对卦辞的解释，是一卦的宗旨，《系辞传》说："知者观其彖辞，则思过半矣！"④〔大哉乾元〕大哉，叹美之辞，这里用来表达对乾阳创生力之壮观和崇高的由衷赞叹。乾元，乾阳的创生之力。⑤〔资〕依赖，借助。⑥〔统〕统帅，统御。⑦〔品物〕有形的万物。⑧〔大明〕太阳，也指白天。⑨〔六位〕六个时空状态，对应乾卦六爻的不同时位。乾阳之力的运行，区分出六个不同时位的模型来对应自然时空流变过程，显得万物各自有不同的时位。⑩〔乾道〕乾阳之道，乾阳之力，纯粹创生的阳力。也指天道。⑪〔性命〕万物的本性，性情与命运，遭际。⑫〔保合太和〕保合是保持和聚合，有致元气之中和境界。太和是最和谐的状态。保合太和是保持元气不消散，时刻持守元气。

【大意】乾卦象征阳天刚健，元始创生，亨通顺畅，和谐有利，强健贞正。

《彖传》说：乾阳的创生之力真伟大啊！万物依赖它创始，从而得到自己的生命和适宜的本性，它统帅着天道和天体的运行过程。云气流行，雨泽施布，生机充沛，阳气流变化生成为有形的万物。太阳东升西落，循环往复，并且根据太阳运动过程区分出六个时空状态，对应乾卦六爻的不同时位，好像阳气按时乘着六条巨龙驾驭大自然的运化。

乃利贞^①。首出庶物^②，万国咸^③宁。

《象》^④曰：天行健^⑤。君子以自强不息。

初九^⑥：潜^⑦龙，勿用。

《象》曰："潜龙勿用"，阳在下也。

九二^⑧：见（现）^⑨龙在田，利见大人。

《象》曰："见（现）龙在田"，德施普也。

【注释】①〔贞〕强健正固，生生不息。②〔庶物〕各种事物，言其众多。③〔咸〕都。④〔《象》〕是象辞，分大象辞和小象辞。大象辞紧跟在卦辞、彖辞之后，小象辞附在各个爻辞之后。这里是乾卦的大象辞。大象辞是阐述由上下两个八卦的组合关系而引申的人伦道德。⑤〔健〕刚健强劲，健行不懈。⑥〔初九〕是乾卦初爻的称呼，也称"爻题"或"爻序"，爻序号。卦是从下往上数，处在第一爻位的叫"初"。"九"指阳爻。《周易》以奇数为阳，偶数为阴。阳数顺序，在"七"与"九"里，七为少阳，九为老阳。阴数逆序，在"六"与"八"里，"八"为少阴，"六"为老阴。占筮时"用九""用六"，老阴老阳为动爻、变爻，该爻的爻辞才起作用，因此，以"九"称阳爻，以"六"称阴爻。⑦〔潜〕潜藏，潜伏。引申为韬光养晦之意。⑧〔九二〕爻序号，各卦从下往上数，第二爻为阳爻称"九二"，阴爻称"六二"，下同。⑨〔见〕"现"的古字。《易》例以初爻与二爻表示地位，初位表示地下，二位表示地上。三爻四爻表示以人为代表的万物之位，五爻与上爻表示天位。

【大意】乾阳之道运行流转，化生万物，成就万物各自相宜的性和命，聚合乾阳元气并保持在最和谐的状态，以利于健强正固，（万物能够生生不息）。（乾阳的这种创生之力贯通在天地万物与人世之间），乾阳是万物之首，创生出各种事物，使天下万邦都安宁昌顺。

《象传》说：乾阳的创生之道周而复始，永无止息，刚健强劲，君子应效法此乾阳之道，坚志强意，奋发进取，绝不停歇。

初九：龙潜于水中或藏于地下，不可急于施展才用，应当潜藏以待时。

《象传》说：蛰伏在地下的龙，适宜保持不发动的状态，等待发动的时机。潜藏的状态好比初九阳爻处于全卦的最下位，不应当发动是因为即使发动了也发挥不了任何作用。

九二：龙出现在田地之上，象征有利于见到大人物。

《象传》说：龙已出现在地面上，其所作所为开始为世所知，好像人的德行施布普遍，并得到广泛认可。

九三：君子终日乾乾①，夕惕②若
厉③，无咎④。

《象》曰："终日乾乾"，反复道也。

九四：或⑤跃⑥在渊，无咎。

《象》曰："或跃在渊"，进无咎也。

九五：飞龙在天，利见（现）大人。

《象》曰："飞龙在天"，大人
造⑦也。

【注释】①〔乾乾〕刚健又刚健，精进不止、奋进不息。乾本义是物之上出，又解释为健，在文中引申为要像生物创生所体现出来的刚健有力那样刚健又刚健。②〔惕〕警惕，居安思危。③〔厉〕危厉，危险。④〔咎〕过咎，过错，因自身过错而带来灾害，所谓咎由自取。所以又有灾害之意，有时也可解为祸患。⑤〔或〕或者。又通"惑"，有疑惑、详审之意。⑥〔跃〕飞跃，与第五爻的"飞"互文。⑦〔造〕造就，造化，走运。这里指正当兴盛、兴旺之时，可以大有作为。

【大意】九三：君子一天到晚勤勉健行，直到深夜都保持警惕，戒慎的状态好像危险如影随形。只要保持这样的忧患意识，就能够没有过错，免遭祸患。《象传》说：君子白天夜晚都精进不休，自强不息，这是说君子按照乾阳之道反复修炼。

九四：或腾跃上进，或退居深渊，都没有过错和祸患。

《象传》说：龙在此位，或者向上一跃登天，上天行云布雨，施展自己的本领；或者向下潜回深渊之中，入地韬光养晦，回到本来的安居之所，前进没有过错和祸患，可以尝试进取。

九五：龙在天空中高飞，是出现有德有位大人的有利时机。

《象传》说：龙飞上了高位，处在一个十分有利的时势地位，能够实现大人的造化，风云际会，可以一展身手，建功立业。

上九①：亢②龙，有悔③。

《象》曰："亢龙有悔"，盈④不可久也。

用九⑤：见（现）群龙无首，吉。

《象》曰："用九"，天德不可为首也。

《文言》曰："元"者，善之长也；

"亨"者，嘉之会也；"利"者，义之和

也；"贞"者，事之干也。君子体仁，足

以长人；嘉会，足以合礼；利物，足以

【注释】①〔上九〕各卦最上一爻称"上"，阳爻称上九，阴爻称上六。②〔亢〕穷极高亢。③〔悔〕悔恨，忧悔。④〔盈〕盈满完美，盈即是亢。⑤〔用九〕《易》占七、九为阳数，八、六为阴数，占卜只用老阳、老阴之数。六十四卦唯乾坤两卦有用九用六，其他六十二卦皆乾坤所生，故凡遇阳爻皆用阳九之道，凡遇阴爻皆用阴六之德。

【大意】上九：龙飞到穷极高亢之处，必有悔恨。

《象传》说：龙飞到极高之处，必然犯错而后悔，因为盈满完美的状态不可能持续长久。

用老阳之数九：在乾卦六爻随时都可能出现，犹如出现群龙，无首无尾，都不以首领自居，所以吉祥。

《象传》说：用老阳之数九，六个阳爻都不以首领自居，这是效法乾阳之大德，天德创生万物，功成而不居首，功成身退而不居功。

《文言》说，"元"始创生就是首要的善，就是"仁人之心"，因为善之大者，莫过于元气生养万物；"亨"通顺利是心意顺礼而形成心与物、心与行的嘉美会合；人心要通天，法天畅养万物，方能造福于人，此间就要合乎心通天之分寸（义），在意念当中使万物各得其宜，意念实化也即心意转化为现实之后才能彼此和谐，心意通天才算学到了天之"利"；心意既正又固，学习天行之健，意念实化出来展现为成事的骨干品格。君子之心仁人爱物，时刻都足以为人之长。心意融通万物所以能够聚合嘉美之缘，成事通畅而合乎礼节，如此才能利人益物，从而实现心物融通与和谐之义。意念实化的意志力如此坚贞强固，方才足以干成事业。

和义；贞固，足以干事。君子行此四德
者，故曰"乾：元、亨、利、贞"。

初九曰"潜龙勿用"，何谓也？子
曰："龙德而隐者也。不易①乎世，不成
乎名，遁世无闷，不见是②而无闷。乐
则行之，忧则违之，确乎其不可拔，潜
龙也。"

九二曰"见（现）龙在田，利见大
人"，何谓也？子曰："龙德而正中者
也。庸③言之信，庸行之谨，闲邪④存
其诚，善世而不伐⑤，德博而化。《易》

【注释】 ①〔不易〕持守意念不随世俗改易。②〔不见是〕个人的意念不被社会主流意识认可、承认，接纳。③〔庸〕日常，平常。④〔闲邪〕防止邪恶之心发动与付诸邪行。⑤〔伐〕矜伐，自夸，夸耀功劳的心境为人所知。

【大意】 君子之心意通效天道四方面的品德，也就是乾阳之意元、亨、利、贞四向之谓。

问："初九爻辞'潜龙勿用'说的是什么意思？"孔子答道："是说具有龙那样的品德但又隐遁起来的人。他这种坚守意念的品德不会因世俗的观点而改变，也不去争逐世俗的功名。他的思想意念从社会主流大环境中隐退出来，但他不为此苦闷，即使不被社会承认，也不发愁忧闷。社会公共意识乐于接受自己的意念，就把自己的意念公布并推行出去；如果不乐于接受自己的意念，那就离开公共之境而隐遁起来，反正持守自己的意念状态是坚定而不动摇的，这种状态就好像龙潜在水中深藏不露一样。"

曰：‘见（现）龙在田，利见大人’，君德
也。”

九三曰“君子终日乾乾，夕惕若
厉，无咎”，何谓也？子曰：“君子进德
修业。忠信所以进德也。修辞①立其
诚，所以居业也。知至至之，可与言
几②也。知终终之，可与存义也。是故
居上位而不骄，在下位而不忧，故乾
乾因其时而惕，虽危无咎矣。”

【注释】①〔修辞〕修正反省言辞，这里指通过修养心意和言语表达来实现人文教化。②〔几〕先几，变化之几，几微，精妙微小。

【大意】问："九二爻辞‘见龙在田，利见大人’，说的是什么意思？"孔子回答："这指的是持守意念具有龙那样的德行境界且还能保持中正状态的人。日常说话时能守信用，日常办事时能谨慎虔敬，起心动念真诚纯净所以能防止邪恶入侵，意念发动保持永久的诚中之意，即使对社会有贡献，也不能自我显示夸耀，心境与德行广博深厚，足以用仁人之意化育世人。《易经》说‘见龙在田，利见大人’，这是君王的道德！"

问："九三爻辞‘君子终日乾乾，夕惕若厉，无咎’，说的是什么意思？"孔子的意思是说："君子要终日修己，以提升道德修养，努力树立自己的德行。意念保持忠诚信实，用以增进品德；说话讲求言辞适宜，内心真诚信实，有利于立定功业。意念随境感应到时势之中有机遇到来，就让意念与时势相合，顺应促使它到来，这就可以说意念能顺应几微从而具有先见之明了。意念之中感应到事情即将终止，就顺应而适可而止，这样就可以说是懂得什么是义而能相宜行事了。因此，处在上位不会骄矜，处在下位不会忧虑。所以能自强不息，按所处的时势条件不断警省自己，那样即使处于险境也不会有咎害。"

九四曰"或跃在渊，无咎"，何谓也？

子曰："上下无常，非为邪也。进退无恒①，非离群也。君子进德修业，欲及时也，故无咎。"

九五曰"飞龙在天，利见（现）大人"，何谓也？子曰："同声相应，同气相求。水流湿，火就燥，云从龙，风从虎，圣人作②而万物睹。本乎天者亲上，本乎地者亲下，则各从其类也。"

上九曰"亢龙有悔"，何谓也？子曰："贵而无位，高而无民，贤人在下

【注释】①〔恒〕常，固定不变。②〔作〕兴作，兴起。

【大意】问："九四爻'或跃在渊，无咎'，说的是什么意思？"孔子的意思是说："或跃上去，或退下来，不是固定不变的，但都不是出于邪恶的动机。前进也好，后退也好，也不是固定不变的，但都不会离开自己的群类而众叛亲离。君子在提高道德修养，建立功业，总是想不错过意念与机缘相合的时机，所以不会有咎害。"

问："九五爻'飞龙在天，利见大人'，说的是什么意思？"孔子的意思是说："声律相同就会发生共鸣，气息相同就会互相吸引。水会先向湿处流；火会先扑向干燥的地方。云总是随着龙，龙兴起则有景云出现，风总是跟着虎，虎啸则狂风起，圣人出现，万物自然能感应到，并且愿意看到他。以天为本的事物会亲近天，以地为本的事物会亲附地。万物都是如此，各自随从它自己的群类。"

问："上九爻'亢龙有悔'，说的是什么意思？"

wèi ér wú fǔ　　shì yǐ dòng ér yǒu huǐ yě
位而无辅，是以动而有悔也。"

qián lóng wù yòng　　xià yě　　xiàn　lóng zài
"潜龙勿用"，下也。"见（现）龙在

tián　　shí shè yě　　zhōng rì qián qián　　xíng shì yě
田"，时舍①也。"终日乾乾"，行事也。

huò yuè zài yuān　　zì shì yě　　fēi lóng zài tiān
"或跃在渊"，自试②也。"飞龙在天"，

shàng zhì yě　　kàng lóng yǒu huǐ　　qióng　zhī zāi yě　　qián
上治也。"亢龙有悔"，穷③之灾也。乾

yuán　yòng jiǔ　　tiān xià zhì yě
元"用九"，天下治也。

qián lóng wù yòng　　yáng qì qián cáng　　xiàn
"潜龙勿用"，阳气潜藏。"见（现）

lóng zài tián　　tiān xià wén míng　　zhōng rì qián qián　　yǔ shí
龙在田"，天下文明。"终日乾乾"，与时

xié xíng　　huò yuè zài yuān　　qián dào nǎi gé　　fēi lóng
偕行。"或跃在渊"，乾道乃革。"飞龙

【注释】①〔舍〕居住，驻扎，古时行军行旅时暂住之所。②〔自试〕自我试验，自己尝试一下身手。③〔穷〕穷尽，穷困。

【大意】孔子的意思是说："正如尊贵却没有职位，高高在上却不得民众，下面有贤明之人却得不到辅佐，因此一旦行动必有忧悔。"

"潜龙勿用"是处在低下的时位，不可争着出头露面。"见龙在田"是处在暂时停留很快会上去的时势中，可以崭露头角。"终日乾乾"，处在不能松懈的时候，人要努力学习为人处世，精进不休。"或跃在渊"是处在进退有据的时位，可以试一试自己的身手，检验自身品德与能力。"飞龙在天"是处在高贵地位的时势，可以在上位治理天下。"亢龙有悔"是说上九处在穷极的时位，穷途末路，必有灾悔。乾元"用九"是说能像乾元那样运动变化，就会化不通为通，天下即可得到大治。

初九"潜龙勿用"是因为阳气还处在潜藏之时。九二"见龙在田"是因为阳气冒出地面，万物生长，品德自然显现，天下变得光明灿烂有文彩。九三"终日乾乾"是能够伴随着时势一起前行，顺天应人，自强不息。九四"或跃在渊"是因为处于上下卦之际，是乾道发生变革之时，革潜而跃。

在天"，乃位乎天德。"亢龙有悔"，与
时偕极。乾元"用九"，乃见（现）天则。

《乾》"元"者，始而亨者也。"利
贞"者，性情也。乾始能以美利利天
下，不言所利①，大矣哉！大哉乾乎！
刚健中正，纯粹精也。六爻发挥，旁
通情也。"时乘六龙"，以"御天"也。
"云行雨施"，天下平也。

君子以成德②为行，日可见之行也。

"潜"之为言也，隐而未见（现），行

【注 释】①〔不言所利〕功成不居，没有什么利处可言，意即对天下万物都有利。
②〔成德〕成就道德。

【大 意】九五"飞龙在天"是因为进居天位与天同德。上九"亢龙有悔"是因为随着时势的发展一同进入穷极之时。乾元"用九"是因为用九可以体现天道变的法则。

"乾卦象征天，元始创生"，说明乾阳元气是创生天地万物的根源，使万物得以顺畅生长发育；"和谐有利，强健贞正"是乾阳创生力的本性和所发出的情状。乾阳创生力从一开始就能以善美的利益来惠济天下，却不说出它所施予天下的恩惠，这是多么巨大的恩惠啊！乾阳的创生力太伟大了！刚劲强健，居中守正，纯粹不杂，精阳至诚；六爻发动变化，可以旁通其他六十三卦，通达万物发展的情理以及自然规律，犹如顺着时节乘驾六条飞龙，驾驭大自然而巡视天空，行云布雨，万物均平接受恩泽，天下祥和太平。

君子将成就德业的实践贯彻在行为当中，并且是每日精进可见的行为当中，以达知行合一。

而未成，是以君子“弗用”也。

君子学以聚之，问以辩之，宽以居之，仁以行之。《易》曰：“见（现）龙在田，利见大人”，君德也。

九三重刚①而不中②，上不在天，下不在田，故乾乾因其时而惕，虽危无咎矣。

九四重刚而不中，上不在天，下不在田，中不在人③，故“或”之。“或”之者，疑之也，故“无咎”。

【注释】①〔重刚〕阳爻也称刚爻，两阳爻紧邻为重刚。一说九三以阳爻居于阳位，是重刚，重刚有过刚之意。②〔中〕二爻为下卦之中位，五爻为上卦之中位，在中能具有中道。③〔中不在人〕三爻与四爻为以人为代表的万物之位。九四虽属人位，但人离开二位（地表），又在三爻人上，不接地气，所以“中不在人”，不在人的合适位置上。

【大意】初九爻辞所讲的“潜”，指的是意识当潜藏隐伏而不显现，即使有所行动也没有成形，此时君子的意念暂时无法展开，所以显得无用。

君子要想成就道德功业，就应该勤奋学习，积累学问，积蓄德性；积极问辩来解决疑难，明辨是非；宽裕从容地保持安守所学所辨之理；以仁恕忠厚之心行事接物。《易经》说“见龙在田，利见大人”，这是起心动念的修养皆到了君王所具备的道德水平。

九三刚爻与刚爻相重，又不在下卦的中间位置，既没有上达天位，又没有下到地位，所以健动不息，表现为人因所处的时势而保持自我警惕，只要审时度势，即使有危险也不会有咎害。

九四也是刚爻与刚爻相重，也不在中位，上不到天，下不在地，又不在人的合适位置上。（可以说是处在进退不定的位置），所以爻辞用“或”来说明它。“或”有游疑不定的意思，进退均可，故无咎害。

夫"大人"者，与天地合其德，与日
月合其明，与四时合其序，与鬼神合其
吉凶，先天①而天弗违，后天而奉天时。
天且弗违，而况于人乎？况于鬼神乎？

"亢"之为言也，知进而不知退，
知存而不知亡，知得而不知丧。其唯
圣人乎！知进退存亡而不失其正者，
其唯圣人乎！

☷☷ 坤为地（卦二）（坤下坤上）

坤：元亨。利牝马之贞。君子有攸

【注释】①〔先天〕人的心思意念发动于天的提示和警告之前。

【大意】九五爻辞所说的"大人"，他发心行事与天地生养万物的德行相契合；他恩德遍布与日月普照大地的光明相契合；他治事有节与四季风调雨顺时序相契合；他经天纬地与鬼神福善祸淫的吉凶相契合。他的起心动念即使领先于天道变化的征兆，天道都会顺应他，他的思想意念如果跟随着天道变化的征兆，他会顺应天时运化。天道尚且不会违背他的意志，而去顺应他，更何况一般人呢？更何况鬼神呢？

所谓"亢"，就如同说只知道盲进而不知道退隐，只知道生存而不知道死亡，只知道获得而不知道丧失。只有圣人吧！能知道进退存亡相互依存转化的关系而不失去中正之道，大概只有圣人能做到吧！

坤卦象征地，元始化生，亨通顺畅。

往，先迷，后得主，利西南得朋，东北
丧朋。安贞吉。

《彖》曰：至哉坤元，万物资生，乃
顺承天①。坤厚载物，德合无疆②。含弘
光大③，品物咸亨。牝马地类，行地无
疆，柔顺利贞。君子攸行，先迷失道，
后顺得常。"西南得朋"，乃与类行。
"东北丧朋"，乃终有庆④。"安贞"之

【注释】①〔顺承天〕顺从秉承乾阳之力量或意念。顺承天是坤卦所当拥有的顺承品德。②〔无疆〕形容时间上久远，空间上无边。③〔含弘光大〕内涵弘博，光明远大，博施厚济。④〔"西南得朋"，乃与类行。"东北丧朋"，乃终有庆〕按照朱震《汉上易传》中的《斗建乾坤终始图》，通过十二消息卦理解一年四季阴阳消长的规律，从南至西是阴长阳退，阴在西南方伴随同类而行；从北至东是阳长阴退，阴在东北方是丧失同类朋友，而阴以阳为主，丧朋却可得主。

【大意】适宜像雌马那样持柔顺且守贞正，就会有利。君子有所前往，就像雌马，如果抢先居首就会迷失方向，如果随后顺从，就会得到有乾阳之意的主人。在西、南的阴方，与同类相伴，会找到朋友，有利；在东、北的阳方，失去同类朋友，却可以找到有乾阳之意的主人，也有利。安于柔顺，持守正道，吉祥。

《象传》说：广大至极的坤阴元气的化生之力啊！万物都依赖它才能化生，它顺从秉承乾阳才能形成阴阳合体，成就事物。坤阴象征大地深厚承载万物，它的柔顺德性与乾天刚健相合，万物生生不息，久远无边。内涵弘博，光明远大，博施厚济，万物遍受滋养，亨顺通畅。雌马与坤地都有着同样类型的柔顺德性，能在无边无际的大地上驰骋，配合天地无疆之德，它温柔和顺，利于持守正固。君子有所前往，如果抢先居首就会迷失方向，这违背阳主阴顺的常道；如果随后顺从，就会得到有乾阳之力的主人，这符合阳主阴顺的常道。在西方（坤兑）和南方（巽离）的阴方，会找到朋友，这是与同类相伴，在东方（艮震）、北方（乾坎）的阳方，失去同类朋友，却可以找到乾阳主人，最终得到喜乐吉庆。安于持守顺承乾阳正道的吉祥，这应和大地无边无际、无穷无尽的化生之力。

"吉"，应地无疆。

《象》曰：地势坤。君子以厚德载物。

初六①：履②霜，坚冰至。

《象》曰："履霜、坚冰"，阴始凝也。驯③致其道，至"坚冰"也。

六二：直、方④、大，不习⑤，无不利。

《象》曰：六二之动，直以方也。"不习无不利"，地道光（广）⑥也。

六三：含章⑦可贞，或从王事，无

【注释】 ①〔初六〕指坤卦初爻。"六"指阴爻，见5页注⑥。②〔履〕踩，脚下踏过为履。③〔驯〕顺，循序渐进，在初六爻辞中意为顺着初六阴气凝结而由霜结冰的趋势发展下去。朱熹作"慎"讲，这是从人效法天道来说的，也就是顺天道，慎人事。④〔方〕通晓大义，大气，代表格局宽广宏大。⑤〔习〕本义是小鸟多次练习飞行，转为重复，取义修习、练习多而熟能生巧。⑥〔光〕解释爻辞"大"，通"广"。⑦〔含章〕蕴含着章美才华。

【大意】《象传》说：坤卦象征大地的气势，顺承乾阳，化生并包容万物。君子修行人天之意，要效法大地的气势，不断增厚德性，承载万事万物。

初六：脚踩到霜，就要想到凝结成坚冰的严寒时节马上就要来到。

《象传》说：由踩霜到变为坚冰，是因为初六为阴爻，霜的出现说明阴气已经开始凝结，顺着这个趋势发展下去，阴气凝聚成为坚冰自然来到。

六二：大地生物正直，地体端方，包容广大，地道率性而为，顺其自然，从无刻意修习营为，万物自然化生，无所不利。

《象传》说：六二的变动，正直而端方。从无刻意修习营为，万物自然化生，无所不利，这就是大地广阔无尽的柔顺之道。

六三：蕴含章美心意，足以持守正道。如果顺从君王做事，即使不建功立业，也能够得到善终。

chéng yǒu zhōng
成有终。

xiàng　yuē　　hán zhāng kě zhēn　　　yǐ shí fā yě
《象》曰："含章可贞"，以时发也。

huò cóng wáng shì　　　zhì　　guǎng　　dà　　yě
"或从王事"，知（智）光（广）大①也。

liù sì　kuò　náng　wú jiù wú yù
六四：括②囊，无咎无誉。

xiàng　yuē　　kuò náng wú jiù　　shèn　bú hài yě
《象》曰："括囊无咎"，慎③不害也。

liù wǔ　huáng cháng　yuán jí
六五：黄裳④，元吉⑤。

xiàng　yuē　　huáng cháng yuán jí　　wén zài zhōng yě
《象》曰："黄裳元吉"，文在中⑥也。

shàng liù　　lóng zhàn yú yě　　　qí xuè xuán huáng
上六：龙战于野⑦，其血玄黄。

【注释】①〔知光大〕考虑深远广大而有智慧之象。②〔括〕清代段玉裁《说文解字注》中说，"括：絜也。絜者，麻一端也。引申为絜束之絜。凡物围度之曰絜。贾子度长絜大是也。束之亦曰絜。"其本义就是结、扎束、包括，用绳或带子结扎、捆束 。③〔慎〕谨言慎行。④〔黄裳〕裳是下衣，衣是上衣。乾为衣，坤为裳。五位为上卦坤之中位，为中央土，土色黄。颜色配五行：黄土、青木、白金、赤火、黑水。按古代的人文观念，"黄裳"有居下、中正而美的品德。⑤〔元吉〕最吉，头等的吉利。"元吉"比"大吉"还好。⑥〔文在中〕《说卦传》："坤为文。"意为中正又具有文采之美。文在中，则采见于外。⑦〔野〕郊野、远地，也有野性与生机之意，取象为上六旷远之地而彰显生性之大。

【大意】《象传》说：蕴含章美心意，足以持守正道，说明六三应该等待合适的时机再展现其心意。如果时机适宜，也要顺从君王做事，即使成功也不认为是自己所致，只不过是顺乾而成，这才是智慧广大恢宏的表现。

六四：扎紧袋口，深藏不露，虽然得不到赞誉，但也不会有危害。

《象传》说：扎紧袋口，不会有危害，是因为处在六四之时位必须做到谨言慎行，不显心露意，不与人争功，以避免危害。

六五：身着黄色裙裳，大吉大利。

《象传》说：穿着黄色衣裳，跟各种颜色都能和谐配合，大吉大利，说明六五居于上卦中位，有中顺之德，不但外表中正和美，而且内涵文采之美。

上六：阴阳二龙在郊野交战，两败俱伤，流出的血青黄混杂。

《象》曰："龙战于野"，其道穷也。

用六：利永贞。

《象》曰：用六"永贞"，以大终也。

《文言》曰：坤至柔而动也刚，至静而德方，后得主而有常，含①万物而化光（广）②。坤道其顺乎，承天而时行。

积善之家必有余庆，积不善之家必有余殃。臣弑其君，子弑其父，非一朝一夕之故，其所由来者渐矣，由辩（辨）

【注释】①〔含〕包容，蕴含。②〔光〕通"广"。

【大意】《象传》说：地龙与天龙在郊野交战，是因为纯阴之道发展到了穷途末路（上六居亢极之位，处于卦外），非战不可。

用老阴之数六：利于永远持守正道。

《象传》说：用老阴之数六，有利于永久保持贞正的操守，这样才能最终成就坤阴广大的生育化成之功。

《文言》说：坤阴至为柔顺，但运行起来却很刚健，极为安静而化生之德却流布四方，随从乾阳，以乾阳为主，保持阳主阴顺的常道，化生万物，含养万物的德业广大无边。坤阴主要当顺应，它承顺乾阳的创生之力，随顺天的时序来运行。

积累善意的人家，必定会有多余的吉庆留给后代；积累恶意的人家，必定会有多余的灾祸留给后代；臣子杀害君主，儿子杀害父亲，都不是一朝一夕所造成的，而是恶意长期积累逐渐发展到这般地步的，都是由于没有及早对恶意的萌芽加以辨别并尽早提防所造成的。《易经》上说：脚踩到了霜，说明凝结成坚冰的严寒时节就要到来。说的就是这种顺应坤阴凝结的趋势发展就会出现的必然结果。

之不早辩（辨）也。《易》曰：“履霜，坚冰
至”，盖言顺也。

“直”其正也，“方”①其义也。君
子敬以直内，义以方外，敬义立而德
不孤。“直、方、大，不习无不利”，则
不疑其所行也。

阴虽有美，“含”之以从王事，弗
敢②成也。地道也，妻道也，臣道也，
地道无成而代有终也。

天地变化，草木蕃③。天地闭④，贤

【注 释】①〔方〕形容大地端庄方正，合乎大义，有分寸和安全感。②〔弗敢〕不敢。表示坤阴之意主动选择的态度，既是受客观形势的要求而被动不敢，又是主观内在的主动选择而主动不敢。③〔蕃〕茂盛，蕃息滋长。④〔闭〕闭塞，意为阴阳二气不交感流通。

【大 意】直是指六二在下卦中位，表示意念正直中正，方是合乎大义。君子学习六二爻辞，要以恭敬的态度使内心保持正直，外在行为合乎大义，从而树立敬慎合义的品德，这样德行才不会孤立无援、孤陋寡闻，而会变得德高望重。

六二爻辞“直、方、大，不习无不利”，是说心意修养到这种境界，行为上就不会犹疑不决，自然会把事情办好。

坤阴虽然有美丽的文采，但去随从君王成就功业要含蓄不能显耀，更不能有自居成功的意识，即使有功劳，也要归功于君王。坤阴是随顺地的法则，是做妻子的法则，也是做人臣的法则。大地的特性是从不自居有功，总是忠实地顺从乾天，去完成其创始生成的大业。

乾坤天地阴阳二气交流运动变化，草木自然滋生蕃盛。

人隐。《易》曰："括囊，无咎无誉"，盖

言谨也。

君子黄中通理，正位居体，美在

其中而畅①于四支（肢）②，发于事业，美

之至也。

阴疑③于阳必战，为其嫌于无阳

也，故称"龙"焉。犹未离其类也，故

称"血"焉。夫玄黄者，天地之杂也，

天玄而地黄。

【注释】①〔畅〕通畅，通达，明达。②〔四支〕四肢。在文中指品德由内及外，到了外部四周。③〔疑〕与"嫌"互文，有嫌疑之意。一读"凝"。

【大意】当天地之间阴阳闭塞不通，万物凋敝，贤人就应当隐退。六四爻辞说"括囊，无咎无誉"，说的是在天地闭塞的时势下，立身处世应当小心谨慎。

君子像黄色那样中正，通达人情事理，立身处世摆正自己的地位，安居自身，平宁稳重，起心动念皆蕴含丰厚的文采和美德，进而在身内畅达于身体四肢，从修身扩充于事情和功业，这就达到美的极致。

阴长到上六，全卦皆阴，为阳气所嫌，肯定会发生争战。因为有阳气不存在的嫌疑，所以爻辞称"龙"。又因为没有离开阴的类别，所以爻辞称"血"。阴为血。玄黄是天地混杂的颜色，天是玄色，地是黄色。

䷂ 水雷屯（卦三）（震下坎上）

屯^①：元亨，利贞。勿用有攸往，利建侯。

《彖》曰：屯，刚柔始交而难生。动乎险中，大亨贞。雷雨之动满盈，天^②造^③草^④昧^⑤。宜"建侯"而不宁^⑥。

《象》曰：云雷，屯。君子以经纶^⑦。

初九：盘桓^⑧，利居贞，利建侯。

【注释】 ①〔屯〕《广韵》《集韵》："徒浑切"，《正韵》："徒孙切"，如九五"屯其膏"，人群艰难聚集定居，屯积之意。一读zhūn，有两个含义：刚柔初交，物之初生；六二"屯如邅如"，困难之意。所以屯卦是天地始交而难生之象。六十四卦中，天地阴阳之气相交为泰，不交为否。甲骨文、金文中的"屯"，像一棵小草或者树苗之芽萌生的样子。《说文》："屯，难也，象草木之初生，屯然而难。"所以象征草木初生时脆弱、艰难的形象，而任何事物的新生都充满艰难。进而因万物生长是从无到有，又可引申出充满之意。②〔天〕天地。③〔造〕创造。④〔草〕初步草创。⑤〔昧〕昏昧。⑥〔不宁〕还未安宁。⑦〔经纶〕经是如理出丝绪般梳理头绪；纶是如编织成物般比类相合。这里是比喻经营组织、事业，治国安民。⑧〔盘桓〕一作"盤桓"。联绵词，盘旋不进、犹豫不决之意，也形容艰难前进的样子。

【大意】 屯卦象征万物初生，初始亨通，有利于持守正道。万事万物初创之期，不利于有所前往，利于像立君建国那样建立秩序。

《彖传》说：屯卦，阳与阴开始交感，万物初生，万事初始的过程充满艰难。下卦震为动，上卦坎为险，萌动于艰险之中，想要亨通有利就必须持守正道。震雷动，坎雨聚，雷雨发动，万物复苏，天地丰盈，恰似天地草创之际，万物处于冥昧之中的情状，象征此时适宜封爵建国，努力屯聚力量，才能把不安转化为安宁。

《象传》说：上卦坎为云，下卦震为雷，组合成为屯卦。君子看到乌云密布、电闪雷鸣的云雷聚集的屯卦，发现在时局初创之际，阴阳交接之时，要努力经营筹划，意求有所屯聚。

初九：盘旋，观望、犹豫，有利于居正稳固，以静制动，有利于封建诸侯，打好根基。

《象》曰：虽"盘桓"，志行正也。

以贵下贱，大得民也。

六二：屯如邅如①，乘马班如②。匪寇，婚媾③。女子贞不字，十年乃字④。

《象》曰：六二之难，乘刚也。"十年乃字"，反（返）常也。

六三：即⑤鹿无虞⑥，惟入于林中，君子几⑦不如舍⑧，往吝。

【注释】①〔屯如邅如〕屯，困难；邅，回旋。"屯邅"今作"迍邅"。如，形容词词尾，表示状态和样子。②〔班如〕盘绕回旋的样子。"班"用如盘。③〔匪寇，婚媾〕匪，非；寇，贼寇；婚媾，结为婚姻。六二与九五正应，九五在坎中，坎为寇盗。④〔十年乃字〕字，训爱，既可指嫁，也可指孕，有生育意。六二与九五中间有互艮为阻隔；又互坤土数为十；下卦为震为反生；故女子贞定自守不生育，十年才能生育（或许嫁）。⑤〔即〕会意字，本义为人面对食器走近吃物。引申为追近，接近，挨近，靠近，追逐。⑥〔虞〕古代看管山林的官吏，指负责为主人打猎时做向导，也指田猎之时说明礼制规矩约束。⑦〔几〕几微，征兆，事情将要发生之前的微小变化，预示应当见机行事。⑧〔舍〕取舍，舍弃，舍得。

【大意】《象传》说：虽然盘旋观望，犹豫不定，艰难前行，但前进的心愿合乎正道。初九以高贵的身份谦处卑贱之下，表示初九心志远大，亲和民众，能够获得民心支持。

六二：初创坎坷，徘徊难进，骑马打转彷徨不前。对初九来说，六二不是强盗，而是来求婚的。女子贞定，自守正道，不答应嫁人，十年之后才应许。

《象传》说：六二徘徊难进，是因为柔爻乘驾在刚爻（初九）之上，女子（六二）十年之后才答应嫁人（初九），这是从（本意想阻碍初九）违反常理的状态回复到常道（顺应初九阳意上升）。

六三：追逐野鹿，已经挨近，却没有虞人充当向导，只会盲目钻入深山老林中去。君子见机行事，不敢轻率追踪，不如舍弃不追，如果一意孤行，前往易有咎难。

《象》曰："即鹿无虞"，以从禽也。

君子舍之，"往吝"穷也。

六四：乘马班如，求婚媾。往吉，无不利。

《象》曰："求"而"往"，明也。

九五：屯①其膏②，小贞③，吉；大贞，凶。

《象》曰："屯其膏"，施未光也。

上六：乘马班如，泣血涟如。

《象》曰："泣血涟如"，何可长也？

【注释】 ①〔屯〕本义是包起来，卷起来。这里指屯积、积聚。②〔膏〕膏泽、油脂、肥肉，引申为恩泽、恩惠。③〔贞〕有三意：一、持守，守正；二、占卜；三、收藏（能量）。

【大意】《象传》说：追逐野鹿，没有虞人充当向导，还一直紧追不舍，就是贪图猎物的表现。君子见机行事，马上舍弃，是因为知道穷追不舍定然陷入困境。

六四：骑着马团团打转，犹豫要不要去求婚。如果坚定不移地前往，结果定然吉祥没有不利。

《象传》说：为求婚而坚定不移地前往追求（初九），是明智的选择。

九五：（屯难之时）屯聚了一点膏泽能量，此时如果小心翼翼而持守，做事就吉祥；心意如果强大而正固，就会有凶险。

《象传》说：屯聚了一点膏泽能量，是心意还不能施布广泛。

上六：骑在马上，盘旋徘徊，血泪涟涟，十分凄惨。

《象传》说：穷途末路，泪干泣血，凄惨至极，这种惨状怎么可能长久持续呢？

䷃ 山水蒙（卦四）（坎下艮上）

méng hēng fēi wǒ qiú tóng méng tóng méng qiú
蒙①：亨。匪我② 求童蒙，童蒙求

wǒ chū shì③ gào zài sān dú dú zé bú gào
我。初筮③ 告，再三渎，渎则不告。

lì zhēn
利贞。

tuàn yuē méng shān xià yǒu xiǎn xiǎn ér zhǐ
《彖》曰：蒙，山下有险，险而止，

méng méng hēng yǐ hēng xíng shí zhōng yě fēi wǒ qiú
蒙。"蒙亨"，以亨行时中也。"匪我求

tóng méng tóng méng qiú wǒ zhì yìng yě chū shì gào
童蒙，童蒙求我"，志应也。"初筮告"，

yǐ gāng zhōng yě zài sān dú dú zé bú gào dú
以刚中也。"再④ 三渎⑤，渎则不告"，渎

【注释】①〔蒙〕蒙住，蒙昧，启蒙，解蔽。本义为缠绕覆盖草本植物的菟丝草，无叶，以刺入植物之茎，吸收营养成分而成长，如菟丝草为弟子，草本植物为师。一说"蒙"通"萌"，幼稚之意，蒙者需要教化，而不成熟的师、未开化的生都是启蒙的对象。②〔我〕代指启蒙者、施教者、老师。③〔筮〕古代学习的一种方式，不仅仅是狭义的占卜。问筮也用来比喻求教学问。④〔再〕再次，两次。⑤〔渎〕亵渎，轻慢，对他人不尊重、不严肃的态度。

【大意】蒙卦象征因困蒙而启蒙。不是我（施教者）去求被蒙住的儿童（受教者），而是被蒙者来请教启蒙者。师道如同占筮之道，初次占筮，可以有问必答；但被蒙者一而再、再而三地问同样的问题就是亵渎和轻侮启蒙者，如同再三占筮亵渎神灵一样（表示被蒙者缺乏应有的恭敬之心），启蒙者就不必继续回答了。启蒙者和被蒙者都适宜保持贞正的心意状态。

《象传》说：蒙卦的组合是上艮下坎，艮为山，坎为险，卦象是山下有险。艮又为止，遇险而止，不知所措，蒙住了。蒙卦说明通过启蒙，能够亨通顺利，打通愚昧，但施教双方都要奉行中正之道，启蒙者适可而止，受教者心怀诚意，都顺应时势。不是我去求童蒙而是童蒙来求我，由于九二与六五是应爻，心意相互呼应，志同道合。初次占筮可以告诉被蒙者，是因为九二是刚爻又在中位，具备中庸之道又刚毅能断，有施教的能力和方法，故可告。一而再，再而三地占筮，是一种糊涂的做法，既蒙昧又亵渎，当然不能告诉被蒙者，说得越多越蒙昧。

^{méng yě} ^{méng yǐ} ^{yǎng zhèng} ^{shèng gōng} ^{yě}
蒙也。蒙以养正，圣功①也。

^{xiàng} ^{yuē} ^{shān xià} ^{chū quán} ^{méng} ^{jūn zǐ yǐ guǒ}
《象》曰：山下出泉，蒙。君子以果

^{xíng} ^{yù dé}
行②育德③。

^{chū liù} ^{fā méng④} ^{lì yòng xíng} ^{rén} ^{yòng}
初六：发蒙④，利用刑（型）人⑤，用

^{tuō} ^{（脱）} ^{zhì gù⑦} ^{yǐ wǎng lìn}
说（脱）⑥桎梏⑦，以往吝⑧。

^{xiàng} ^{yuē} ^{lì yòng xíng rén} ^{yǐ zhèng fǎ} ^{yě}
《象》曰："利用刑人"，以正法⑨也。

^{jiǔ èr} ^{bāo méng⑩} ^{jí} ^{nà fù⑪} ^{jí} ^{zǐ}
九二：包蒙⑩，吉。纳妇⑪，吉。子

^{kè⑫ jiā}
克⑫家。

中华传统文化经典诵读＊周易·第一章 上经⋯⋯⋯⋯＊

25

【注释】①〔圣功〕古人认为，人悟道成圣之后行为会返回初始的自然状态。儿童没有太多成见与偏执，比成人天真，所以容易修炼圣功。②〔果行〕果敢行动。③〔育德〕培育道德。④〔发蒙〕启发蒙稚、蒙昧之人。⑤〔刑人〕"刑"通"型"，以刑正人，按照某种模型模式来塑造和培养人。让人的心意端正，方向正确。⑥〔说〕通"脱"，脱落，摆脱束缚。⑦〔桎梏〕桎，脚枷；梏，手枷；古代刑具。⑧〔吝〕好坏之间，偏向坏的状态；一说法律之吝，弊端。⑨〔正法〕把握正确的分寸为法，或行为正当为法。意识里有了正确的方向；模仿就是寻找正确方向的开始。⑩〔包蒙〕九二是全卦的主爻，上下有四个柔爻包围，刚明得中能断，可包容蒙昧的人。⑪〔纳妇〕娶媳妇，这里是象征九二与六五阴阳正应。⑫〔克〕能，因为二位是大夫位，古代封建制下，诸侯有国，大夫有家，所以九二能统领众阴。

【大意】蒙卦揭示出被蒙者从蒙昧状态培养正道的可能性，存在开发被蒙者使之修养成为圣人的功夫。

《象传》说：上卦艮为山，下卦坎为水，卦象是山下流出泉水，这就是蒙卦。山泉清纯不杂，流出后汇为江河，但是蒙昧不知流向何处，应该显示出果敢向前的勇气。君子看这个卦象要反求诸己，培养自己的道德要从真纯清澈开始，以果敢的行为由小而大积累成圣功。

初六：对蒙昧开发教育，最好的办法是主动树立楷模，用以脱去刑具桎梏。如果放任自流，或者急于求成，就可能遭遇吝难。

《象传》说：用树立模范的办法，对人进行处罚教育，是为了端正法规，以便遵循。

九二：启蒙者能够广泛地包容蒙昧的人，当然是吉祥的。正如家里娶了好媳妇那样的吉祥，教出来的儿子能持家。

《象》曰："子克家"，刚柔接①也。

六三：勿用取（娶）女，见金夫②，不有躬。无攸利。

《象》曰："勿用取（娶）女"，行不顺也。

六四：困蒙，吝。

《象》曰："困蒙"之"吝"，独远实也。

六五：童蒙，吉。

《象》曰："童蒙"之"吉"，顺以巽也。

上九：击蒙③，不利为寇，利御寇。

【注释】①〔接〕连，接济。②〔金夫〕有钱有势刚强的男子，指九二。③〔击蒙〕用较为严苛的态度对待学生，如当头棒喝、用戒尺责打等，以激发智慧，醍醐灌顶。

【大意】《象传》说：这样包容的老师教出来的儿子能持家，说明刚爻（九二）能够胜任领导柔爻（初六、六三、六四、六五）的职责，而且九二在互震里，震为长子，故可持家，犹如家长刚柔节制适当。

六三：不能娶这样败德的女子，见到有财势的美男子就会不守妇道，娶她没有好处。

《象传》说：不能娶这样的女子，因为她的行为不顺合礼节（六三阴爻乘刚），伤风败俗。

六四：被困在蒙昧中，犹如陷入困境之中。

《象传》说：六四在蒙卦里，只能是"困蒙"，因为六四是阴爻中唯一与刚爻毫无关系的，只有它远离刚（实）爻，犹如远离良师益友的指教。

六五：蒙昧之人如儿童一般虚心向老师求教，这是吉祥的。

《象传》说：蒙童虚心向老师求教的这种吉祥状态，是因为柔顺进入中位，犹如受教者虚心学习，施教者如和风顺应一般循循善诱。

上九：用打骂责罚的方式启蒙，但不能像寇盗那样毒打受教者，而应该采取抵御寇盗那种谨慎小心的态度才有利。

《象》曰：利用"御寇"，上下顺也。

䷄ 水天需（卦五）（乾下坎上）

需①：有孚②，光亨，贞吉。利涉大川。

《彖》曰：需，须也，险在前也。

刚健而不陷，其义不困穷矣。"需，有

孚，光亨，贞吉"，位乎天位，以正中

也。"利涉大川"，往有功也。

《象》曰：云上于天，需。君子以饮

食宴乐。

【注释】①〔需〕依象辞"须也"是等待之意，《序卦传》认为是养育。"需"有多种意思：通常是"等待"；本义为古代求雨之祭。需，从雨从而，而为天之隶变，与需卦坎上乾下相吻合，所以认为需与雨和天有关；短衣服，从帛《易》"需"作"襦"解来；据帛书把"需"解成捕鱼；胡适认为"需"即"儒"，可从需卦分析儒家渊源。②〔孚〕诚信。

【大意】《象传》说：采取抵御寇盗那种谨慎小心的态度（如果蒙童没有恰当启蒙将来就可能成为强盗，要防止把蒙童教成未来的强盗）才有利，这样施教者和受教者双方的关系才能够理顺（上九在全卦上位，下有互坤，坤为顺）。

需卦象征需要，等待，心怀诚信，光明亨通，持守正道可获吉祥。有利于涉过大川险阻而有所作为。

《象传》说：需是等待的意思。上（前）卦是坎，坎为险陷。下卦是乾，乾为刚健。因为内心刚健，所以不会陷入险难的情境而出不来，从道理上讲不会被困在危险的境地。需要，等待，心怀诚信，光明亨通，持守正道可获吉祥，因为主爻九五在尊贵的天位，具备中正之德。有利于渡过大川险阻的难关，前往能成就功业。

《象传》说：下卦乾为天，上卦坎为云，需卦的卦象是云气上集于天（雨待时而降）。君子从中得到启示，要学会饮食宴乐，积蓄力量，等待时机。

初九：需于郊^①，利^②用恒^③，无咎^④。

《象》曰："需于郊"，不犯难行也。

"利用恒，无咎"，未失常也。

九二：需于沙^⑤，小有言^⑥，终吉。

《象》曰："需于沙"，衍^⑦在中也。

虽"小有言"，以吉终也。

九三：需于泥，致寇至。

《象》曰："需于泥"，灾在外也。

自我"致寇"。敬慎不败也。

【注释】①〔郊〕本指城外之地，这里指离水稍远的水岸之上。《周易正义》谓："'郊'者是境上之地，亦去水远也。"②〔利〕宜。③〔恒〕恒常之心，恒定的心态。④〔无咎〕无咎过，无过错，不出错。⑤〔沙〕水边沙滩。《说文》："沙，水散石也。从水从少，水少沙见。"孔颖达说沙是水傍之地。九二靠近坎水，近水则有沙。⑥〔有言〕言语纠葛，诽谤。九二在互兑里，兑为口舌。⑦〔衍〕沙衍，水中沙。一说宽衍，宽裕。

【大意】初九：在郊远之地等待，有利于保持恒常的心态，没有咎害。

《象传》说：在郊远之地等待，不冒险去行动。保持恒常的心态并持之以恒，等待时机，因为危险还比较远，未到非常时期，有利于初九持守常心。

九二：在沙滩上等待，遭到小的闲言碎语，最终吉祥。

《象传》说：在沙滩上等待，九二位置在下卦中位，犹如在水中的沙洲上从容自在。虽有些闲言碎语，只要宽心等待，合理因应，最终吉祥。

九三：在泥泞中等待，（偏偏此时还）招来寇难。

《象传》说：在泥泞中等待，寸步难行，灾难（坎）就在外边，不时就来。但偏偏是自己招惹来强盗，只要敬谨审慎，高度警戒，就不会陷于危败（因为还未陷入坎险之中）。

liù sì　　xū yú xuè　　chū　　zì xué
六四：需于血①，出②自穴③。

xiàng　yuē　　xū yú xuè　　　shùn yǐ tīng yě
《象》曰："需于血"，顺以听也。

jiǔ wǔ　　xū yú jiǔ shí　zhēn jí
九五：需于酒食，贞吉。

xiàng　yuē　　jiǔ shí zhēn jí　　yǐ zhōng zhèng yě
《象》曰："酒食贞吉"，以中正也。

shàng liù　　rù yú xué④　　yǒu bú sù zhī kè⑤　sān
上六：入于穴④，有不速之客⑤三

rén lái　　jìng zhī zhōng jí
人来，敬之终吉。

xiàng　　yuē　　bú sù zhī kè lái　　　jìng zhī zhōng
《象》曰："不速之客来，敬之终

jí　　　suī bù dāng wèi　　wèi dà shī yě
吉"，虽不当位，未大失也。

【注 释】 ①〔血〕取坎象。坎为水为血，有流血象。坎险带血，是血泊之中，危险至极。一说通"洫"，沟洫，指城下的壕沟。坎又为沟渎，为陷阱。②〔出〕卦变六四从五位出来，上卦成坎（为穴），是从穴中出来。③〔穴〕洞穴或深渊之穴，黑黝黝、深不可测的坎陷之地。④〔入于穴〕上六在坎（穴）上面，卦变后上六被变入坎象，故为进入洞穴。一说上六阴变阳，为巽（入）。如果把应九三讲成"入"，不太合适。⑤〔不速之客〕不请自到的客人。速是召请、邀请。

【大 意】 六四：在血泊中等待，从洞穴中爬出来。

《象传》说：在血泊中等待，要冷静地顺从九五，随顺听命于时势而行，最后化险为夷。

九五：在美食宴饮中等待，安于守正可获吉祥。

《象传》说：在美食宴饮中安于守正的等待可获吉祥，是因为九五阳刚中正。

上六：被迫落入洞穴之中，有三位不请自来的客人，对他们恭敬相待，最终获得吉祥。

《象传》说：对几位不请自来的客人恭敬相待，最终获得吉祥。说明本爻虽然所处位置不当，但敬慎小心，则不至于招致重大损失。

䷅ 天水讼（卦六）（坎下乾上）

sòng yǒu fú zhì tì zhōng jí zhōng xiōng
讼①：有孚②，窒，惕③，中吉，终凶。

lì jiàn dà rén bú lì shè dà chuān
利见大人。不利涉大川。

tuàn yuē sòng shàng gāng xià xiǎn xiǎn ér jiàn
《彖》曰：讼，上刚下险，险而健，

sòng sòng yǒu fú zhì tì zhōng jí gāng lái ér dé
讼。"讼有孚窒惕，中吉"，刚来而得

zhōng yě zhōng xiōng sòng bù kě chéng yě lì jiàn
中④也。"终凶"，讼不可成也。"利见

dà rén shàng zhōng zhèng yě bú lì shè dà chuān
大人"，尚中正也。"不利涉大川"，

rù yú yuān yě
入于渊也⑤。

【注释】①〔讼〕卦名。争讼，诉讼。《序卦传》："饮食必有讼"，万物生长，必有所需，为了争夺生存的物质条件，一定会有争讼。《杂卦传》："讼不亲也"，因为争讼使得人们之间不再亲合。又可见，讼是人不亲而争讼，希望通过打官司评理，所以有诉讼之意。②〔孚〕凭信，打官司的证据。下卦坎为心，上卦乾为实，心中诚实故有孚（凭证）。③〔窒、惕〕窒，郁闷，窒息，窒塞。惕，担心，警惕，戒备。因主爻九二在下卦坎里，坎为"加忧"，因忧虑而戒惧。④〔刚来而得中〕卦变中遯卦九三下来到下卦的中位。⑤〔入于渊也〕在卦变中主爻九二从遯卦三位下到二位，下卦成坎（水），大川没有过去，反而陷入水中。

【大意】讼卦象征打官司，有证据，但诚信受阻，双方互不信任，就诉诸法庭，如能持中，心有惕戒，适可而止，中途结束官司吉祥，把官司打到底凶险。有利于见到公正的法官，但不利于渡过大川险阻。

《彖传》说：讼卦，上卦乾为刚健，下卦坎为险，外表险恶内心刚健，就容易引发争讼，起争端，总想打官司。所以称作讼卦。讼卦象征打官司，有证据，但诚信受阻，双方互不信任，就诉诸法庭，如能持中，心有惕戒畏惧，适可而止，中途结束官司会吉祥，因为主爻九二（刚爻）由遯卦三位下来得到下卦中位。把官司打到底凶险，因为打官司不宜纠缠不休，否则最终一定会两败俱伤。有利于见到公正的法官，因为决讼追求守正持中，希望中正的法官（九五）秉公断案。但不利于渡过大川险阻，是说恃刚乘险终将陷入深渊，任何诉讼都充满危险的变数。

《象》曰：天与水违行，讼。君子以
作事谋始。

初六：不永所事，小有言，终吉。

《象》曰："不永所事"，讼不可
长也。虽"小有言"，其辩明也。

九二：不克讼①，归而逋②。其邑③
人三百户，无眚④。

《象》曰："不克讼"，归逋窜⑤

【注释】①〔不克讼〕九二阳刚居柔位，处坎险之中，初六、六三两相为难，而不得通达；加以九二与九五相敌不应，九五在尊位，有权有势，九二肯定打不赢官司。②〔归而逋〕逋，逃。见势不妙，逃回故里。③〔邑〕采邑，诸侯给卿大夫的封地，也称为"家"。古代给诸侯的封地叫国，而家指的是卿大夫的封地，与今天的"家庭"不同。④〔眚〕灾难。原指眼球上长出一层薄膜，白内障病。比喻没有眼见，是非不明。在本爻里，坎为隐伏，被采邑里的人隐藏起来。三百户是小势力，不可能对九五构成挑战，所以不会有灾难。⑤〔窜〕逃窜，躲藏，解释"逋"。

【大意】《象传》说：上卦乾为天，下卦坎为水，天向上浮，水向下流，（或者太阳从东向西转动，河流自西向东流），二者方向相反，越离越远，不能亲合，相争不息，所以是个讼卦。君子见到这种相互背离的卦象，处事要从一开始就认真谋划，从源头杜绝产生争讼的可能。

初六：不要久缠于争讼之中，必要时可稍作辩解，让小的闲言碎语尽快过去，最后才会吉祥。

《象传》说：不要久缠于争讼之中，因为诉讼不是长久之计。即使有一些闲言碎语，稍作辩解，是非黑白最后都可以辨别明白。

九二：不能赢得官司，逃回家躲起来，那是只有三百户人家的小村庄，不会遭到猜忌迫害。

《象传》说：官司打败了，只好逃窜回归故里。在下位的人（九二）去告在上位的人（九五），这是自己拣来的祸患。

也。自下讼上，患至掇^①也。

六三：食旧德^②，贞厉，终吉。或从
王事，无成。

《象》曰："食旧德"，从上吉也。

九四：不克讼，复即^③命^④，渝^⑤安
贞，吉。

《象》曰："复即命，渝安贞"，不
失也。

九五：讼，元吉^⑥。

【注释】①〔掇〕拾取，用双手摘。②〔食旧德〕食，饮食，引申为喜好、保持，泛指享受、食禄（或祖上的荫德）。旧德，自己旧有的功德或祖先留下的功德。九二提到邑，正好象征了古代有功之臣，得到封赏犒劳，有受封的邑地，代代相传，子孙可享先祖禄位。"食旧德"指保持旧有的功德，或蒙受祖上的余荫，吃祖宗留下的饭，有"吃老本"的意思。③〔即〕往，就，到。④〔命〕天命，命定的正道，分限。⑤〔渝〕变。⑥〔元吉〕大吉，至大之吉，劝人不兴讼，忍让不去讼，即便是无胜算而不敢讼的消极意向，也要转成更积极的仁（爱他）人而无争讼，所以元吉。

【大意】六三：享用祖宗旧日积累的功德，守住正道，提防危险来临，终将获得吉祥。或跟随君王做事，但不居功成。

《象传》说：享用祖宗旧日积累的功德，因为六三能从阳刚尊上（上乾为君王）而获得吉祥。

九四：无法打赢官司，转念回复命之正道，消除争讼的意念，变得安分守正，吉祥。

《象传》说：转念回复命之正道，消除争讼的意念，变得安分守正，所以九四安顺守正不会有失误。

九五：明断争讼，至为吉祥。

《象》曰：“讼，元吉”，以中正也。

上九：或锡（赐）① 之鞶带②，终朝③ 三

褫④ 之。

《象》曰：以讼受服，亦不足敬也。

☷☵ 地水师（卦七）（坎下坤上）

师⑤：贞⑥。丈人⑦ 吉，无咎。

《象》曰：师，众也。贞，正也。能以⑧

【注　释】①〔锡〕赐，赏赐。②〔鞶带〕大带，古代朝廷官袍腰间系的带子。古代朝廷任命官员按礼制给不同官职等级颁赐不同官服，在带钩和带上镶嵌饰物以区别官职等级，如金、玉、角、木等。鞶带是官服的重要部分，赏赐鞶带就意味着赐给相应等级的官服和官职。③〔终朝〕终日，从早到晚，一天之内。④〔褫〕夺，剥夺。⑤〔师〕卦名，众的意思，有众多、师旅、部队之意，引申为打群架，兴师动众，军队和战争。按《序卦传》："讼必有众起，故受之以师。师，众也。"争讼之后会形成众人组成军队打仗之事。⑥〔贞〕师出正道。一是要打正义的战争，师出有名，打仗是为了天下苍生，不是为了个人私利。二是将领（丈人）要对国君忠贞不贰，心思和行为都不能出现一点偏差。⑦〔丈人〕年长而受人尊敬的人。"丈"可以理解为"杖"，"丈人"即拄杖的老人，引申为老成持重之人；杖也是权杖，有德高威重之象。总之，"丈人"应是年高德重而又显威严的三军统帅。⑧〔以〕率领。

【大　意】《象传》说：判案公正，明断合宜，大吉大利，是因为九五在上乾卦中位，秉承天道，品性光明正大，有中正之德。

上九：诉讼（偶然）获胜，君王赏赐装饰有大带的官服，但一天之内会被剥夺三次。

《象传》说：因打官司获胜而得到高官厚禄，这是不足以为人所敬重的。

师卦象征领兵打仗，兴师动众，善守正道，有德望、有经验的英明统帅领导军队，就能吉祥而不会有灾祸。

《象传》说：师是部属众多，贞是善守正道。

zhòng zhèng   kě yǐ wàng yǐ   gāng zhōng ér yìng   xíng xiǎn ér
众 正，可 以 王 矣。刚 中 而 应，行 险 而

shùn   yǐ cǐ dú① tiān xià   ér mín cóng zhī   jí yòu hé
顺，以 此 毒① 天 下，而 民 从 之，吉 又 何

jiù yǐ
咎 矣。

xiàng   yuē   dì zhōng yǒu shuǐ   shī   jūn zǐ yǐ róng
《象》曰：地 中 有 水，师。君 子 以 容

mín xù② zhòng
民 畜② 众。

chū liù   shī chū yǐ lù③   pǐ zāng④ xiōng
初 六：师 出 以 律③，否 臧④ 凶。

xiàng   yuē   shī chū yǐ lù   shī lù xiōng yě
《象》曰："师 出 以 律"，失 律 凶 也。

【注 释】①〔毒〕荼毒，攻治。攻伐天下，打仗总会给天下人带来破坏，但要区分正义与不正义。王弼、孔颖达不认为是毒害，程颐、朱熹解释为害。②〔畜〕容蓄。水再大也要容蓄在大地里，君子要学习这种包容广大的胸怀。③〔律〕取坎水之象，因水平如法，故引申为军纪第一，乐律其次。"律"字古今说解不尽相同，主要意思是军律、军纪、军法号令。《左传·宣公十二年》："有律以如己也，故曰律。"孔颖达、朱熹也都说"律，法也。"引申为遵守纪律，因初六上承九二，临近统帅，有追随统帅、遵守纪律之象。司马贞则解为"六律"即乐律，乐队演奏的旋律，上古用兵之前，一般都有音乐仪式，以振奋士气，鼓舞军心。④〔否臧〕否，表否定。臧，同意，称赞。打仗需要政令统一，上下一心，众志成城，如果有的同意，有的反对，意见不一致，那就破坏了纪律。

【大 意】如果善于带领众多的部属行走正道，就是率领正义之师，就可以成为王者，施行王道。内心刚健中正（九二）又有人（六五）响应，从事危险之事、行进在险难之中，因顺合正道而能顺利。凭借这样的优势去荼毒天下，而人民心甘情愿跟随他，势必吉祥，又会有什么咎害呢？

《象传》说：上卦坤为地，下卦坎为水，水在地中就是师卦。君子从地中蕴藏大量的水当中得到启示，要像大地蓄水一样蓄聚民力，广容百姓，爱护群众。

初六：出师打仗全凭军律严明，军律不良必然凶险。

《象传》说：出师打仗必须纪律严明，如果失去军纪的约束必将招致凶险。

中华传统文化经典诵读＊周易·第一章　上经⋯⋯⋯⋯

jiǔ èr zài shī zhōng jí wú jiù wáng sān cì
九二：在师中吉，无咎，王三锡（赐）

mìng
命①。

xiàng yuē zài shī zhōng jí chéng tiān chǒng yě
《象》曰："在师中吉"，承天宠也。

wáng sān cì mìng huái wàn bāng yě
"王三锡（赐）命"，怀②万邦③也。

liù sān shī huò yú shī xiōng
六三：师或④舆⑤尸⑥，凶。

xiàng yuē shī huò yú shī dà wú gōng yě
《象》曰："师或舆尸"，大⑦无功也。

liù sì shī zuǒ cì wú jiù
六四：师左次⑧，无咎。

xiàng yuē zuǒ cì wú jiù wèi shī cháng yě
《象》曰："左次无咎"，未失常也。

35

【注 释】①〔锡命〕颁赐嘉奖的爵命。②〔怀〕怀念德政的感化力量来臣服。③〔万邦〕万国。④〔或〕很可能会。⑤〔舆〕大车，车厢，指战车，这里用如动词，是用战车拉。爻辞舆尸，根据《说卦传》《系辞传》，坎通大过取棺椁之象，可盛尸体，坎又为舆，所以是车拉尸体之象。⑥〔尸〕尸体，尸主之说不取。一说尸取坤象，虽比较形象，但证据不足。⑦〔大〕程度副词。⑧〔左次〕左，用兵贵右，左是退舍。一说历经下三爻，意为退避三舍。次，宿营，部队驻扎。《左传·庄公三年》："凡师，一宿为舍，再宿为信，过信为次。""次"是两天以上的驻扎。古代用兵右尊左卑，"左次"就是退后三十里驻扎。一说下坎（水）之上，后天八卦过坎为左，次为艮（停止），互卦为震（木），后天八卦震在左。一说如孔颖达解释"次谓水旁"。

【大 意】九二：在三军中位，吉祥，没有咎害，君王三次赐命嘉奖。

《象传》说：军中统帅持中守正就可以获得吉祥，因为承受了天子的宠信。君王多次通令嘉奖，是因为（君王）志在平定天下万国。

六三：军队很可能会载运尸体回来，非常凶险。

《象传》说：领兵打仗的结果很可能是一车一车的尸体从战场上运回来，说明彻底败北，无功而返。

六四：部队退后驻扎，没有灾祸。

《象传》说：率领部队撤退，当退则退，说明六四并没有失去用兵的常道。

六五：田有禽①。利执言②，无咎。

长子帅师，弟子舆尸，贞凶。

《象》曰："长子帅师"，以中行也。

"弟子舆尸"，使不当也。

上六：大君有命，开③国承④家，小

人勿用。

【注释】①〔田有禽〕《说文》谓禽是"走兽总名"；也通"擒"，可指捕获猎物，引申为敌军俘虏。田地里有禽来破坏庄稼，犹如敌人侵犯自己的国家，自己一方是处于道德制高点的，此时可以大胆谈判，利于言论讨伐，则无咎。大加讨伐，之后师出有名，当然正义在我。"田有禽"之"田"象来自师卦的上卦坤（地，田，田猎，又为柄，可执）。"禽"象来自师卦下卦坎的反对卦离，或六五动则变坎，坎错卦为离卦。②〔执言〕仗义执言地捕猎。执，抓获、捕获。《说文》曰："执，捕罪人也。"执言指针对某件事用言辞质问对方，宣示己方正义。仗义执言，以正义之师喝退敌兵，如孔子夹谷会盟喝退齐武士，比真正打仗要好，不战而屈人之兵。言取震象，从二到六爻为大震象，表示说话人多，七嘴八舌，你一言我一语，大呼小叫，吵吵嚷嚷，现场混乱之象，人声鼎沸以至震耳欲聋。如此说震为言虽有理，但于象于史皆鲜有先例。一说取坤象之柔，相比动武，显得有柔声细语解决敌我争端之象，值此战争之际，执言以对，尽现柔和处理争执的风范。③〔开〕建立，开启。④〔承〕承载，世袭继承。

【大意】六五：打猎时在田地里遇到来祸害的禽兽，可以率军仗义执言地猎获，有利，没有咎害。君王任命长子（德高望重的长者）带兵打伐好，但如果任命弟子（品德不高的人）带兵打伐，就会载尸败归。六五正固不动，会有凶。

《象传》说：任命长子（德高望重的长者）成为军中主师，是行施中道（六五在上卦中位）。如果任命弟子（品德不高的人）为统帅，就会载尸败归，因为所用非人（六三不是长子），指挥不当。

上六：天子得到宗庙祖先的神启和命令，要论功行赏，给功臣封侯，建立家祠，但品德不良的小人绝不可重用。

《象》曰："大君有命"①，以正功也。

"小人勿用"，必乱邦也。

䷇ 水地比（卦八）（坤下坎上）

比②：吉。原筮③，元永贞，无咎。不

宁方④来，后夫凶。

《彖》曰：比，吉也；比，辅也，下顺

从也。"原筮，元永贞，无咎"，以刚

【注释】①〔大君有命〕大君通常指天子、国君，此处应该指先君。古代出师献捷，册封颁赐，都要在宗庙里举行仪式，表示天子要请求先王神灵的意旨，而自己不敢擅自做主。"大君"出现的次数不多，履卦六三有"大君"，但指代君位，这里应指先君。结合爻位为宗庙位，讲成天子虽然意思可通，但不合上位，所以解为先王更恰当。"大君有命"是君王准备对群臣封赏时，先在宗庙里面请示先王，想起或者听到了先王的告诫，也可以理解为在宗庙里先王的神启。战争结束后，国王去宗庙拜祭，有点像"家祭无忘告乃翁"，但也可能天子有想法，需要假托先王的神启，这样理解突破了易学史上的一般讲法。②〔比〕有亲近、亲辅、亲比和依靠、归附、辅助等意。古代五家叫一比，所以"比邻而居"带有守望相助之意。《说文》："比，密也。"亲密相靠。③〔原筮〕原，初。天下统一之后，开国之初的占筮。古时建国之后要用占筮的方法确定国策，反复询问，一探究竟，从取象上说，上卦坎为筮（见蒙卦），下卦坤为田原。④〔方〕地方，地区，这里指代不安宁者，即不安宁的诸侯国；一说为副词，指刚刚，也通。

【大意】《象传》说：先王有命令，要论功行赏，正当奖赏有功之臣，但绝对不能重用品德不良的小人，因为分封小人必会危乱邦国。

比卦象征亲近比辅，团结亲密，自然吉祥。（建国之初用占卜）推原真情，筮占厚意，占决推举一个能够永久持守正道的有德君长作为亲比的对象，帮助大家自始至终持守正道，这样就没有咎害。形势从不安宁状态中刚转过来，那些觉得不安宁者赶紧多方前来亲比，而迟迟不来亲比的就会有凶险了。

《象传》说：亲比团结自然吉祥，团结就是力量。比是在下者心甘情愿归顺辅佐在上者。推原真情，筮占厚意，占决而推举出一个能够永久持守正道的有德君长作为亲比的对象，从而能够让大家都自始至终持守正道，不会有咎害，因为主爻九五占据上卦中位，象征着有刚健中正之德的君长。

zhōng yě bù níng fāng lái shàng xià yìng yě hòu
中 也。"不 宁 方 来",上 下 应 也。"后

fū xiōng qí dào qióng yě
夫 凶",其 道 穷 也。

xiàng yuē dì shàng yǒu shuǐ bǐ xiān wáng yǐ jiàn
《象》曰:地 上 有 水,比。先 王 以 建

wàn guó qīn zhū hóu
万 国,亲 诸 侯。

chū liù yǒu fú bǐ zhī wú jiù yǒu fú yíng
初 六:有 孚①,比 之,无 咎。有 孚 盈

fǒu zhōng lái yǒu tā jí
缶②,终③ 来 有 它 吉。

xiàng yuē bǐ zhī chū liù yǒu tā
《象》曰:"比 之④"初 六,"有 它

jí yě
吉⑤"也。

liù èr bǐ zhī zì nèi zhēn jí
六 二:比 之⑥ 自 内⑦,贞 吉。

【注释】①〔孚〕《说文》:"一曰信也。"指讲信用,诚信,取象为上卦坎为心,有心怀诚意之象,相比必须诚心诚意。②〔盈缶〕缶,古代常用大肚子小口的瓦器或陶制容器,也像带盖子的盆。《方言》:"缶,其小者谓之瓶。"《说文》:"缶,瓦器,所以盛酒浆。"十六斗为一缶,"盈缶"说明诚信很丰盈充溢,器皿(坤)上方有水(坎)是水充满丰溢的状态。③〔终〕有最终、终会两层意思。④〔之〕爻辞的"之"指代九五,象辞的"之"意为到、至。⑤〔它吉〕意外的、格外的、特殊的、非同一般的吉祥。⑥〔之〕指代九五,意指君王。虽有作虚词解,但因为有正应,解为九五明确一些。⑦〔内〕内卦,自身,内心,从内在的德性出发,真诚而自然的亲比状态。

【大意】感受不到安宁的人从各个地方前来亲比,因为上下(九五与六二上下正应,与初六、六四都亲比)心意相通,不召自来,彼此响应。迟迟不来亲比的人(上六)会有凶险,因为已处在穷困之中,无路可走,无人能救。

《象传》说:上卦坎为水,下卦坤为地;卦象显示的是地上有水,这就是比卦。开国的先王从水附大地,地水无间,亲密相比,地离水成沙,水离地化气,地纳江河之象中得到启示,要封邦建国,亲合诸侯。先王以建国亲侯来亲民。

初六:心怀诚信,心甘情愿地去亲比他,不会有咎害。如果诚信充满如盈满的水盆,实实在在,最终来亲比,终会有格外的吉祥或收获。

《象传》说:连初六那么远都来亲比,说明九五领导的邦国已经有了非同一般的吉祥。

六二:从内而外,真诚亲比,持守正道吉祥。

《象》曰："比之自内"，不自失也。

六三：比之匪①（非）人。

《象》曰："比之匪（非）人"，不亦

伤乎？

六四：外比之，贞吉。

《象》曰："外比"于贤，以从上也。

九五：显比②。王用三驱③，失前禽④，

邑人不诫⑤，吉。

《象》曰："显比"之"吉"，位正中

【注释】①〔匪〕同"非"。②〔显比〕全卦只有九五一个刚爻，非常显著。一说德积于身，自然显现。③〔王用三驱〕古代打猎相当于战争演习，追捕禽兽要讲究一定的仪式和规范。君王通过田猎三驱之礼，三面合围，前开一面之网，动物来者不拒，去者不迫，不忍杀尽，向天学习好生之德，以比大公无私顺其自然之道。关于"三"的说法，马恒君认为，九五从师卦二爻升到五爻，三进到位。一说狗之所以三个月而生，是因为狗被斗所主，而斗数为三。④〔前禽〕指上六，上为前。⑤〔邑人不诫〕诫，警戒，惊惧而怀有戒备。因为下坤为国邑，五个阴爻都相信九五的德政。四方百姓觉得君王有仁爱诚信品德不戒惧君王，而君王也得到民心。邑人的象应该是下面的四柔爻。

【大意】《象传》说：发自内心地、真诚地亲比九五，说明自己贞守正道，没有失误（六二位中又正）。

六三：亲比的不是该亲比的、行为失正的人。

《象传》说：亲比于不仁不义、不忠不孝、行为不端的人，是找错亲比的对象，怎么不是令人伤叹的事情呢！

六四：向外亲比团结外面的人，守正吉祥。

《象传》说：向外亲比是亲比到贤人身上，是主动亲随顺从上面贤明领导（九五）的心志。

九五：九五象征光明无私而最明显地得到大家拥护的亲比对象。君王用三驱之礼狩猎，网开一面，让前面跑得快的禽兽逃走。国邑里的人看到君王如此仁慈，不惊怕，不警戒，这样自然吉祥。

《象传》说：九五刚爻居刚位，得正处中，德行中正，不偏不私，以身作则使大家诚心拥护。

也。舍逆取顺，"失前禽"也。"邑人
不诫"，上使中也。

上六：比之无首，凶。

《象》曰："比之无首"，无所终也。

䷈ 风天小畜（卦九）（乾下巽上）

小畜：亨。密云不雨。自我西郊。

《彖》曰：小畜，柔得位而上下应
之，曰"小畜"。健而巽，刚中而志
行，乃亨。"密云不雨"，尚（上）① 往

【注释】 ①〔尚〕同"上"。

【大意】 对愿意归顺的留下，不愿归顺的任他自去，不强迫他们，好像网开一面，舍去逆我而来的猎物，猎取顺我而逃的猎物。百姓看到君王的心意如此中正仁慈，便不心存警戒，也可以说是下面的阴爻愿意拥戴九五上去居于中位，作为大家归附的核心。

上六：想亲比依靠但找不到首领，就会有凶祸。

《象传》说：上六想亲比依靠，但如果不能真心实意地以领导的心意为首来配合领导，就不会有什么好结果。

小畜卦象征小有积蓄，亨通。天空密布浓云，却不降雨，乌云从我西边的郊外升起来。

《象传》说：小畜卦，柔爻六四以阴爻居阴位，取得合适位置，上下五个刚爻都来跟它应合，好像把它们蓄积在一起，所以称小有积蓄。下卦乾为健，上卦巽为顺为风，不但刚健而且有顺风相助，加之上下卦中位都是刚爻，意味着内心刚健，心志能够得到推行，因此可以亨通。天空密布浓云，却不降雨，因为柔爻没有力量蓄积足够的阳气，聚扰了一点却没有下雨的实效，好像风把云吹往天上去了，还得继续往上吹。乌云从我西边的郊外升起来是说天上从西边飘来密布的浓云，但雨却降不下来，犹如蓄聚了一点恩泽，想要施布，却没有到真正付诸行动的时候。

也；“自我西郊”，施未行也。

《象》曰：风行天上，小畜。君子以懿①文德。

初九：复②自道，何其咎？吉。

《象》曰：“复自道”，其义③吉也。

九二：牵④复，吉。

《象》曰：“牵复”在中，亦不自失也。

九三：舆说(脱)⑤辐。夫妻反目。

《象》曰：“夫妻反目”，不能正室也。

【注 释】①〔懿〕美化，修美。②〔复〕恢复，复原，返回到重新生长的轨道。③〔义〕道义，适宜，道理。④〔牵〕牵引，牵连。⑤〔说〕通“脱”，脱离。

【大 意】《象传》说：上卦巽为风，下卦乾为天，小畜卦就是和风在天上飘行，导致密云不雨的卦象。君子看到乌云密布、等待下雨这样的卦象，就要效法天象，不断美化文彩，修养品德，以待时机。

初九：（心念发动出错了），赶快返回自身阳刚之道，哪里会有什么咎害？这样做必定吉祥。

《象传》说：初九意识到心念发动出了偏差，能反求诸己，随时反思自己，赶快调整过来，复返自身阳刚正道，从道理上讲初九这样做是合适的，肯定容易吉祥。

九二：受到牵引，能返回正道，吉祥。

《象传》说：九二受到六四的引诱和牵引，但能反复在中位，受到牵引而反思，觉得还是要走中道为好，行为中正，自己没有过失，所以没有大失误。

九三：大车辐条脱落解体，犹如夫妻反目失和。

《象传》说：夫妻反目失和，说明丈夫（九三）不能规正妻室、把家庭关系理顺，家道失衡。

liù sì　　yǒu fú　　xuè　qù　　tì　chū　wú jiù
六四：有孚①，血②去，惕③出，无咎。

xiàng　yuē　　yǒu fú tì chū　　shàng hé zhì yě
《象》曰："有孚惕出"，上合志也。

jiǔ wǔ　　yǒu fú luán rú　　fù yǐ qí lín
九五：有孚④挛如⑤，富以其邻。

xiàng　yuē　　yǒu fú luán rú　　bù dú fù yě
《象》曰："有孚挛如"，不独富也。

shàng jiǔ　　jì yǔ jì chǔ　shàng dé zài　　fù zhēn
上九：既雨既处，尚德载⑥，妇贞

lì　　yuè jī wàng　　jūn zǐ zhēng xiōng
厉。月几望，君子征凶。

xiàng　yuē　　jì yǔ jì chǔ　　dé jī zài yě
《象》曰："既雨既处"，德积载也。

jūn zǐ zhēng xiōng　　yǒu suǒ yí yě
"君子征凶"，有所疑也。

【注释】①〔孚〕真诚相助。②〔血〕流血之灾。③〔惕〕忧惕，恐惧。④〔有孚〕全卦唯一柔爻紧承其下而有孚信，有诚信、守信、信任之意；一说是建立良好信用，以诚相待，大家都有信用，财富就得到分享。⑤〔挛如〕指九五与六四孚信相结，相互系恋。挛，拳拳系恋，互相牵系，攀连、固结、合体，取巽象。如，好像，形容词词尾。⑥〔载〕积习，积累，乾车为载。

【大意】六四：有阳刚（九五天意）真诚相助，得以离开流血之灾，从遗留下来的忧惧中走出来，没有太大的影响。

《象传》说：上天（九五）以诚信感化助人（六四），帮人（六四）离开了流血之灾，走出了恐惧的阴影，说明六四向上与九五（天子）心志相合。

九五：自己心怀诚信，跟群阳携手，一起拳拳系恋一阴，与近邻共同分享阳刚之富实。

《象传》说：自己心怀诚信，跟群阳携手，一起拳拳系恋一阴，说明九五不独自享受阳刚之富实。

上九：密云已经降了雨，也停了（阳刚被释放，阴阳已经安然相处）。（得到物质滋养之后），是应该崇尚积累道德的时候了。妇女（在阳卦上位置不正）需要持守正道以防危险，要像月亮将圆而不盈满，君子此时如果还盲目进取和追求（物质财富），会（像月满则亏一样）有凶险。

《象传》说：密云已经降了雨，也停了，现在是积累道德的时候了。君子此时如果还盲目地进取和追求，就会被其周遭的情境所质疑。

☰ 天泽履（卦十）（兑下乾上）

lǚ hǔ wěi　bù dié①　rén　hēng
履虎尾，不咥①人，亨②。

tuàn yuē　lǚ róu lǚ gāng yě　yuè
《彖》曰：履，柔履刚也。说（悦）③ 而

yìng hū qián shì yǐ lǚ hǔ wěi bù dié rén hēng　ér
应乎乾，是以"履虎尾，不咥人，亨"。

gāng zhōng zhèng　lǚ dì wèi ér bú jiù　guāngmíng yě
刚中正，履帝位而不疚④，光明也。

xiàng yuē shàng tiān xià zé lǚ jūn zǐ yǐ biàn
《象》曰：上天下泽，履。君子以辨

shàng xià　dìng mín zhì
上下，定民志。

chū jiǔ sù lǚ wǎng wú jiù
初九：素⑤履，往无咎。

xiàng yuē sù lǚ zhī wǎng dú xíng
《象》曰："素履"之"往"，独行

【注释】①〔咥〕吃，咬，咬噬。一说吃饭时嘴发出的声音，也是河西走廊、陕西关中一带吃的方言。②〔亨〕亨通，在经文中引申为有幸没有被咬到。③〔说〕同"悦"。④〔疚〕内疚。⑤〔素〕朴素，平素，朴实无华，不失本色。

【大意】履卦象征小心行事，踩到了老虎的尾巴，老虎却没有回头咬人，亨通。

《彖传》说：小心行事，柔爻礼遇刚爻（犹如应对刚猛之虎，需以柔克刚，以阴柔之道来小心行事）。下卦兑为悦，上卦乾为天，内心和悦顺应刚健，所以才能踩到了老虎的尾巴，老虎却没有回头咬人，亨通。帝位上的九五是刚爻，居上卦乾的中位，阳爻居阳位位正。九五登上皇帝之位问心无愧，因为心地和行为都正大光明（上卦乾为白昼，故光明）。

《象传》说：上卦乾为天，下卦兑为泽，天在上，泽在下，上下有序，履卦象征着这种自然的秩序。君子学习履卦乾天刚健在上，兑泽柔顺承之而有礼的卦象，要深明大义，分辨上下名分，安定民心，守礼有序，安分守己，乐天知命。

初九：按平素的做法小心行事，独来独往，没有咎害。

《象传》说：保持自己纯朴的本性，不失本色地谨慎行动，专心致志想去实现自己的意愿。

yuàn yě
愿也。

jiǔ èr　　lǚ dào tǎn tǎn　　　yōu rén　zhēn jí
九二：履道坦坦①，幽人②贞吉。

xiàng yuē　　yōu rén zhēn jí　　zhōng bú zì luàn yě
《象》曰："幽人贞吉"，中不自乱也。

liù sān　miǎo　néng shì　bǒ néng lǚ　lǚ hǔ wěi
六三：眇③能视，跛能履，履虎尾，

dié rén　xiōng　wǔ rén wéi yú dà jūn
咥人，凶。武人为于大君。

xiàng　yuē　　miǎo néng shì　　　bù zú④ yǐ yǒu míng
《象》曰："眇能视"，不足④以有明

yě　　bǒ néng lǚ　　bù zú yǐ yǔ xíng⑤ yě　　dié
也。"跛能履"，不足以与行⑤也。"咥

rén zhī xiōng　　wèi bù dāng yě　　wǔ rén wéi yú dà
人之凶"，位不当也。"武人为于大

jūn　　zhì gāng yě
君"，志刚也。

【注　释】①〔坦坦〕心地坦荡，无外事挂心。从道路上讲是道路平坦，通天大道。②〔幽人〕九二在互离（目）下兑（毁折）中，是双目受伤，成了盲人之象。一说"幽人"是因为大环境不合适，自己幽居起来，固守自己的想法，幽静低调。"幽人"一语也出现在归妹卦九二：眇能视，利幽人之贞。③〔眇〕《说文》："一目小也"，指一只眼好，一只眼不好的斜眼偏盲状态。④〔不足〕不胜任。⑤〔与行〕一起正常行走。

【大　意】九二：履进的道路平坦宽阔，即使如盲人在幽暗之中，只要持守正道前行也能吉祥。

《象传》说：即使如盲人在幽暗之中，只要持守正道前行也能吉祥，因为九二能够坚守中位不自乱阵脚。

六三：一只眼不好，还能看得见。拐子还能走路。在这种情况下，走路不利索，如果又踩在老虎尾巴上，就迟早会被老虎咬到，有凶祸。有武力但缺乏仁德的军人（六三），自不量力，还要向帝位履进。

《象传》说：一只眼睛快瞎了，不能看得很清楚，没法辨明事物。脚跛了，不能像正常人那样走路。踩在老虎尾巴上，有被咬到的危险，六三阴爻居阳位，位置很不妥当。有武力但缺乏仁德的军人，自不量力，想登上大君的宝位，虽为柔爻，但履进的心志比刚爻还要刚强。

九四：履虎尾，愬愬①，终吉。

《象》曰："愬愬，终吉"，志行也。

九五：夬②履，贞厉。

《象》曰："夬履，贞厉"，位正③当也。

上九：视履考祥④，其旋元吉。

《象》曰："元吉"在上，大有庆也。

䷊ 地天泰（卦十一）（乾下坤上）

泰：小往大来，吉亨。

【注释】 ①〔愬愬〕战战兢兢，恐惧之相，发抖的样子。②〔夬〕决，有决断意；也是履卦从夬卦变来的提示。③〔正〕正好，守一而止，恰到好处。④〔祥〕原指在祭祀大礼时献羊，用来呈盼吉祥。在爻辞里指吉凶的预兆。一说看准方向，放弃不祥的，而重那些吉祥的。

【大意】 九四：踩在老虎尾巴上，戒慎恐惧，终归能够吉祥。

《象传》说：戒慎恐惧，终归吉祥，说明处事小心谨慎，能够逐步推行自己的心志。

九五：果断刚决，小心行事，守正能防危厉。

《象传》说：独断专行，刚愎自用，不能灵活应对会有危险，说明九五位置中正，处尊得位，恃正可以决刚。

上九：审视一路小心走来的行为，思索考察其间得失。回头看看（六三），大吉大利。

《象传》说：大吉大利在上位，一路小心走来实属不易，真是值得隆重庆祝这份修来的福气。

泰卦象征安泰通顺，万物通泰，小的去往，大的到来，吉祥，亨通。

《彖》曰："泰，小往大来，吉，亨"，则是天地交而万物通也，上下交而其志同也。内阳而外阴，内健而外顺，内君子而外小人。君子道长，小人道消也。

《象》曰：天地交，泰。后① 以财（裁）② 成天地之道，辅相③ 天地之宜④，以左右⑤ 民。

初九：拔⑥ 茅⑦，茹⑧ 以其汇⑨。征吉。

【注 释】 ①〔后〕帝位的六五是阴爻，故称后，代指君王。《说文》："继体君也。"《尔雅》："后者，君也。"一说指列国诸侯。②〔财〕通"裁"，裁节，裁断，裁定，制定。③〔辅相〕辅助赞勉，辅佐赞助。④〔宜〕适宜，适合，恰当。⑤〔左右〕率领，指挥。一说影响，或者让百姓做参考，帮助指导。一说保佑。⑥〔拔〕拔起。一义同拔节的拔，植物上长。⑦〔茅〕茅草是靠根系滋生的草，根系蔓延，既长又多，成丛成片。《说文》："菅也。"⑧〔茹〕根牵连的样子，指牵连的茅根。⑨〔汇〕类，汇聚。

【大 意】 《彖传》说：泰卦，小的去往，大的到来，吉祥，亨通。这是天地阴阳二气交感，万物亨通畅达；上下相互感应交流，心意协同，志愿相通，志同而道合；阳气内葆，而阴气外发；内卦（心）刚健，而外卦（表）柔顺；内近君子（阳爻）而外远小人（阴爻）；君子之（力）道在昌盛生长，小人之（力）道在减弱消退。

《象传》说：下卦乾为天，上卦坤为地，天地阴阳二气交接感应，万物亨通，这就是泰卦。

君王学习效法天地之间阴阳交流就通达，不交流就闭塞的道理，制定出合理的社会制度，助成天地化生万物的合宜运行，以此来指导佑助民众。

初九：拔茅草的时候，连根带泥拔出来，因为根系牵连带着同类，说明跟志同道合的人一起征进吉祥。

《象》曰：“拔茅征吉”，志在外也。

九二：包荒①，用冯河②，不遐③遗。

朋亡，得尚于中行。

《象》曰：“包荒……得尚于中

行”，以光④大也。

九三：无平不陂⑤，无往不复。艰

贞无咎。勿恤⑥其孚，于食有福。

《象》曰：“无往不复”，天地际也。

【注释】①〔包荒〕荒指代广远的、没有文化的人。“包荒”有广结善缘之意。“包荒”有几种
说法：一、胸怀包容广阔，如黄寿祺、张善文、马恒君；二、广包天地，如尚秉和，傅佩荣；三、包容荒
秽，宽容大度，如王弼、朱熹、苏轼；四、匏瓜，如高亨、闻一多等。“广包天地”指空间上辽远广阔；
“胸怀包容广阔”指人的视界、视野；“包容荒秽”体现人包容大度的一面；至于训为“匏瓜”则是从文
字音韵的角度出发，借助同音、近音、转音等声训方法加以阐释。这种语言学诠释方法将词句从卦爻中
抽离出来，脱离语义背景，意思显得支离破碎。仅挖掘词句本身，不注重意象和义理的探索，更
忽视了卦爻辞中所蕴含的哲学思辨、文化意蕴与人生智慧。此处取第一种解释。②〔冯河〕徒步
过河，涉越。有鲁莽意，如暴虎冯河。③〔遐〕远。④〔光〕光明，一说广大。⑤〔陂〕倾斜不
平，起伏，一说所有平的其实都是不平的。⑥〔恤〕忧虑，担心。《说文》：“恤，忧也。”

【大意】《象传》说：拔起茅草，跟志同道合的人一起征进吉祥，说明初九的心志是向外发展。

九二：心胸宽广，能够包容广远，连徒步过河这类人都起用，再远的人也不遗弃，同时不会有
朋党以结党营私，能够保持中正之道而行，于是就能受到推崇。

《象传》说：胸怀宽广，保持中道，正道而行，受到推崇，是因为心念光明磊落，仁德高尚。

九三：没有只平坦而不起伏的，也没有只前往而不复返的。在艰难的境遇中保持合理的操守就可
以免于灾害。不必忧虑自己内心通天的诚信无法得到别人的相信，只要在艰困之中保持衣食无忧就是
很大的福报。

《象传》说：有去就有回，这是天地交际之处转化而然。

六四：翩翩①，不富以其邻②，不戒
以孚。

《象》曰："翩翩不富"，皆失实也。

"不戒以孚"，中心愿也。

六五：帝乙归③妹，以祉④元吉。

《象》曰："以祉元吉"，中以行
愿也。

上六：城复（覆）于隍⑤，勿用师。自
邑告命，贞吝。

【注释】①〔翩翩〕翩翩起舞，飘飞的样子。一说小鸟飞翔的样子。六四本向下逆阳，但轻飞以求顺应于阳。《说文》："疾飞也。"《释文》："篇篇，如字。《子夏传》作翩翩，向本同，云：轻举貌。古文作偏偏。"《诗经·小雅·巷伯》："缉缉翩翩。"②〔不富以其邻〕《周易》以阴虚无阳为不富、不实，六四与其相邻之六五、上六皆阴爻，故不富。③〔归〕女子出嫁。《说文》："归，女嫁也。"也有归宿、回归之意。④〔祉〕福，福祉，福禄。⑤〔隍〕没有注水的城外壕沟。《说文》："隍，城池也，有水曰池，无水曰隍。"古人筑城墙就近取土，城墙修成后城墙外就挖成大壕沟。一说指护城河，壕沟里注满水就是护城河。

【大意】六四：轻飘飘地下降，与邻居一样都不富裕，对近邻不加戒备，还心存孚信。

《象传》说：轻飘飘地下降，与邻居一样都不富裕，因为六四与自己相邻的六五、上六都是阴爻，阴柔为虚，都不实，所以都不富。对近邻不加戒备，还心存孚信，因为六四愿意亲近九三，是从内心深处愿意无所戒备地真诚相处。

六五：帝乙嫁出自己的妹妹，妹妹因下嫁而收获幸福，这是十分吉祥的事情。

《象传》说：妹妹因下嫁而收获幸福，大吉大利，是因为六五居中应阳，象征妹妹（柔爻）能够保持中正之德，从而实现长期以来的美好愿望。

上六：城墙倒塌在城外壕沟里，自己的兵力没有用了，也不去借用他国出兵。只能在自己的采邑里传递告急的命令，危难之时如果继续顽固不化必有吝难。

《象》曰：“城复（覆）于隍”，其命乱也。

䷋ 天地否（卦十二）（坤下乾上）

否之匪人①，不利君子贞，大往小来。

《彖》曰：“否之匪人，不利君子贞，大往小来”，则是天地不交而万物不通也，上下不交而天下无邦也；内阴而外阳，内柔而外刚，内小人而外君子，小人道长，君子道消也。

【注释】①〔匪人〕匪同“非”，不像个人样。在否塞的境遇里，走正道的人反而处于不利地位。一说“匪人”指没有人道。

【大意】《象传》说：城墙倒塌在护城河里，因为天命都已经变了。

否卦象征闭塞不通。处在否闭无道的世道当中，不该被否塞的君子也会被折磨得失去人样，不利于君子迂腐不加变通，因为正大的阳气还在消往离去，卑小的阴气正在生长到来。

《彖传》说：在否闭无道的世道当中，不该被否塞的君子也会被折磨得失去人样，不利于君子迂腐不加变通，因为正大的阳气还在消往离去，卑小的阴气正在生长到来。这也就是说，上卦乾为天，下卦坤为地，天的阳气上行，地的阴气下行，天地悬隔，不能交感流通，导致万物无法生长，上下不再沟通；在上位的人不亲下，在下位的人不尊上，互不交往，天下没有安定的邦国；内部阴（爻）暗，外表阳（爻）明；内里柔弱，外表刚强；小人受宠于内，君子被排挤在外；小人之邪道在生长，君子之正道在消退。

《象》曰：天地不交，否。君子以俭
德①辟（避）②难，不可荣以禄。

初六：拔茅，茹③以其汇④。贞
吉，亨。

《象》曰："拔茅贞吉"，志在君也。

六二：包⑤承⑥，小人吉，大人否。亨。

《象》曰："大人否亨"，不乱群也。

六三：包羞⑦。

【注 释】①〔俭德〕为避免祸患，压抑自己的理想和才华，不去谋求富贵，帮助小人。
②〔辟〕同"避"。③〔茹〕根系牵连的样子，这里指初六牵连着六二、六三。④〔汇〕类，汇聚。
⑤〔包〕包容。⑥〔承〕顺承，仰承，承担，承载。⑦〔羞〕一说为羞耻。一说为进献。《说文》：
"羞，进献也。"从甲骨文看，字体以手持羊，以表进献。一说是珍馐（朱升）。

【大 意】《象传》说：乾天之卦在上，坤地之卦在下，阳气上升，阴气下降，天地之气上下
不交流，死气沉沉，否塞不通，这就是否卦。君子从阴阳不交的形势当中得到启示，要暂时退隐，
收敛才华，自我约束，俭损德行，躲避时灾，不可去追求利禄，谋取荣华富贵。

初六：拔茅草的时候，连根带泥拔出，因为根系牵连带着同类，说明跟志同道合的人一起安定
地持守正道而吉祥，亨通。

《象传》说：拔茅草的时候，同类相连，象征大家一起共同进取，心志都在想着君王，愿意顺
应君王（九四在上卦乾，为君王，初六阴爻柔顺，与九四正应）。

六二：能够包容并且顺承大人（九五），对于小人来说是吉祥的。大人能够拒绝而且否定小人
（六二），就会亨通。

《象传》说：大人能够拒绝并且否定小人，就会亨通，是因为大人不会与小人一起同流合污，
成为害群之马。

六三：被包容而为非作歹，招致羞辱。

《象》曰："包羞"，位不当也。

九四：有命，无咎，畴（俦）^① 离（丽）^②
祉^③。

《象》曰："有命无咎"，志行也。

九五：休^④ 否，大人吉。其^⑤ 亡其
亡，系于苞桑^⑥。

《象》曰："大人"之"吉"，位正当也。

上九：倾否^⑦，先否后喜。

《象》曰：否终则倾，何可长也？

【注释】①〔畴〕同"俦"，同类称俦，上三刚爻为同类。②〔离〕丽也，附丽，依附。③〔祉〕福祉。④〔休〕休止。⑤〔其〕语气词，表推测。⑥〔苞桑〕大桑树。一解为茂，即丛生的桑树。⑦〔倾否〕倾覆否闭的局势。一说既得利益者会强烈反弹，想把整个去否的力量倾覆掉。

【大意】《象传》说：被包容而为非作歹，招致羞辱，因为六三居于不正当之位。

九四：接受命令扭转否道，不犯过失，同类（上三爻）依附，共享福祉。

《象传》说：按照命令去做事，不会有咎害，因为上面的心志能推行（九四奉九五君命行事，同时也使自己的心愿得到了推行）。

否闭的局势休止住了，大人将获得吉祥。（但仍然要时刻保持居安思危：）可能会灭亡啊，可能会灭亡啊，这样才能就像被拴在丛生的大桑树上一样安然无恙。

《象传》说：大人能够吉祥，是因为九五居于中位，合适得当。

上九：困顿不通的局面将发生天翻地覆的改变，改变的一开始还会有点闭塞不顺，最后通达顺畅，皆大欢喜。

《象传》说：否塞到了极点就必然要发生倾覆，可见闭塞的局面怎么能够继续长久保持下去！

䷌ 天火同人（卦十三）（离下乾上）

同^① 人 于 野^②，亨。利 涉 大 川，利 君
子 贞^③。

《彖》曰：同 人，柔 得 位、得 中，而
应 乎 乾，曰 同 人。同 人 曰："同 人 于
野，亨。利 涉 大 川"，乾 行 也。文 明 以
健，中 正 而 应，君 子 正 也。唯 君 子 为
能 通 天 下 之 志。

《象》曰：天 与 火，同 人。君 子 以 类

【注释】①〔同〕聚合众人心力。《说文》："同，合会也。""同"作动词有会合、共同、聚集之意。②〔野〕在野；一说在原野，野外，《说文》："野，郊外也"，指关系较远。卦辞有政治意味，即要对在野的人一视同仁，由近及远展示推广仁爱世人之意。传统上大致有三种意思：一是宽阔的原野。"同人于野"即是在旷野中集合众人，象征在广阔的范围与人和同。杨万里、杨简、王宗传、吴澄、黄寿祺和张善文等持此说。二是引申为旷远无私、无边无际、无求之地等，强调与人和同无所偏私。如郑玄、刘向、董楷、苏轼、程颐等。三是国野之野，国外为郊，郊外为野。如来知德、金景芳和吕绍刚等。"野"的本义为"周代王畿内的特定地区"，后来泛指郊外，进而引申为旷野、荒野、边鄙、民间、质朴、粗野等含义。③〔贞〕持守正道。

【大意】同人卦象征与人同心，与在野的人同心同德就会获得亨通。有利于涉越大河，有利于君子持守正道。

《彖传》说：同人卦，柔爻六二取得柔位，处下卦之中，又与上卦乾的九五相应，所以称作同人。与在野的人同心同德就会获得亨通。有利于涉越大河，这是乾阳之力与人同心的志意刚健运行的结果。内卦离为文明，外卦乾为刚健，象征秉性文明而刚健有为。主爻六二与上乾九五皆居中得正，而且阴阳正应，象征着君子持守正道，求同存异，和同于人。只有君子才能沟通和同天下人的心志，而使天下大同。

族辨物。

初九：同人于门①，无咎②。

《象》曰：出“门”“同人”，又谁

咎也？

六二：同人于宗③，吝④。

《象》曰：“同人于宗”，吝道也。

九三：伏⑤戎⑥于莽⑦，升⑧其高

陵，三岁不兴⑨。

《象》曰：“伏戎于莽”，敌刚也。

【注 释】 ①〔门〕初二位为家宅位，所以应该是家门，宅门。②〔咎〕本是会意字，从人从各，人人意见不同，各抒己见，互相违背。后引申为问题、过错、责怪、灾祸、灾患、咎害等。③〔宗〕宗室，宗族，同一个家族。④〔吝〕鄙吝，羞吝，吝惜，憾惜，麻烦，有难。⑤〔伏〕埋伏。⑥〔戎〕兵，兵戎，兵甲军旅。⑦〔莽〕林莽，丛木。⑧〔升〕登。⑨〔兴〕兴兵，兴起，发动。

【大 意】《象传》说：上卦乾为天，下卦离为火，天在高处，火势熊熊燃烧向上，与天同向，跟天相互亲和，火光冲天，与天相应，一片光明之象。离为依附，太阳依附在天上，人心和同于天光，方以类聚，物以群分，属性相同的事物彼此靠拢，这就是同人卦。君子要判断事物的类别，分辨事物的本质特性。

初九：出门就能够和同于人，这没有什么问题。

《象传》说：出门就能够和同于人，又会有谁来责怪呢？（大家欢迎这样）

六二：只与同宗同室的亲戚、朋友、同胞同心同德，鄙吝。

《象传》说：六二与初九不同，不能大同天下之人，只跟同宗同室的亲戚、朋友、同胞打交道，走的是鄙吝之道，太可惜了。

九三：甲兵一会儿在林莽之中埋伏，一会儿登上高陵侦察情况，折腾了三年，都不敢兴兵交战。

《象传》说：甲兵埋伏在林莽之中，因为跟对手势均力敌。折腾了三年，都不敢兴兵交战，说明九三安稳健行。

"三岁不兴"，安行①也。

九四：乘其墉②，弗克③攻，吉④。

《象》曰："乘其墉"，义弗克也。其

"吉"，则困而反（返）则⑤也。

九五：同人⑥，先号咷⑦而后笑，大

师克⑧相遇。

《象》曰："同人"之"先"，以中直

也。"大师相遇"，言相克也。

上九：同人于郊⑨，无悔。

【注释】 ①〔安行〕安稳健行。②〔墉〕高墙，城墙。《说文》："墉，城垣也。"③〔克〕能。④〔吉〕由于行动左右困难，反而得到好处，最终回归和平之道，坏事变好事。⑤〔则困而反则〕前"则"是连词，那么；后"则"为名词，法则。一说"则"通"侧"，反侧即不安之意。⑥〔同人〕把群众聚合起来。⑦〔号咷〕大哭之象。⑧〔克〕战胜。一说相得，能够。⑨〔郊〕乾为郊，邑外是郊，郊外为野。上九是全卦最外爻，是与郊野的百姓同心同德之意。

【大意】 九四：登上城墙，决定放弃攻打对手，这是吉祥的。

《象传》说：登上城墙，从道理上说，九四没有必要去攻击对手初九。这一爻吉祥的程度不高，不过平安而已，因为九四被推上城墙，左右为难，遇到不得不打仗的窘困境遇，但知道应该返回到同人的正当原则上来。

九五：把群众聚合起来，先号啕大哭，后破涕为笑，好像大部队胜利会师。

《象传》说：把群众聚合起来，先号啕而后笑，是因为居于中位，而行为正直。大部队能够会师，是因为已经战胜了敌人。

上九：到郊野之外跟人同心同德，不必忧悔。

《象》曰："同人于郊"，志未得也。

䷍ 火天大有（卦十四）（乾下离上）

大有：元① 亨。

《象》曰：大有，柔得尊位，大中而上下应之，曰"大有"。其德刚健而文明，应乎天而时行，是以②"元亨"。

《象》曰：火在天上，大有。君子以遏恶扬善③，顺天休④命。

初九：无交害，匪咎。艰则无咎。

《象》曰：大有初九，"无交害"也。

九二：大车① 以载②，有攸往，无咎。

《象》曰："大车以载"，积中不败③也。

九三：公用亨（享）④ 于天子，小人弗克⑤。

《象》曰："公用亨（享）于天子"，小人害⑥也。

九四：匪其彭⑦，无咎。

《象》曰："匪其彭，无咎"，明辨皙⑧也。

中华传统文化经典诵读＊周易·第一章 上经……＊

【注 释】①〔大车〕指下卦乾，伏坤为空车，上卦离为附属物，乾为重车载物。②〔载〕装载，重物，财富，一说是要流通、与人分享之意。③〔败〕散败，败坏，出事。④〔亨〕通"享"，此处指天子的宴享。一说亨通，一说（王公的）朝献。⑤〔克〕能，担当，做到。⑥〔害〕祸害，危害。九三换成小人成坎，卦变睽，危害背离。⑦〔彭〕盛满的样子，很满，鼓鼓的状态。一说鼓受敲击发出彭彭的声音。《子夏传》作"旁"，彭、旁依声得义。⑧〔皙〕同"晰"，明白，清晰。一作晢（zhé），明智。

【大 意】《象传》说：大有卦初九这一爻，不会有交往所带来的害处。

九二：大车装载着重物，往前走，没有咎害。

《象传》说：大车负载重物，能把重物堆积累放在正中间，车和东西就都不会散败。

九三：公侯受到天子的宴享之礼，小人不能领受这样的礼遇。

《象传》说：公侯受到天子的宴享之礼，小人受此礼遇必有危害。

九四：（虽然大有，但）不自恃盛大，就没有咎害。

《象传》说：不自恃盛大，就不会有祸患，这说明九四清明知止，能明辨自己的处境。

六五：厥①孚②交如③，威如④，吉。

《象》曰："厥孚交如"，信以发志⑤也。

"威如"之"吉"，易⑥而无备⑦也。

上九：自天佑⑧之，吉无不利。

《象》曰：大有上吉，"自天佑"也。

地山谦（卦十五）（艮下坤上）

谦：亨。君子有终⑨。

《象》曰："谦，亨"，天道下济而
光明，地道卑而上行。天道亏盈而益

中华传统文化经典诵读＊周易・第一章　上经……57

【注释】　①〔厥〕其。一说本义为憋气发力，用尽全力，憋气昏厥，九四如鼓，六五鼓足士气。②〔孚〕信，诚信，信誉，信用。③〔交如〕交往、交接的样子。交是象形字，像人两腿交叉，交织在一起。如指如同、好像，……的样子。④〔威如〕有威望的样子。⑤〔发志〕感化、激化、激发、引发他人共同维护大有局面的志向，自己的志向也得到抒扬。⑥〔易〕平易，一说行为简易，简单易行，不劳无为，平易近人。⑦〔无备〕六五无所防备，大家也无需戒备。⑧〔佑〕佑助。⑨〔终〕好结果，善终。

【大意】　六五：频频交往且有诚信，威严庄重，吉祥。

《象传》说：诚实守信遍交上下，说明六五能以诚信引发人的心志，同时自己的心志也得到抒扬。威望庄重而得到吉祥，是因为六五平易近人，无所防备，大家也无需戒备，自然心生敬畏。

上九：得到上天的保佑，吉祥而无所不利。

《象传》说：大有的上九吉祥而无所不利，是有来自上天的保佑。

谦卦象征谦虚，有谦虚的美德就会亨通。君子谦虚办事就有始有终，会有好结果。

《象传》说：谦卦，亨通。天道的运行规律是恩泽下施，大放光明，照应天下，地道的运行规律是位置虽然卑下，却向上生成和运行，长养万物。

qiān dì dào biàn yíng ér liú qiān guǐ shén hài yíng ér fú
谦，地道变盈而流谦，鬼神害盈而福

qiān rén dào wù yíng ér hào qiān qiān zūn ér guāng bēi ér
谦，人道恶盈而好谦。谦尊而光，卑而

bù kě yú① jūn zǐ zhī zhōng yě
不可逾①，"君子"之"终"也。

xiàng yuē dì zhōng yǒu shān qiān jūn zǐ yǐ póu
《象》曰：地中有山，谦。君子以裒②

duō yì guǎ chēng wù píng shī
多益寡，称③物平施。

chū liù qiān qiān jūn zǐ yòng shè dà chuān jí
初六：谦谦君子，用涉大川，吉。

xiàng yuē qiān qiān jūn zǐ bēi④ yǐ zì
《象》曰："谦谦君子"，卑④以自

mù⑤ yě
牧⑤也。

liù èr míng qiān zhēn jí
六二：鸣谦，贞吉。

xiàng yuē míng qiān zhēn jí zhōng xīn dé yě
《象》曰："鸣谦贞吉"，中心得也。

【注释】①〔逾〕超越，逾越。②〔裒〕减损，减少，义同"掊"。③〔称〕权衡，衡量。④〔卑〕谦卑，低下。⑤〔牧〕本义为放牧，引申为管理，牧养，培养。

【大意】天道的运行使满盈之物亏损，使虚少之物增益；地道的运行使满盈之物溢出，让多余的部分流入不满之处；鬼神的运行是祸害骄满者而福佑谦虚者；人道的运行是厌恶贪得无厌者，喜欢谦让知足者。谦虚的人位于尊位就更加光彩夺目，即使处于卑下之位也无法超越，所以君子自始至终保持谦虚。

《象传》说：上卦坤为地，下卦艮为山，地中有山，高山低入大地之中，大地中隐藏着高山，虚怀若谷，这是谦卦的象征。君子因此要减损多余的，增益寡少的；权衡事物多寡，然后公平地施予。

初六：谦而又谦的君子，有能力涉越大河，吉祥。

《象传》说：谦而又谦的君子，能够谦卑地把自己管理好。

六二：谦虚的行为得到他人赞美鸣和，不沾沾自喜而能持守正道，可得吉祥。

《象传》说：谦虚的行为得到他人赞美，不沾沾自喜并能持守正道，可得吉祥，说明六二居中位，心里觉得谦虚很美而引发共鸣，是心中自得。

九三：劳①谦君子，有终，吉。

《象》曰："劳谦君子"，万民服也。

六四：无不利，撝（挥）②谦。

《象》曰："无不利，撝（挥）谦"，不违则也。

六五：不富③以④其邻，利用侵伐，无不利。

《象》曰："利用侵伐"，征不服也。

上六：鸣谦，利用行师，征邑国⑤。

《象》曰："鸣谦"，志未得也。可"用行师，征邑国"也。

【注释】①〔劳〕功劳。②〔撝〕音义同挥，发挥，挥扬，发扬，举扬，挥发，散发。一说宣，即明、智，既明智又谦逊；一说挥手，连连摆手。③〔富〕朱震："阳实，富也。阴虚，贫也。邻谓四与上也。"朱震认为阴爻为虚，为贫，六五与六四、上六是比邻的爻，都是阴爻，又坤为不富，故为"不富以其邻"。④〔以〕与。⑤〔邑国〕封地，天子分封的诸侯国和大夫的采邑，都受封于天子，是天子的附庸。

【大意】九三：有功劳又谦和的君子，有好结果，吉祥。

《象传》说：有功劳又谦和的君子，天下百姓都心悦诚服。

六四：没有不利，因为处处运用发挥谦虚的美德。

《象传》说：发挥谦虚的美德没有什么不吉利的，这是因为六四不违背自然法则。

六五：觉得因为邻居才变得不富裕，所以利用权势出兵讨伐，没有什么不利。

《象传》说：适宜利用权势出兵讨伐，是因为六五有实力去讨伐不服的人。

上六：因谦虚而声名远播，利于出兵打仗，征伐邑国。

《象传》说：上六这一爻因谦虚而声名远播，但志向仍然没有实现。可以出兵打仗，是因为可以征服自己治下还不服的邑国。

䷏ 雷地豫（卦十六）（坤下震上）

yù　 lì jiàn hóu xíng shī
豫：利建侯行师。

tuàn yuē yù gāng yìng ér zhì xíng shùn yǐ
《彖》曰：豫，刚应而志行，顺以

dòng yù yù shùn yǐ dòng gù tiān dì rú zhī ér kuàng
动，豫。豫，顺以动，故天地如之，而况

jiàn hóu xíng shī hū tiān dì yǐ shùn dòng gù rì yuè
"建侯行师"乎？天地以顺动，故日月

bú guò ér sì shí bú tè shèng rén yǐ shùn dòng zé xíng
不过，而四时不忒。圣人以顺动，则刑

fá qīng ér mín fú yù zhī shí yì dà yǐ zāi
罚清而民服，豫之时义大矣哉！

xiàng yuē léi chū dì fèn yù xiān wáng yǐ zuò
《象》曰：雷出地奋①，豫。先王②以作

yuè chóng dé yīn jiàn zhī shàng dì yǐ pèi zǔ kǎo
乐崇德，殷③荐④之上帝，以配⑤祖考。

【注释】①〔奋〕奋发，指巨大震动领悟的振奋感。②〔先王〕内心之中怀念死去的开国先君。③〔殷〕殷实、殷富、众多，意境盛大之状。④〔荐〕进献，祭献。⑤〔配〕配合，意念与先祖天地一起配合享受。

【大意】豫卦象征欢乐怡悦，有利于封建诸侯，兴兵征伐。

《彖传》说：豫卦，刚健之志得到应和，心志得以推行，这是心情欢乐怡悦的状态。豫卦下卦坤为顺，上卦震为动，顺应事物本性而动，所以天地的运行都会与它配合相应一样，何况是封建诸侯、行师征伐这样的事呢！天地顺自然规律和阴阳之性而运动，所以日月运行不会失去法度，四季交替不会出现差误。圣人顺人天之性而动，就会律法清明，百姓心悦诚服。豫卦欢乐怡悦所显示出来的顺应人天本性的时机化意义实在太重大了！

《象传》说：上卦震为雷，下卦坤为地，雷从地下出来，大地振作起来，奋发有为，就是豫卦象征的欢乐怡悦的状态。先王从雷在地上轰鸣，大自然充满活力，通畅和乐，生机勃勃的现象中得到启示，要创制礼乐以赞颂功德，并通过盛大的祭奠仪式进献给天帝，让历代祖先与天地一起配合共享欢乐怡悦。

chū liù　míng①　yù　xiōng
初六：鸣①豫，凶。

xiàng　yuē　chū liù　míng yù　　zhì qióng　xiōng　yě
《象》曰：初六"鸣豫"，志穷②"凶"也。

liù èr　jiè③　yú④　shí　bù zhōng rì　zhēn jí
六二：介③于④石，不终日，贞吉。

xiàng　yuē　　bù zhōng rì　zhēn jí　　yǐ zhōng
《象》曰："不终日，贞吉"，以中

zhèng yě
正也。

liù sān　xū⑤　yù　huǐ　chí⑥　yǒu huǐ
六三：盱⑤豫，悔，迟⑥有悔。

xiàng　yuē　　xū yù yǒu huǐ　　wèi bù dāng yě
《象》曰："盱豫有悔"，位不当也。

jiǔ sì　yóu⑦　yù　dà yǒu dé　wù yí　péng
九四：由⑦豫，大有得，勿疑。朋

hé⑧　zān⑨
盍⑧簪⑨。

xiàng　yuē　　yóu yù dà yǒu dé　　zhì dà xíng yě
《象》曰："由豫大有得"，志大行也。

【注释】①〔鸣〕鸣叫，自鸣得意、津津乐道之意。②〔穷〕尽，到头。③〔介〕分界，疆界，引申为耿介。本义为铠甲，一种防身的武器。④〔于〕如。⑤〔盱〕睢盱。张大眼睛向上看之象，带有奉承谄媚意味，即小人喜悦佞媚之貌。⑥〔迟〕沉迷于享乐而延迟、迟缓。⑦〔由〕因由，由于，来由，一说从容，虞翻："由：自从也。"高亨通假为"田"。⑧〔盍〕如"合"，聚拢，聚合。⑨〔簪〕簪子，古人插入头发中的发针首饰，用来聚拢头发。

【大意】初六：沉溺于豫乐，自鸣得意，一定有凶祸。

《象传》说：处在一卦之初就沉溺豫乐，自鸣得意，心志已尽，凶灾在所难免。

六二：独立耿介，坚定不移，犹如巨石，不成天沉溺于安乐当中，守正吉祥。

《象传》说：不成天沉溺于安乐当中，守正吉祥，是因为六二居中守正。

六三：媚上求欢，耽溺喜乐，导致忧悔，如果不及时悔改，就会追悔莫及。

《象传》说：用媚上求欢的方式耽溺喜乐，导致追悔莫及，是因为六三阴爻处阳位不正。

九四：众人依赖九四而获得喜豫之感，会大有收获，至诚不疑，朋友们会像簪子聚合头发一样聚拢在周围。

《象传》说：大家的喜豫之感由九四而来，会大有所得，说明九四的志意得以彻底实行。

liù wǔ zhēn jí héng bù sǐ
六五：贞①疾，恒②不死。

xiàng yuē liù wǔ zhēn jí chéng gāng yě
《象》曰：六五"贞疾"，乘刚也。

héng bù sǐ zhōng wèi wáng yě
"恒不死"，中未亡也。

shàng liù míng yù chéng yǒu yú wú jiù
上六：冥③豫，成④，有渝⑤无咎。

xiàng yuē míng yù zài shàng hé kě cháng yě
《象》曰："冥豫"在上，何可长也？

泽雷随（卦十七）（震下兑上）

suí yuán hēng lì zhēn wú jiù
随：元亨，利贞⑥，无咎。

tuàn yuē suí gāng lái ér xià róu dòng ér
《象》曰：随，刚来而下柔，动而

yuè suí dà hēng zhēn wú jiù ér tiān
说（悦），随。大亨贞，"无咎"，而天

xià suí shí suí shí zhī yì dà yǐ zāi
下随时，随时之义大矣哉！

【注释】①〔贞〕正，正在，正当，也指正中之位。一解卜问。②〔恒〕长久。③〔冥〕昏昧幽暗无明，冥顽不灵。④〔成〕终。⑤〔渝〕变。⑥〔贞〕正。

【大意】六五：正在闹病，但可以长期坚持不会死亡。

《象传》说：六五正在位中却会闹病，是由于乘刚（九四）。长期坚持不会死亡，是因为六五毕竟有中位优势。

上六：昏昧无明地骄满喜豫，最后一定要有变化，才能没有咎害。

《象传》说：昏昧无明地耽于享乐，达到了极点，还处于上穷之位，这样的情况怎么能够保持长久呢？

随卦象征随顺适变，大为亨通，利于守正，没有咎害。

《象传》说：随卦，刚爻来到柔爻之下，又上兑柔下震刚，是刚来到柔的下面，刚健者能甘居于柔顺者之下。下卦震动，上卦兑悦，上下卦组合就是行动而能心中悦顺，所以有众人跟随。大为亨通，守持正道，没有灾祸。天下都能顺应时势而运动，随时提示的从宜适变的时机化意义实在太伟大了！

《象》曰：泽中有雷，随。君子以向晦①入宴②息。

初九：官有渝③，贞④吉，出门交有功。

《象》曰："官有渝"，从正"吉"也。"出门交有功"，不失也。

六二：系小子，失丈夫。

《象》曰："系小子"，弗兼⑤与也。

六三：系丈夫，失小子。随有求，得。利居贞。

《象》曰："系丈夫"，志舍下也。

【注释】 ①〔向晦〕到了晚上。②〔宴〕安。③〔渝〕变，有灵活性。④〔贞〕走正道，守原则。⑤〔兼〕兼顾，二者兼有。

【大意】 《象传》说：上卦兑为泽，下卦震为雷，雷进入大泽之中，泽水中打雷震动，泽水随着雷声而波动，这就是随卦象征的随顺、相随的状态。君子随天时而动，动静合宜，日出而作，日落而息。

初九：为官有权变，变又不离开正道，吉祥。出门与人交往，会有功效。

《象传》：为官有权变，随从正道吉祥。出门与人交往，会有功效，因为没有过失。

六二：系恋小子，失去丈夫。

《象传》说：系恋小子（初九），因为六二不能两者兼得。

六三：系恋丈夫，则失去小子。追随他人有所求，能够得到，但宜于用安居守正之道来追随。

《象传》说：系恋丈夫（九四），是六三心志坚定地舍弃在下的小子（初九）。

jiǔ sì　　suí yǒu huò　　zhēn xiōng　　yǒu fú zài dào
九 四：随 有 获，贞 凶。有 孚 在 道，

yǐ míng　hé jiù
以 明，何 咎？

xiàng　yuē　　　suí yǒu huò　　　　qí yì　xiōng
《象》曰：“随 有 获”，其 义“凶”

yě　　　yǒu fú zài dào　　　　míng gōng yě
也。“有 孚 在 道”，明 功 也。

jiǔ wǔ　　fú yú jiā　　jí
九 五：孚 于 嘉，吉。

xiàng　yuē　　fú yú jiā　　jí　　　wèi zhèng zhōng yě
《象》曰：“孚 于 嘉，吉”，位 正 中 也。

shàng liù　　jū xì① zhī　　nǎi cóng wéi② zhī　　wáng yòng
上 六：拘 系① 之，乃 从 维② 之，王 用

xiǎng　　　　yú xī shān
亨（享）③ 于 西 山④。

xiàng　yuē　　jū xì zhī　　　　shàng qióng yě
《象》曰：“拘 系 之”，上 穷 也。

【注释】 ①〔拘系〕拴缚，拘束，拘留。《说文》：“拘，止也，从手句。”《广韵》：“拘，执也。”②〔维〕捆绑。③〔亨〕用如享。④〔西山〕即后文提到的岐山，是周王朝的发祥地。

【大意】 九四：跟随他人而自己有所收获，可是如果还正固不会权变就有凶险。如果心怀诚信，言行合乎正道，能够明辨进退，那又会有什么灾害呢？

《象传》说：跟随他人而自己有大收获，从道义上说九四应当有凶灾。但因为九四心怀诚信，能处正道，所以是因明智而有功劳。

九五：相信并收获着各种嘉美之事，非常吉利。

《象传》说：对嘉美之道心存诚信，吉祥的原因是九五位置既正又中。

上六：好像被（九五）拘押住，拴起来，又随从（被九五随顺地）维系住，追随大王（九五）到西山去祭享天地。

《象传》说：上六所以会（宁可主动被九五）拘系起来（以便追随九五），是因为上六处在极上困穷之位，随顺到尽头（没有方向）。

䷑ 山风蛊（卦十八）（巽下艮上）

gǔ ① yuán hēng lì shè dà chuān xiān jiǎ sān rì
蛊①：元亨。利涉大川，先甲三日，

hòu jiǎ sān rì
后甲三日。

tuàn yuē gǔ gāng shàng ér róu xià xùn ér
《彖》曰：蛊，刚上而柔下，巽而

zhǐ gǔ gǔ yuán hēng ér tiān xià zhì yě
止，蛊。"蛊，元亨"，而天下治也。

lì shè dà chuān wǎng yǒu shì yě xiān jiǎ sān
"利涉大川"，往有事也。"先甲三

rì hòu jiǎ sān rì zhōng zé yǒu shǐ tiān xíng yě
日，后甲三日"，终则有始，天行也。

xiàng yuē shān xià yǒu fēng gǔ jūn zǐ yǐ zhèn
《象》曰：山下有风，蛊。君子以振

mín yù dé
民育德。

【注释】①〔蛊〕一种害人的毒虫。从古字形上看，是多条虫在器皿之上，理解为器皿里面虫子多了，就必然"有事"，《序卦传》说是"事也"，事即积弊，说明社会久安之后，必然弊病丛生，应随卦之后，接蛊卦。《杂卦传》说是"饬也"，是整饬修治之意。蛊的本义是蛊乱、蛊惑，象征腐败；引申为治蛊之道。

【大意】蛊卦象征整饬修治，政治腐败，大为亨通，有利于涉越大河。应该在"甲"日开始前的（癸壬辛）三天准备，在"甲"日开始后的（乙丙丁）三天行动。

《彖传》说：蛊卦从泰卦变来，是泰卦初九与上六换位，刚爻往上，柔爻来下；上卦艮为阳卦，下卦巽为阴卦，阳刚在上，刚健向上，阴柔在下，柔顺居下。下卦为巽为风顺，上卦为艮为山止，好比风遇山而能止，又好比乘着顺风又有岸可止，这就是蛊卦的卦象。蛊卦大为亨通，是天下得到了治理，有利于涉越大河，克服大难，是要勇敢去干革除积弊的事情。在"甲"日开始前的（癸壬辛）三天准备，在"甲"日开始后的（乙丙丁）三天行动，这是需要整治终结旧时期，开拓新时期，任何事情都要有始有终，循环往复，这是天道运行的本然状态。

《象传》说：上卦艮为山，下卦巽为风，山下吹来大风的卦象就是蛊卦。君子从风吹叶落，世风日下，摧枯拉朽之象中发现，要振作民众、培育道德。

初六：干^① 父之蛊，有子^②，考^③ 无
咎。厉，终吉。

《象》曰："干父之蛊"，意承
"考"也。

九二：干母之蛊，不可贞^④。

《象》曰："干母之蛊"，得中道也。

九三：干父之蛊，小有悔，无大咎。

《象》曰："干父之蛊"，终无咎也。

六四：裕^⑤ 父之蛊，往见吝。

《象》曰："裕父之蛊"，往未得也。

【注释】①〔干〕整治，匡正，救治。一说指继承、顺承，父丧当先承其志。所以可以理解为在继承中救正，在批判中继承。②〔有子〕有继承大业的好儿子。③〔考〕死去的父亲。本义为老，年纪大，此处卦变后乾坤父母皆亡，取亡父有理。④〔贞〕正固，固执，强硬。⑤〔裕〕宽裕，宽容放纵，因循苟且，以致无所作为。

【大意】初六：整治先父留下的腐败和积弊，能有继承大业的好儿子，对于亡父来说，没有祸患，虽然有一些危险，但最终会吉祥。

《象传》说：整治先父时代的腐败和积弊，这说明儿子在意识中有继承和发扬父政的生机。

九二：整治母辈所造成的腐败和积弊，要坚定但不可过分固执。

《象传》说：整治母辈所造成的腐败和积弊，因为九二在下卦中位，行事符合中道。

九三：整治父辈的腐败和弊政，虽然还有小的忧悔遗憾，但没有太大的祸患。

《象传》说：整治父辈造成的腐败和弊政，宁可矫枉过正，最终不会有太大的祸患。

六四：宽容放任地处理父辈的腐败和弊政，长此以往会有遗憾羞吝。

《象传》说：懈怠迁就地处理父辈的腐败和弊政，听凭原样因循苟且下去，长久以往将会一无所得。

liù wǔ　gàn fù zhī gǔ　yòng yù
六五：干父之蛊，用誉。

xiàng yuē　gàn fù yòng yù　chéng yǐ dé yě
《象》曰："干父用誉"，承以德也。

shàng jiǔ　bú shì wáng hóu　gāo shàng qí shì
上九：不事王侯，高尚其事。

xiàng yuē　bú shì wáng hóu　zhì kě zé yě
《象》曰："不事王侯"，志可则也。

䷒ 地泽临（卦十九）（兑下坤上）

lín　yuán hēng　lì zhēn　zhì yú bā yuè　yǒuxiōng
临①：元②亨，利贞。至于八月③有凶。

tuàn yuē　lín　gāng jìn　ér zhǎng yuè　ér
《彖》曰：临，刚浸④而长，说（悦）而

shùn　gāng zhōng ér yìng　dà hēng yǐ zhèng tiān zhī dào yě
顺，刚中而应。大亨以正，天之道也。

zhì yú bā yuè yǒu xiōng　xiāo bù jiǔ yě
"至于八月有凶"，消不久也。

【注释】①〔临〕本卦中，从阳的壮大，生发出阳对阴的临逼，有阳长而临近之意，引申为光临、莅临、监临、面临、临场等意思。②〔元〕按象辞解为"大"。③〔八月〕临的综卦是观卦，二阳逐渐向上退却，"十二消息卦"观卦配八月时令，所以到了八月有凶祸。一说中间隔八个月。④〔浸〕用如寝，浸润，逐渐，如《程传》："浸，渐也。"

【大意】六五：整治父辈的腐败和积弊，用维系荣誉的方法把大业继承下来。

《象传》说：整治父辈的腐败和积弊，用维系荣誉的方法把大业继承下来，这是因为六五以美好的品德继承并传扬了先人的德业。

上九：不继续侍奉君王公侯，把自己的退隐行为看得很高尚。

《象传》说：不继续侍奉君王公侯，说明上九的高洁志向可以效法。

临卦象征临事知惧，大为亨通，有利于持守正固，但到（阴历）八月会有凶险。

《象传》说：临卦是阳刚爻渐渐生长。下卦兑为悦，"说"同悦；上卦坤为顺，既喜悦又柔顺，刚爻居于下卦中位，又有六五正应。大为亨通又恰到好处，这是天道运行的本然状态。到（阴历）八月会有凶险，是因为阳气将要消退，阳刚不会存在太长久。

《象》曰：泽上有地，临。君子以教

思无穷，容保民无疆。

初九：咸①临，贞吉。

《象》曰："咸临，贞吉"，志行正也。

九二：咸临，吉，无不利。

《象》曰："咸临，吉，无不利"，未

顺命②也。

六三：甘③临，无攸④利。既忧之，

无咎。

《象》曰："甘临"，位不当也。"既忧

【注释】①〔咸〕同、皆、共、全、都，副词。②〔命〕命运，天命。在《周易》中，扶阳抑阴就是天道运行的命令。③〔甘〕甘美，甘甜。④〔攸〕用如所。

【大意】《象传》说：下卦兑为泽，上卦坤为地，湖泽的上面有大地，人在地上看泽，居高临下，这就是象征临事知惧的临卦。君子要从临卦中学习，要以无穷无尽的思想道德去教化民众，并以无边无际的宽广胸怀去容纳和养育民众。

初九：阳气一起来临，守正自然吉祥。

《象传》说：阳气一起来临，守正自然吉祥，因为初九心志和行为都是正当的。

九二：一起来临，吉祥，无所不利。

《象传》说：九二虽然跟初九一起来临，吉祥，没有什么不利，但形势还是阴爻主导，还没有顺从天道运行扶阳抑阴的命令。

六三：甘甜自美地面对阳气的来临，没有什么好处。如果能够为当前的处境忧虑，才不会有过错灾害。

之”，咎不长也。

六四：至^①临^②，无咎。

《象》曰：“至临，无咎”，位当也。

六五：知（智）^③临，大^④君之宜，吉。

《象》曰：“大君之宜”，行中之谓也。

上六：敦^⑤临，吉，无咎。

《象》曰：“敦临”之“吉”，志在内也。

【注释】①〔至〕到。②〔临〕来。③〔知〕同"智"，聪明睿智，知识智慧。④〔大〕大志，大心，大气，大境界。⑤〔敦〕厚，敦厚，笃厚。

【大意】《象传》说：甘甜自美地面对阳气的来临，指六三处在柔爻将被逼退，自己却处在首当其冲的位置，另六三柔爻居刚位，都是位不当。既然能为目前面临的处境忧虑，那么咎害就不会太长久了。

六四：（与阳力）一起到来，没有什么问题。

《象传》说：（顺着阳力上升一起来）亲临现场，当然不会有祸患，因为六四位置适当，处境得当。

六五：以聪明睿智君临天下，胸怀大志之君能够以合宜的方式治国理政，当然吉祥。

《象传》说：意境大明的君王以适宜的方式治国理政，指的是六五施政能够奉行中道。

上六：温和敦厚地统临，吉祥，没有问题。

《象传》说：以厚重的意境和品德蓄统临下，之所以吉祥，是因为上六的心志在内卦的阳爻。

䷓ 风地观（卦二十）（坤下巽上）

观：^{guān} 盥^{guàn}① 而^{ér} 不^{bú} 荐^{jiàn}②，有^{yǒu} 孚^{fú}，颙^{yóng}③ 若^{ruò}④。

《象》曰：^{tuàn yuē} 大^{dà} 观^{guān} 在^{zài} 上^{shàng}，顺^{shùn} 而^{ér} 巽^{xùn}，中^{zhōng}正^{zhèng} 以^{yǐ}

观^{guān} 天^{tiān} 下^{xià}。"观^{guān}，盥^{guàn} 而^{ér} 不^{bú} 荐^{jiàn}，有^{yǒu} 孚^{fú} 颙^{yóng} 若^{ruò}"，下^{xià}

观^{guān} 而^{ér} 化^{huà} 也^{yě}。观^{guān} 天^{tiān} 之^{zhī} 神^{shén} 道^{dào}，而^{ér} 四^{sì} 时^{shí} 不^{bú} 忒^{tè}⑤。圣^{shèng}

人^{rén} 以^{yǐ} 神^{shén} 道^{dào} 设^{shè} 教^{jiào}，而^{ér} 天^{tiān} 下^{xià} 服^{fú} 矣^{yǐ}。

《象》曰：^{xiàng yuē} 风^{fēng} 行^{xíng} 地^{dì} 上^{shàng}，观^{guān}。先^{xiān} 王^{wáng} 以^{yǐ} 省^{xǐng}⑥

方^{fāng} 观^{guān} 民^{mín} 设^{shè} 教^{jiào}。

初^{chū} 六^{liù}：童^{tóng} 观^{guān}，小^{xiǎo} 人^{rén} 无^{wú} 咎^{jiù}，君^{jūn} 子^{zǐ} 吝^{lìn}。

【注释】 ①〔盥〕字形结构是两手在水盆之上，浇水洗手。指举行祭祀开始时先洗手的仪式。一说祭祀时用酒浇地以迎神。②〔荐〕进献、奉献、祭献、荐羞，进奉，献牲于神。③〔颙〕诚敬仰望、景仰肃穆，庄严恭敬的样子。④〔若〕形容词词尾，表达事物所处的状态。⑤〔忒〕差错。⑥〔省〕省视，视察。

【大意】 观卦象征观察瞻仰，祭祀时洁敬洗手，进献祭品的仪式还没开始，内心就无比虔诚，表现得庄严恭敬，诚敬肃穆。

《彖传》说：主爻九五刚爻为大，居天位在上，上九也高居在上，气势宏大可观；下卦坤为顺，上卦巽为入，教化能顺利地深入人心；九五在上卦中位，刚爻居刚位，位正，九五以下的三四爻为人位，初二爻为地位，都在天下。九五能以中正之道居高临下以观天下，这就是观卦。进献祭品的仪式还没开始，内心就无比虔诚，表现得庄严肃穆，在下的臣民看到主祭人的精诚深深地受到感化，这是道德虔诚的感化力量。仰观上天自然神妙莫测的大道，考察天体运行，发现四季交替分毫不差，从不失度。圣人效法自然神妙的天道来设立教化，这样天下的人民就会信服。

《象传》说：上卦巽为风，下卦坤为地，风在地上吹行，无孔不入就是观卦。先王从风在地上形成风气、风俗中得到启示，就要巡视四方，考察民情风俗，设立教化。

初六：像儿童一样观察事物，对小人来说没有什么过失，但对君子来说就有羞吝。

《象》曰：初六"童观"，"小人"道也。

六二：窥①观，利女贞。

《象》曰："窥观，女贞"，亦可丑也。

六三：观我生②，进退。

《象》曰："观我生，进退"，未失道也。

六四：观国之光，利用宾于王。

《象》曰："观国之光"，尚宾也。

九五：观我生③，君子无咎。

【注释】①〔窥〕小视，窥视，从小孔或门缝里偷看。②〔生〕代表念头之生，民心民意之生。③〔生〕生民，有生机的民众，或民众向往的生活。

【大意】《象传》说：初六像儿童一样看问题，这是小人之道。

六二：从门缝里向外窥视，对女子来说是正当的。

《象传》说：透过门缝向外偷看，对女子而言，贞操矜持，守正则有利，不过这样做终究不太光彩。

六三：观察我的生民的情况，决定进还是退，是通过观察风俗民情制定政策。

《象传》说：观察体会人民追求的想法和所生的念头，决定进还是退，不失正道（六三能按风俗民情，以神道设教，故为"未失道"）。

六四：观看国家礼仪盛典的光辉气象，有利于成为君王的座上宾客。

《象传》说：能观仰王朝盛世的辉煌生机，说明眼界开阔，六四已经是君王尊贵的座上宾客。

九五：观察我的生民，可使君子不犯错误。

xiàng yuē guān wǒ shēng guān mín yě

《象》曰："观我生"，观民也。

shàng jiǔ guān qí shēng jūn zǐ wú jiù

上九：观其生，君子无咎。

xiàng yuē guān qí shēng zhì wèi píng yě

《象》曰："观其生"，志未平也。

䷔ 火雷噬嗑（卦二十一）（震下离上）

shì hé hēng lì yòng yù

噬嗑①：亨。利用狱②。

tuàn yuē yí zhōng yǒu wù yuē shì hé

《彖》曰：颐中有物，曰"噬嗑"。

shì hé ér hēng gāng róu fēn dòng ér míng léi

"噬嗑"而"亨"。刚柔分，动而明。雷

【注释】 ①〔噬嗑〕噬是用牙齿啮咬，如《杂卦传》说："食也"。嗑是上下牙对合，如《序卦传》说："嗑者，合也。"颐卦卦画像嘴，噬嗑是在嘴里咬着九四。被咬住是很难受的，用囚犯在狱中做比喻，所以噬嗑又可看成身带刑具的在押犯人，有利于处罚量刑，听讼治狱。②〔狱〕古代主要指诉讼的案件，后发展成监狱之意。

【大意】《象传》说：观察我的生民，就是观察我心与民心相通之处。

上九：观察他所治理的生民，君子就可以不犯错误。

《象传》说：观察他（九五）所治理的生民，因为上九担心自己的雄心壮志难以实现。

噬嗑卦象征梗碍刑狱，亨通，有利于处罚量刑，听讼治狱。

《象传》说：口腔里有食物卡住就是噬嗑卦要说明的处境。有东西梗碍在口中，为什么还会亨通，是因为噬嗑卦从否卦变来，卦变中刚柔爻分开交错，变得刚柔相济；下卦震为动，上卦离为明，下震动而上明丽，有行动光明之象，所以能亨通。下卦震为雷，上卦离为闪电，雷电交加，电闪雷鸣，有强大的震慑威力和明察秋毫的光照效应。（噬嗑卦由否卦变来，即否卦九五与初六换位，否卦的初六柔爻上行到上卦的中位，卦变为噬嗑卦。）卦变的意义是柔爻柔顺地上进到中位且具有中道，六五虽然是柔爻取得刚位，位不当，但办案理冤不需要刚暴，所以利于处罚量刑，决断讼狱。

diàn hé ér zhāng　　　róu dé zhōng ér shàng xíng　suī bù
电 合 而 章（彰）①。柔 得 中 而 上 行，虽 不

dāng wèi　　lì yòng yù　yě
当 位，"利 用 狱" 也。

xiàng yuē léi diàn　shì hé　xiān wáng yǐ míng fá
《象》曰：雷 电，噬 嗑。先 王 以 明 罚

chì　fǎ
敕② 法。

chū jiǔ　jù　jiào miè　zhǐ　wú jiù
初 九：屦③ 校④ 灭⑤ 趾，无 咎。

xiàng yuē　jù jiào miè zhǐ　bù xíng yě
《象》曰："屦 校 灭 趾"，不 行 也。

liù èr　shì fū　miè bí　wú jiù
六 二：噬 肤⑥ 灭 鼻，无 咎。

xiàng yuē　shì fū miè bí　chéng gāng yě
《象》曰："噬 肤 灭 鼻"，乘 刚 也。

liù sān　shì xī ròu　yù dú　xiǎo lìn　wú jiù
六 三：噬 腊 肉⑦，遇 毒，小 吝，无 咎。

【注释】 ①〔章〕同"彰"，彰显。②〔敕〕敕正，命令，告诫。③〔屦〕用麻、葛做成的鞋子，作动词时意为穿带上。④〔校〕校械，古代刑具，锁犯人的木枷。在手上的称梏，相当于手铐；在脚上的称桎，相当于脚镣。⑤〔灭〕淹没，覆灭，遮盖住。⑥〔肤〕带皮的肉。⑦〔腊肉〕腌制后再经风干或烘烤制作而成的可长时间存放的肉。

【大意】 《象传》说：下卦震为雷，上卦离为闪电，组合在一起就是象征雷电交加的噬嗑卦。先王从电闪雷鸣的卦象中得到启示，要彰明刑罚，饬正法令。

初九：脚上套着脚枷，遮没了脚趾，没有太大的罪过。

《象传》说：脚上套着脚枷，遮没了脚趾，是因为初九受到惩戒，走不动路了，也不可以再继续前行犯错了。

六二：咬食带皮的肉，连鼻子都陷没到肉里去了，没有过错。

《象传》说：像咬啮带皮的肉一样施刑，连鼻梁都打陷，好像没到肉里去了，是因为六二柔爻乘驾在初九刚爻之上，好比以欺凌的态度施用严刑峻罚。

六三：咬食坚硬的腊肉，遇到毒物，有小的麻烦，却不会有大的灾害。

《象》曰："遇毒"，位不当也。

九四：噬干胏①，得金矢②。利艰贞，吉。

《象》曰："利艰贞，吉"，未光也。

六五：噬干肉，得黄金。贞厉，无咎。

《象》曰："贞厉无咎"，得当也。

上九：何（荷）③校灭耳，凶。

《象》曰："何（荷）校灭耳"，聪不明也。

【注释】①〔胏〕骨上残肉，连骨的干肉。《玉篇》解释为"肉带骨也"。②〔金矢〕金属箭头，有双重含义，象征犯人骨头硬如金矢，或是审判者刚正如金矢，"艰贞，未光"或是因为两者都硬。③〔何〕同"荷"，肩扛。

【大意】《象传》说：遇到毒物犹如受刑者不服，原因是六三阴爻占据阳位，位置不适当，所以受刑者心生怨恨。

九四：咬食干硬带骨的肉，却意外得到骨中的金属箭头，有利于在艰难处境中持守正道，可获吉祥。

《象传》说：有利于在艰难中持守正道，可获吉祥，但是九四还难以发扬刑罚之威力和光明。

六五：咬食干肉，意外得到黄金。在艰难之中，能持守正道，不会有咎害。

《象传》说：在艰难之中而能持守正道，不会有咎害，是因为六五在上卦中位，施刑治狱能够持中守正，分寸得当（所以最后有意外收获）。

上九：肩上扛着颈枷，遮没了耳朵，有凶祸。

《象传》说：肩上扛着颈枷，遮没了耳朵，是因为上九像耳不聪、目不明的聋子瞎子，犯下大错，被迫接受重刑。

䷕ 山火贲（卦二十二）（离下艮上）

bì　hēng　xiǎo　lì　yǒu　yōu　wǎng
贲：亨。小利有攸往①。

tuàn　yuē　　bì　hēng　　róu　lái　ér　wén　gāng
《彖》曰："贲亨"，柔来而文刚，

gù　hēng　　fēn　gāng　shàng　ér　wén　róu　　gù　xiǎo　lì　yǒu
故"亨"。分刚上而文柔，故"小利有

yōu　wǎng　　gāng　róu　jiāo　cuò　　tiān　wén　yě　　wén　míng　yǐ
攸往"。刚柔交错②，天文③也。文明以

zhǐ　rén　wén　yě　　guān　hū　tiān　wén　　yǐ　chá　shí　biàn
止，人文也。观乎天文，以察时④变；

guān　hū　rén　wén　　yǐ　huà　chéng　tiān　xià
观乎人文，以化成天下。

xiàng　yuē　shān　xià　yǒu　huǒ　　bì　　jūn　zǐ　yǐ　míng
《象》曰：山下有火，贲。君子以明

shù　zhèng　wú　gǎn　zhé　yù
庶⑤政，无敢⑥折狱。

【注释】①〔小利有攸往〕有理解为在小的方面，对小的、柔小的有利，也有理解为小是形容词，形容前往有小利。此卦是文饰之意，文饰只是表面，并不实在，靠文饰不可以做大事，只能获取小利。②〔刚柔交错〕有的本子没有，有些有。据《周易正义》补。③〔文〕纹理，交错。④〔时〕天时，四季。⑤〔庶〕众。⑥〔敢〕能，能愿动词。

【大意】贲卦象征文饰装扮，亨通。向前去做事可以有小的利益。

《彖传》说：贲卦亨通，柔顺者来文饰刚强者（贲卦由泰卦上六与九二换位变出，卦变中柔爻从上位下来，使刚爻交错开，是柔来而文刚），所以贲卦亨通。刚健者分开而上去文饰柔顺者（卦变中，泰下卦乾的刚爻被分开，九二到上位去文饰柔爻，使上卦坤的柔爻得到交错，刚柔互济）。向前去做事可以有小的利益（在卦变中柔爻从上位来到下卦中位，刚爻从乾天中位到上位，刚爻代表天来文饰柔爻，柔爻为小）。阳刚与阴柔交错，这是天的文章和文采。下卦离为文明，上卦艮为止，用文明来规范限制人们的行为，就是人的文化和文明。观测天的文章和文采，就可以察知时间和季节变化之道；观察人的文化与文明，就可以推行教化成就天下隆盛昌明。

《象传》说：上卦艮为山，下卦离为火，山下燃烧着火焰就是贲卦的象征。君子从这种火光照亮山上万物，光芒足以文饰的景观中受到启示，要通过文饰来让政治昌明，文化昌盛，但不可以依靠文饰来判决讼狱之事。

初九：贲^① 其趾，舍车而徒。

《象》曰："舍车而徒"，义弗乘也。

六二：贲其须^②。

《象》曰："贲其须"，与上兴^③也。

九三：贲如^④，濡^⑤ 如，永贞吉。

《象》曰："永贞"之"吉"，终莫之陵也。

六四：贲如皤^⑥ 如，白马翰^⑦ 如。匪寇，婚媾。

【注 释】 ①〔贲〕文饰，打扮。②〔须〕胡须。一说妾，不取。③〔兴〕动，兴起。④〔如〕形容词词尾。如同……的状态。⑤〔濡〕润泽，沾湿。⑥〔皤〕形容白色。《周易集解》："亦白，素之貌也。"一作老人须发银白。⑦〔翰〕天鸡，就是白雉。《说文》："长老者曰翰。"

【大 意】 初九：文饰脚趾，舍弃车子不坐，徒步行走。

《象传》说：舍弃车子不坐，而徒步行走，因为初九所处的地位，按照礼仪来说不应该去乘坐大车。

六二：文饰他的胡须。

《象传》说：六二是文饰九三的胡须，因为六二随着上边九三一起兴起来文饰。

九三：文饰得光鲜亮丽的样子，润泽水灵的样子，能够相濡以沫、长久持守正固自然吉祥。

《象传》说：爱情如果能够长久持守正固，自然吉祥，因为世间最终没有什么能凌驾在九三（坚贞的爱情）之上。

六四：文饰得淡雅美素、白净无瑕的样子，所骑白马又是那样纯白无杂的样子，（向初九飞奔而来）；（初九）发现前方来的（六四）并非寇盗，而是来求婚联姻的佳偶。

《象》曰：六四，当位疑也。"匪寇
婚媾"，终无尤①也。

六五：贲于丘园②，束帛③戋戋④。
吝，终吉。

《象》曰：六五之"吉"，有喜也。

上九：白贲，无咎。

《象》曰："白贲，无咎"，上得志也。

中华传统文化经典诵读＊周易·第一章 上经……………＊ 77

▤▤ 山地剥（卦二十三）（坤下艮上）

剥⑤：不利有攸往。

【注 释】①〔尤〕怨忧，忧虑，怨恨。②〔丘园〕山丘田园。此处由自然景观引申出隐士等意，也有作家园、乡村、国家之喻的。③〔束帛〕成捆的布帛礼品，古代用于馈赠的礼物。《文选·东京赋》李善注："古招隐士必以束帛，加璧于上"。④〔戋戋〕少貌。⑤〔剥〕有剥削、剥落之意，象征剥蚀掉落。

【大 意】《象传》说：六四阴爻居阴位，正当多疑的位置，所以六四开始怀疑，后来（初九）发现前方来（六四）的不是寇盗，而是来求婚联姻的佳偶，（六四）到最后不会有什么抱怨和忧虑。

六五：（君王）意图文饰装扮大好河山的丘山田园，以轻微的束帛礼品招贤纳士，虽然有点不成敬意，但最后一定会国事呈祥。

《象传》说：六五的吉祥是因为必有喜庆，既因为六五位置好，也因为六五虚怀若谷，招贤纳士，一定会有喜事。

上九：文饰装扮到了极致境界而洗尽铅华，返璞归真，没有什么问题。

《象传》说：在素朴虚白的大地上文饰装扮，没有什么问题，因为上九实现了他想上来文饰装扮坤地的志向。

剥卦象征剥蚀掉落，不利于有所前往。

《象》曰：剥，剥也。柔变刚也。"不
利有攸往"，小人长也。顺而止之，观
象也。君子尚消息盈虚，天行也。

《象》曰：山附于地，剥。上以厚下
安宅。

初六：剥床以足，蔑（灭）①贞②，凶。

《象》曰："剥床以足"，以灭下也。

六二：剥床以辨③，蔑（灭）贞，凶。

《象》曰："剥床以辨"，未有与④也。

【注 释】 ①〔蔑〕通"灭"，腐蚀灭掉。②〔贞〕正。③〔辨〕床腿。依郑玄说"足上称辨"。从"辨，分也"的角度说，更接近花纹，雕刻。可引申为眼花缭乱，需要分辨是非。一说在床席下的床板。从象上看，应该不是床腿就是床腿上面一点点。还有解为床头、床端、床干等。④〔与〕赞同，支持，一起，相与，相助，正应。

【大 意】 《象传》说：剥就是剥蚀掉落的意思。是阴柔上长即将变去阳刚之体。不利于有所前往，是因为小人的势力正在不断扩张。下卦坤为顺，上卦艮为止，全卦是五阴逼退一阳的架势，阳爻应该顺势抑止小人之道的成长，这从观察卦象就可以看出来。君子处事崇尚消息进退、盈盛亏虚的转化哲理，这也是顺从天的运行法则。

《象传》说：上卦艮为山，下卦坤为地，山被剥蚀掉落附在大地上就是剥卦。在上位的君子看到大山被剥蚀将尽、山石掉落在地面上的卦象受到启发，担心根基不固，要增厚宅基，安稳而居；同时厚待百姓，让他们安居乐业。

初六：从床脚开始剥蚀，邪道开始侵蚀正道，必有凶险。

《象传》说：从床脚下面开始剥蚀，就是要从根基开始毁灭。

六二：继续剥蚀床腿，邪道继续侵蚀正道，越来越凶险。

《象传》说：继续剥蚀床腿，是六二孤立无援，没有应与。

六三：剥之，无咎。

《象》曰："剥之，无咎"，失上下也。

六四：剥床以肤，凶。

《象》曰："剥床以肤"，切^①近灾也。

六五：贯鱼^②，以宫人宠，无不利。

《象》曰："以宫人宠"，终无尤也。

上九：硕^③果不食。君子得舆^④，小人剥庐。

《象》曰："君子得舆"，民所载也。

"小人剥庐"，终不可用也。

【注　释】①〔切〕挨着，迫近。②〔贯鱼〕贯在古代是穿钱的绳索，在爻辞里是贯串、贯通、贯穿成一排。贯鱼指群鱼游动时前后连贯成行列的样子。柔爻阴性取鱼象，六五下边四个柔爻，有领头的鱼带着成行的鱼之象。③〔硕〕大。④〔舆〕车。

【大　意】六三：顺剥落之势，却没有什么过失。

《象传》说：顺剥落之势，却没有什么过失，是因为六三跟上下阴爻都不一致。

六四：剥蚀床到了人的皮肉，非常凶险。

《象传》说：剥蚀床到了人的皮肉，说明六四已经切实迫近灾祸了。

六五：率领众宫女们鱼贯而进，受到宠爱，是无所不利的。

《象传》说：像宫女们一样受宠，最后不会有什么怨尤。

上九：硕大的果实还没有被剥蚀和摘食。君子摘得，便是载人的车舆；小人占有，就会把人们庐舍的屋顶都掀翻。

《象传》说：君子摘得，便是载人的车舆，因为民众放心地搭乘君子的车舆（继续拥戴他）；小人占有，就会把人们庐舍的屋顶都掀翻，说明小人终究不可任用。

䷗ 地雷复（卦二十四）（震下坤上）

fù hēng chū rù wú jí péng lái wú jiù
复：亨。出① 入② 无疾，朋来无咎。

fǎn fù qí dào qī rì lái fù lì yǒu yōu wǎng
反（返）复其道，七日③ 来复，利有攸往。

tuàn yuē fù hēng gāng fǎn dòng ér
《象》曰："复，亨"，刚反（返），动而

yǐ shùn xíng shì yǐ chū rù wú jí péng lái wú jiù
以顺行。是以"出入无疾，朋来无咎"。

fǎn fù qí dào qī rì lái fù tiān xíng yě
"反（返）复其道，七日来复"，天行也。

lì yǒu yōu wǎng gāng zhǎng yě fù qí jiàn tiān
"利有攸往"，刚长也。复，其见④ 天

dì zhī xīn hū
地之心⑤ 乎。

xiàng yuē léi zài dì zhōng fù xiān wáng yǐ zhì
《象》曰：雷在地中，复。先王以至

rì bì guān shāng lǚ bù xíng hòu bù xǐng fāng
日闭关，商旅不行，后⑥ 不省⑦ 方。

【注释】 ①〔出〕阳刚出现。②〔入〕阴柔要慢慢退却消散。③〔七日〕七天为一周。一说以七数为一个周期。④〔见〕阳气（仁爱）之光的显现和发露。⑤〔天地之心〕天地创生、长养万物之心，因生物而有仁爱之意，天有好生之德，生生不息。⑥〔后〕当今在位的君王。⑦〔省〕视察，审察，省视。

【大意】 复卦象征往而复来，亨通。阳气从内生长，出入之间，没有障碍。志同道合的阳刚朋友们一起前进，不会有过失。阴气剥尽，阳气来复，阴阳彼此消长，有其规律，七天之内就会重新回来，周而复始。利于有所前往。

《象传》说：复卦，亨通。阳刚之气又返回来，下卦震为动，上卦坤为顺，阳气顺势震动，向上通畅运行，所以阳气从内生长，出入之间，没有障碍。志同道合的阳刚朋友们一起前进，不会有过失。阴气剥尽，阳气来复，阴阳彼此消长，有其规律，七天之内就会重新回来，周期循环往复，这是天道运行的规律。按照这个道理向前进，是有利的，因为阳气会随着你的前往而逐渐增长。阳气往去复来，从中我们可以看到天地化生万物的心意吧。

《象传》说：下卦震为雷，上卦坤为地，雷蛰伏在地中，在地中发动，象征阳气来复。以前的君王知道冬至一阳来复，在冬至这一天封闭关卡，让全民静养，商贾旅客不得通行，即使是君王都不去四方的邦国巡视。

初九：不远复，无祗（祇）^①悔，元吉。

《象》曰："不远"之"复"，以修身也。

六二：休^②复，吉。

《象》曰："休复"之"吉"，以下仁也。

六三：频^③复，厉，无咎。

《象》曰："频复"之"厉"，义无咎也。

六四：中行^④独^⑤复。

【注释】 ①〔祗〕同"祇"（有点读zhī，无点读qí）。多意，有"病""安""多""几""大"等，或无实义。②〔休〕止阻而美善。会意字，《说文》："休，息止也。从人依木。"本义休息，衍生出的解释为"停止""等待""依附"等；一解为"美好"，引申为"愉快"。③〔频〕频繁而不情愿。一说通"颦"，皱眉头。④〔中行〕（在群阴中）居中行正。⑤〔独〕独自。

【大意】 初九：没有偏离正道太远，犯错之后，马上改正回复，不至于日后悔恨，非常吉祥。

《象传》说：没有偏离正道太远，犯错之后，马上改正回复，说明初九善于正己修身。

六二：休于阻止，回复顺应阳刚上长的正道，吉祥。

《象传》说：休于阻止的过错，回复顺应初九阳刚上升之正道，表现出美善吉祥的心意，是因为六二能够向下亲近顺从初九这个仁人。

六三：频繁而不情愿地改正错误，回归正道，虽有危险，但没有祸患。

《象传》说：频繁而不情愿地改正错误，回归正道，看起来似乎常有危险，但道义上说不应该有什么灾害。

六四：持守中道而行正，独自返回正道。

《象》曰："中行独复"，以从①道也。

六五：敦②复，无悔。

《象》曰："敦复，无悔"，中③以自考④也。

上六：迷复⑤，凶，有灾眚⑥。用行师，终有大败。以其国君凶，至于十年不克征。

《象》曰："迷复"之"凶"，反君道也。

【注释】①〔从〕顺从（阳气二升的大势）。②〔敦〕敦厚忠实，质朴实在。③〔中〕内心，本心。④〔自考〕自我反省、考察。⑤〔迷复〕执迷于回复、复兴，也有陷入迷途不知复归之意。坤为昏暗，有"迷"之意，引申为孤独、惆怅、被人所迷，自己还沉迷不醒的状态，所以过于执着不一定是好事。⑥〔灾眚〕天灾人祸。灾自外边来，眚从人为内部造成，都是灾难。

【大意】《象传》说：守中而行正，独自返回正道，是因为六四与初九正应，与其他阴爻不同，能够独自顺从阳气上长的正道。

六五：敦厚忠实地返回正道，没有悔恨。

《象传》说：敦厚忠实地返回正道，没有悔恨，是因为六五居中不偏，能够顺应大势，内心自我反省。

上六：执迷于复兴而不知回复正道，迟早会有凶险，有天灾人祸。形势不允许的情况下，还出兵打仗以期改变，最后会大败而归，这对国君来讲是非常凶险的，以至十年之内，出兵征伐都难以取胜。

《象传》说：执迷于复兴而不知回复正道，迟早会有凶险，是因为上六不能理解形势的发展，违背了为君之道。

䷘ 天雷无妄（卦二十五）（震下乾上）

wú wàng① yuán hēng lì zhēn qí fěi zhèng yǒu shěng
无妄①：元亨，利贞。其匪正有眚，

bú lì yǒu yōu wǎng
不利有攸往。

tuàn yuē wú wàng gāng zì wài lái ér wéi zhǔ
《彖》曰：无妄，刚自外来而为主

yú nèi dòng ér jiàn gāng zhōng ér yìng dà hēng yǐ zhèng
于内，动而健，刚中而应。大亨以正，

tiān zhī mìng yě qí fěi zhèng yǒu shěng bú lì yǒu yōu
天之命也。"其匪正有眚，不利有攸

wǎng wú wàng zhī wǎng hé zhī yǐ tiān mìng
往。""无妄"之"往"，何之矣？天命

bú yòu xíng yǐ zāi
不佑，行矣哉！

【注 释】①〔无妄〕不乱来、不妄为，没有妄念。"妄"是乱。诸家对"妄"的解释有：1."望"，把"无妄"理解为"无望"，意为无所期望，没有希望，绝望之境；另一种为非意料所及、出乎意料。2."虚妄"，把"无妄"理解为"不虚妄"，"不虚妄"的含义有解释彖象辞时的"不乱来"和解释六三和九五时所引申的"无缘无故"的意思。3."亡"，以虞翻为代表，把"无妄"理解为"无所亡失"。4."乱"，把"无妄"理解为"不乱来""守正"，或以正常的道德规范为原则，或以天道自然为原则。由此，除"亡"义外，各家阐释"无妄"的时候都提及"乱"义。《说文解字》言"妄，乱也"，道出了"妄"的本义，即任意妄为，不遵循道德、自然规律。"无妄"是不任意妄为。

【大 意】无妄卦象征心意安宁不乱，大为亨通，利于持守正道，如果背离正道必有灾眚，不利于前往有所作为。

《彖传》说：无妄卦象征没有虚妄的念头和言行。无妄卦由遁卦变来，是遁卦上九刚爻从外卦来到内卦下位，变出无妄卦。卦变显示阳刚者从外部进入内部成为主宰。下卦震为动，上卦乾为健，组合起来是威势震动又刚健运行。尊位上的刚爻九五在上卦中位，下有六二阴阳正应，显示出行为中正并得到响应。主爻九五在在上卦乾天里，位正，显示出大亨通而且中正，行施的是天的命令。如果背离正道必有灾眚，不利于前往有所作为，是因为在天下都不敢有虚意妄行之时还要执意前往，怎么可能有路可走？上天惩治邪恶，不保佑外出活动，怎么还敢妄言妄行呢？

《象》曰：天下雷行，物与无妄。先
王以茂①对②时，育万物。

初九：无妄，往吉。

《象》曰："无妄"之"往"，得志也。

六二：不耕获，不菑③畬④，则利有
攸往。

《象》曰："不耕获"，未富也。

六三：无妄之灾。或系之牛，行人
之得，邑人之灾。

《象》曰：行人得牛，邑人灾也。

九四：可贞。无咎。

【注释】①〔茂〕勉的声转。②〔对〕配合。③〔菑〕第一年开垦的生荒地。④〔畬〕开垦
出三年的熟地。

【大意】《象传》说：上卦乾为天，下卦震为雷，合在一起是震雷在天下施威，万物都怀着敬畏
之心，不敢胡来妄为，都能安分守己。先王从雷行天下中得到启示，要勤勉努力地配合天时来养育万物。

初九：没有虚意妄行，这样前往会有吉祥。

《象传》说：没有虚意妄行的前往，之所以会吉利，是因为心志得以实现。

六二：安心耕种，不指望收获多少；刚开垦出来的土地，不指望有熟田的收成，如此没有虚意
妄念，那么前往就会有利。

《象传》说：六二安心耕种，不指望收获多少，因为六二没有升起求富这样的虚意妄念。

六三：没有妄念妄行却无缘无故遭受灾难，好比有人拴了一头牛，被过路人牵走了，（结果
主人怪罪村里人，而让）村里人遭受了不白之冤。

《象传》说：途经此地的行人顺手把牛牵走了，害得村里人被怀疑而蒙受不白之冤。

九四：能够持守正道，没有妄念妄行，就不会有灾祸。

《象》曰：“可贞，无咎”，固有之也。

九五：无妄之疾，勿药有喜。

《象》曰：“无妄”之“药”，不可试也。

上九：无妄行，有眚，无攸利。

《象》曰：“无妄”之“行”，穷之

灾也。

䷙ 山天大畜（卦二十六）（乾下艮上）

大畜①：利贞。不家食，吉。利涉

大川。

【注 释】①〔畜〕与“蓄”为古今字。停住不流走才能积蓄，故大畜有停止之意。古代畜牧时期，畜养牲畜就是积蓄，故大畜有畜养、积蓄之意。

【大 意】《象传》说：能够保持正固，没有妄念妄行，就不会有灾祸，这说明九四本身就能够一直持守正道。

九五：没有妄念妄行却得了无缘无故的疾病，不必用药就会有自愈的喜庆。

《象传》说：只要没有妄念妄行，无缘无故生了病，病确诊不了，也难以开出对症的药，不对症的药不要轻易试服。

上九：虽然没有妄念妄行，但处时穷之境，一旦行动就会有灾眚，做什么都没有好处。

《象传》说：虽然没有妄念妄行，但处时穷之境还要去行动，那是因为上九已经走到了穷尽的地位，再轻举妄动就会有走向穷途末路的灾难。

大畜卦象征大为蓄聚，有利于持守正道。使贤才不在家吃闲饭，就可以获得吉祥，有利于克服象涉越大河一样的险阻。

《象》曰：大畜，刚健笃①实，辉光日新。其德刚上而尚贤。能止健，大正也。"不家食吉"，养贤也。"利涉大川"，应乎天也。

《象》曰：天在山中，大畜。君子以多识②前言往行③，以畜其德。

初九：有厉，利已④。

《象》曰："有厉，利已"，不犯⑤灾也。

九二：舆⑥说（脱）⑦輹⑧。

【注释】 ①〔笃〕忠实，厚实，结实，笃厚，笃定。②〔识〕知道，记住，见识。③〔前言往行〕前人有益于人的言行。如历史上留传下来的古圣先贤的名言和高尚品行。④〔已〕停，止。⑤〔犯〕干犯，冒犯，触犯。⑥〔舆〕车子，车厢。⑦〔说〕通"脱"。⑧〔輹〕车厢底下的横木之上用来卡住车轴的槽或卡子，大车上的伏兔，俗称"车钩心"。古代车厢和连车轮的轴分别组装，使用车子时就把车厢卡在轴上，使用过后就把车厢从车轴上卸下来。

【大意】《彖传》说：大畜卦，下卦乾为天刚健，上卦艮为山厚实，所以阳刚强健，敦厚充实，荣光相映，日新不已。卦变中刚爻上到最上位，说明大畜卦有崇尚贤能的德行。上卦艮为止，下卦乾为刚健，能把刚健者规正住，说明有宏大正直的力量。使贤才不在家吃闲饭，就可以获得吉祥，因为国家需要蓄养贤才。有利于克服像涉越大河一样的险阻，这是因为行动能够顺应天道。

《象传》说：上（外）卦是艮为山，下（内）卦是乾为天，卦象是山在外，好像山把天包含在其中。可见山的蓄藏能量很大，所以卦名叫大畜。君子学习大山能够包天的蓄藏能力，就要多多学习识记古圣先贤的佳言善行，培养积聚自己的仁德内涵。

初九：有危险，宜于知止不前。

《象传》说：初九有潜在危险，如谨慎处之不妄动，还是有利的，因为不去招惹灾祸。

九二：车厢从车轴上脱下来。

《象》曰：“舆说辐”，中无尤①也。

九三：良马逐②，利艰贞，日闲（娴）③舆卫④，利有攸往。

《象》曰：“利有攸往”，上合志也。

六四：童牛⑤之牿⑥，元吉。

《象》曰：六四“元吉”，有喜也。

六五：豮⑦豕之牙，吉。

《象》曰：六五之“吉”，有庆⑧也。

【注释】 ①〔尤〕忧虑，怨尤，过失。②〔逐〕驰逐，追逐。③〔闲〕古同"娴"，娴熟，熟习，熟练。④〔舆卫〕驾车和护卫车。"舆"是古代战车上负责驾车的人，"卫"是负责保护和修理车子的人。⑤〔童牛〕小牛。⑥〔牿〕套在牛角上横绑的短木。古代驯养野牛时在牛角上绑上一根短木，以防止牛角顶触伤人，可以比喻驯化才能之士的柔术和驾驭豪杰的柔道。⑦〔豮〕阉割公猪，俗称劁（qiāo）猪。⑧〔有庆〕有喜庆，"喜"与"庆"意近，但程度有别，喜小庆大，大喜方庆。

【大意】《象传》说：车厢跟车轴分离开来了，只是因为九二在下卦中位，应于六五，行动能够合乎中道，所以才没有过失，不必过于忧虑。

九三：驾着良马（拉的车）驰逐时，即使道路艰险，只要持守正道，就会化险为夷。（人要向良马学习，）只要每日练习熟练驾驶车和护卫车的技能，就有利于继续前进。

《象传》说：有利于继续前进，是因为九三向上的努力合乎上面六四六五的心志。

六四：（为驯化小野牛），在它的角上绑上防止顶伤人的横木，这样大吉大利。

《象传》说：六四会大吉大利，（因为未雨绸缪，用柔术蓄养豪杰，栽培人才），所以有喜庆（六四在互兑里，兑为喜悦）。

六五：被阉割过的猪，嘴里的尖牙不会伤人，所以是吉祥的。

《象传》说：六五之所以吉祥，是因为占据了上卦中位，比六四位置好，防患于未然，留住了贤才，会有大喜庆。

上九：何（荷）^① 天 之 衢^②，亨。

《象》曰："何（荷）天 之 衢"，道 大

行 也。

䷚ 山雷颐（卦二十七）（震下艮上）

颐^③：贞^④ 吉。观 颐，自 求 口 实。

《象》曰："颐，贞 吉"，养 正 则 吉

也。"观 颐"，观 其 所 养 也。"自 求 口

实"，观 其 自 养 也。天 地 养 万 物，圣 人

养 贤 以 及 万 民，颐 之 时 大 矣 哉！

《象》曰：山 下 有 雷，颐。君 子 以 慎

中华传统文化经典诵读*周 易·第一章 上经………*

88

【注释】 ①〔何〕古同"荷"，义为负荷，肩负，担荷。一说通"向"，山向天之意。②〔衢〕大路，四通八达的大道。③〔颐〕养。④〔贞〕正。

【大意】 上九：位当四通八达的天街大道，亨通。

《象传》说：上九位当四通八达的天街大道，大畜之道将同大路一样畅通大行。

颐卦象征颐养，持守正道可获吉祥，观察万物颐养之道，（当知要以自食其力为正道）自己谋求食物。

《象传》说：颐养，持守正道可获吉祥，是颐养得其正道就会吉祥。观察万物颐养之道，是要了解他所养的对象都是些什么人。以自食其力的正道自己谋求食物，是来观察他如何颐养自己。天地养育万物之道是没有偏私不求回报，圣人要学习天地养育万物的正道，先养育贤能的人，贤人再帮助圣人把万民养育好。颐卦的时势揭示的时机化意义实在太重大了！

《象传》说：上卦艮为山，下卦震为雷，大山镇住了轰响的雷就是颐卦。君子从上动下止，如口嚼食的象得到启示，要学会说话谨慎，饮食有节制。

言语，节饮食。

初九：舍尔灵龟①，观我朵颐②，凶。

《象》曰："观我朵颐"，亦不足贵也。

六二：颠颐③，拂经④于丘⑤颐，征凶。

《象》曰：六二"征凶"，行失类也。

六三：拂⑥颐，贞⑦凶。十年勿用，无攸利。

《象》曰："十年勿用"，道大悖⑧也。

【注释】①〔灵龟〕大龟，有灵应的乌龟。古人以大龟为灵龟，认为龟历久知远，活得时间越长越灵，而龟越大说明活得时间越长，所以用大龟的腹甲来占卜。②〔朵颐〕鼓腮嚼食，大快朵颐，下巴垂下颤动，为贪馋欲食之貌。朵的解释，如《说文》"树木垂朵朵也"和李鼎祚"颐垂下动也"都是下垂颤动之貌。③〔颠颐〕取象颠动下巴，取义颠倒颐养之道。④〔拂经〕拂，逆，违背，悖逆，不顺。经，正常，经常。爻辞中拂经就是指悖逆常道。⑤〔丘〕山丘。⑥〔拂〕悖道而动。⑦〔贞〕一说占卜，一说正固，此处震极，当顺其本性之正而动。⑧〔悖〕悖逆，释"拂"，指颐养之道。

【大意】初九：舍弃你自己拥有的大灵龟，看着我馋涎欲滴，这样是会有凶险的。

《象传》说：看着我馋涎欲滴，（初九的颐养之道）实在不值得推崇。

六二：颠倒颐养之常道，违背以下养上的常理，反而向丘山田园去求取颐养，向前征进必有凶险。

《象传》说：六二向前征进必有凶险，因为向前征行会失去同类。

六三：背逆颐养正道，一意孤行，必有凶险，在十年这么长的时间里都没法为君王所用，没有什么好处。

《象传》说：在十年这么长的时间里都没法有所作为，因为六三大逆颐养之道。

六四：颠①颐，吉。虎视眈眈②，其

欲逐逐③，无咎。

《象》曰："颠颐"之"吉"，上施

光（广）④也。

六五：拂⑤经，居⑥贞，吉。不可涉

大川。

《象》曰："居贞"之"吉"，顺⑦以从

上⑧也。

上九：由⑨颐，厉⑩，吉。利涉大川。

《象》曰："由颐，厉，吉"，大有庆也。

【注释】 ①〔颠〕一说颠倒，一说颠动、颠簸（取下震象）。②〔眈眈〕眈，下视。"眈眈"是下视的样子。③〔逐逐〕逐，追逐，追赶。"逐逐"是追求的样子。④〔光〕通"广"。⑤〔拂〕悖逆，违背，拂逆。⑥〔居〕居止，处于，上卦艮为止。⑦〔顺〕顺从，不违背，六五在互坤里，坤为顺。⑧〔从上〕六五以阴柔顺从上面的刚爻上九。⑨〔由〕所由，从、自、来源、听从、凭借、归属、遵循。《周易集解》引虞翻："由，自从也。"⑩〔厉〕上九刚爻居柔位不正而有危险。

【大意】 六四：颠倒颐卦（从小颐卦颠倒变成大颐卦），自然吉祥。虽然看起来像老虎颠动下巴眈眈注视着食物（初九），显得贪得无厌，迫切追逐欲望而毫不收敛，但仍然没有什么问题。

《象传》说：颠倒颐卦，使六五下的小颐卦变成大颐卦，虽然好像（六四）颠倒了颐养之道，但（对六四来说）反而吉祥，因为上边（九五）下来到初九，卦变大离，象征君主施布出来的恩惠非常广大光明。

六五：违背正常的颐养之道，安居持守正道可以获得吉祥，但没法克服涉越大河那样的艰难险阻。

《象传》说：六五安居持守正道还可以获得吉祥，因为阴柔地顺从上面的刚爻上九。

上九：这是颐养之道的来源，即使有危险，也能够获得吉祥，有利于克服涉越大河那样的艰难险阻。

《象传》说：这是天下众生颐养之道的来源，即使有危险，也能够获得吉祥，大有喜庆。

䷛ 泽风大过（卦二十八）（巽下兑上）

大过^①：栋桡^②，利有攸往，亨。

《彖》曰：大过，大者过也。

"栋桡"，本末弱也。刚过而中，

巽而说（悦）行，"利有攸往"，乃

"亨"。大过之时大矣哉！

《象》曰：泽灭木，大过。君子以独

立不惧，遁世无闷。

初六：藉^③用白茅^④，无咎。

【注释】①〔大过〕大得过分。大过平常。卦爻辞里"过"的引申义有通过、经过、渡过、过往、过分、过失等。②〔桡〕弯曲。③〔藉〕衬垫、铺垫。④〔白茅〕一种洁白柔韧的草，古人为表示对神的恭敬洁诚，祭祀时将它垫在祭器下边。

【大意】大过卦象征强大过分，房子的栋梁开始弯曲，知道要抓紧修补挽救，所以还有利于有所前往，能够亨通顺利。

《彖传》说：大过是强大过分，大的意思就是大的刚爻太强大过分了。好比栋梁弯曲了，是因为它的本末两端（两个柔爻）太软弱了。大壮变大过的卦变中，九五是从初位过去到上卦中位，是刚爻刚健地越过（二三四刚爻而）来居于中正之位。下卦巽为顺利，上卦兑为喜悦，能够顺利而喜悦的行动，当然前往有利而且亨通顺利。大过这一时势的时机化意义实在太重大了！

《象传》说：下卦巽为木，上卦兑为泽，泽水淹没了大树，这是大过卦的象征。君子看到这样的灭顶之灾，就要坦然面对，以挽救危难的时局为己任，独立支持，毫无惧色，力挽狂澜，扭转崩溃之势，即使回天无术，也不怨天尤人，可以退隐避世，毫不郁闷。

初六：祭祀前先把柔软的白茅草衬垫在祭器的下边，这样谨小慎微当然没有什么害处。

《象》曰："藉用白茅"，柔在下也。

九 二：枯杨① 生稊②，老夫得其女

妻，无不利。

《象》曰："老夫、女妻"，过以相

与③ 也。

九 三：栋桡，凶。

《象》曰："栋桡"之"凶"，不可以

有辅④ 也。

九 四：栋隆⑤，吉。有它吝。

【注 释】①〔枯杨〕九二在下卦巽（长木）里，代杨树，上卦兑（正秋），全卦代表秋天干枯的杨树。②〔生稊〕下卦巽为茅草，"稊"是老树上分蘖出新的嫩枝条。一作"荑"，新生的茅草。③〔相与〕相助，相遇在一起。一说与初六相处亲切和谐。④〔辅〕指九三的应爻上六来辅助。⑤〔隆〕隆起。

【大 意】《象传》说：先把柔软的白茅草衬垫在祭器的下边，因为初六柔爻在全卦最下方，柔顺地居于下位。

九二：干枯的杨树生出了嫩芽和新枝，好比老男人娶得年少的娇妻，这种情况没有什么不利的。

《象传》说：老汉娶得少妻，是六五过了九二才来跟枯杨（老汉）相遇，是逾越常规，有点过分的。

九三：房子栋梁弯曲，非常凶险。

《象传》说：房子栋梁弯曲，带来凶险，是因为九三处于绝境，上六又自身难保，所以无法给它任何有效的辅助。

九四：栋梁向上隆起，可获吉祥，但可能有另外的吝难。

《象》曰："栋隆"之"吉"，不桡乎
下也。

九五：枯杨生华（花），老妇得其士
夫。无咎无誉。

《象》曰："枯杨生华（花）"，何可久
也？"老妇、士夫"，亦可丑①也。

上六：过涉灭顶，凶。无咎②。

《象》曰："过涉"之"凶"，不可
咎也。

【注释】 ①〔丑〕羞耻丑陋。②〔无咎〕"咎"指怨咎，咎责，咎过。"无咎"是没有过
失，无可指责。

【大意】《象传》说：栋梁向上隆起，可获吉祥，因为九四在上卦（与九三不同），虽有初
六正应，但非常害怕被初六牵引向下。

九五：干枯的杨树开出新鲜的花朵，好比年老的妇人得到少壮的男子做丈夫，这没有什么害
处，但也得不到什么荣誉。

《象传》说：干枯的杨树开出新鲜的花朵，可是这样的生机怎么能够持久得了呢？年老的妇人
嫁给少壮的男子，也算是羞耻丑陋的事吧。

上六：渡过深水的时候，淹没了头顶，是很凶险的，但没有什么过错。

《象传》说：渡过深水淹没了头顶带来凶险，因为上六遇到的灾祸并不是它造成的，无可指责
（位正，本身无过错）。

䷝坎为水（卦二十九）（坎下坎上）

xí kǎn yǒu fú wéi xīn hēng xíng yǒu shàng
习① 坎：有孚，维心亨。行有尚（上）②。

tuàn yuē xí kǎn chóng xiǎn yě shuǐ liú ér bù
《彖》曰：习坎，重险也。水流而不

yíng xíng xiǎn ér bù shī qí xìn wéi xīn hēng nǎi yǐ
盈。行险而不失其信。"维心亨"，乃以

gāng zhōng yě xíng yǒu shàng wǎng yǒu gōng yě tiān
刚中也。"行有尚（上）"，往有功也。天

xiǎn bù kě shēng yě dì xiǎn shān chuān qiū líng yě wáng gōng
险，不可升也。地险，山川丘陵也。王公

shè xiǎn yǐ shǒu qí guó xiǎn zhī shí yòng dà yǐ zāi
设险以守其国。险之时用大矣哉！

xiàng yuē shuǐ jiàn zhì xí kǎn jūn zǐ yǐ
《象》曰：水洊③至，习坎。君子以

cháng dé xíng xí jiào shì
常德行，习教事④。

【注释】①〔习〕一、重复，上下俱坎，重叠有险之象。二、《周易正义》"便习其事"，是对治险阻的方法。②〔尚〕同"上"。③〔洊〕再，仍，重叠，接续不断。④〔教事〕从个人修养方面讲指受教化之事，从社会意义上讲是教化人民之事。是说君子先要不断学习，掌握教化民众的本领。

【大意】坎卦象征险象环生，只要心怀诚信，坚定维系强大的心念，就能亨通，勇往直前，努力上进，将会受到人们尊重崇尚。

《彖传》说：习坎是险象环生，好比川流不息的水都无法填满深不可测的陷阱一般（下卦坎为水，上卦坎为坎陷之地，水不断流入低洼之处，但坎陷于中，怎么也流不满）。坎为水，又为坎险，遭遇到险象环生、危机四伏的境域，内心仍然充满诚信通天的信念，不但能够诚信于人，而且能够诚信感天。只要坚决地持守诚信通天的信念，就会获得亨通，因为坎卦内心刚健实诚（中爻都是刚爻），好比水流之地低洼艰险阻碍重重，但奔流入海之心刚健不改。坎卦从临变来，主爻从临的初九升进成为坎的九五，取得尊位，象征前往可以建功立业。天险（天道运行的险难时势，如阴长阳消造成的衰朽败亡等）是高不可升、无法逾越的；地险就是山川丘陵等能够阻挡人前行的险阻。君王公侯于是设置险要之关（如城墙、城濠等人险）来守卫自己的国家。险象环生的时机化作用实在太重大了！

《象传》说：水连续不断地流出来，险而又险，险象环生就是习坎卦的象征。君子学习水连续不断地流出来，奔流到海不复回的特点，要使仁德品行有恒常不变的刚强之性，不断学习操练，以完成教化民众的事业。

chū liù xí kǎn rù yú kǎn dàn xiōng
初六：习坎，入于坎窞①，凶。

xiàng yuē xí kǎn rù kǎn shī dào xiōng yě
《象》曰："习坎入坎"，失道凶也。

jiǔ èr kǎn yǒu xiǎn qiú xiǎo dé
九二：坎有险，求小得。

xiàng yuē qiú xiǎo dé wèi chū zhōng yě
《象》曰："求小得"，未出中也。

liù sān lái zhī kǎn kǎn xiǎn qiě zhěn rù yú
六三：来之②坎坎，险且枕③，入于

kǎn dàn wù yòng
坎窞，勿用。

xiàng yuē lái zhī kǎn kǎn zhōng wú gōng yě
《象》曰："来之坎坎"，终无功也。

liù sì zūn jiǔ guǐ èr yòng fǒu nà yuē
六四：樽④酒簋⑤贰，用缶⑥。纳约⑦

zì yǒu zhōng wú jiù
自牖⑧，终无咎。

【注 释】 ①〔窞〕坎下之坎。《说文》："窞，坎中小坎也。一曰旁入也。"一说深坑，或是水中的小漩涡。②〔之〕至、到、去、往。③〔枕〕倚而不安，息而未安，枕戈待旦，有罹难难安之象。一说枕藉、铺垫，垫着枕头，引申为到处。④〔樽〕盛酒器，取震象。⑤〔簋〕古代祭祀或宴享时盛黍稷的器皿。形状圆腹、圈足。⑥〔缶〕瓦器，古代带盖的瓦盆。既是酒器，也是一种瓦制的打击乐器。《说文》："缶，瓦器。所以盛酒浆。秦人鼓之以节歌。"⑦〔约〕简约。⑧〔牖〕窗户。

【大 意】 初六：在险象环生重重坎陷之境，好像落入水底深不可测的洞穴里，极其凶险。

《象传》说：在双重的坎里，又落入坎下，指的是初六从五位下到初位，迷失道路，自己走向深渊之中，必有凶祸。

九二：在坎陷之境中困罹险难，只能于险情中谋取小得。

《象传》说：九二在险境之中求取，还可小有所获，因为九二虽然没有脱离险中，但在下卦中位，心思意念未偏出中道。

六三：上下都是险难重重，进退维谷，只是险中还有所依靠。但已经陷入危险的陷阱深处，实在无法施展才用。

《象传》说：来去都是坎陷之险难，说明六三最终是在做无用之功（无论如何挣扎都走不出低谷，有劲也无济于事）。

六四：一樽薄酒，两簋供品，选瓦缶作祭器，（非常敬慎地）从窗户纳进素朴的祭品，最终不会有咎害。

《象》曰："樽酒簋贰"，刚柔际也。

九五：坎不盈，祗（祇）① 既平，无咎。

《象》曰："坎不盈"，中未大也。

上六：系用徽② 纆③，寘（置）④ 于丛棘⑤，三岁不得，凶。

《象》曰：上六失道，"凶三岁"也。

【注释】①〔祗〕同"祇"，正、恰、只、仅。一说为语气词，无义。"祗"字历来难解，有安、病、土丘、抵达、恭敬、祗回、祗仰、祗奉、适等多种解释。经分析，一是从文字意义、读音及《周易》内证角度，"祗"当为"坻"，即水中小洲，或为语辞只、适、恰两种解释较可信。二是从义理、象数角度分析，在象上，三至五互艮（山、石），可解作"小丘"；在义理上可联系九五爻辞象辞及全卦卦义，九五爻"坎不盈"，有认为这种状态不太好，有认为这种状态尚可，都与出险相关。按象辞"水流而不盈"，"坎不盈"是虽在险中流动不止，但有信心能够出险。只是这种状态不能兼济天下，所以"中未大"，不是很好。此二解有相似处。若解"祗"为语辞，即刚刚齐平或达到齐平乃能"无咎"；若解为"土丘"或"水中高地"，是水中土丘刚刚与水面齐平，快要露出水面的状态，水中之人，正好此时以求出险。可见，"祗"字解为小丘（水中渚，水中小洲），与坎之流动、不满盈相联，与坎本义较近，和语辞都有道理。②〔徽〕三股拧成的绳子。《玉篇》："大索也。"③〔纆〕两股拧成的绳子。《说文》："三股曰徽，两股曰纆，皆索名。"④〔寘〕同"置"，安排，处置，放置，弃置。⑤〔丛棘（jí）〕是荆棘丛，取象两坎，意为牢狱，囚禁犯人的地方，四周用荆棘堵塞。也即古代断狱的场所。《九家易》："周礼，王之外朝左九棘，右九棘，面三槐。司寇、公卿议狱于其下。害人者加明刑，任之三事。上罪三年舍，中罪二年舍，下罪一年而舍也。"这里的丛棘指牢狱。

【大意】《象传》说：用一杯薄酒，两碗糟饭（的素朴祭品顺服地祭献），因为六四在刚爻与柔爻交际之处（故四爻之意向要刚柔适中）。

九五：水流入坎里，没有满溢出来，只有等（水中沙洲）到了跟坎陷齐平的程度，这时候应该没有太大危险了。

《象传》说：水还没有盈满溢出坎陷之地，这是因为九五在上卦中位，居中能处中道，但自求脱险之功无法光大。

上六：用重重的绳子捆绑起来之后，被投入犹如荆棘丛生的监狱之中，三年都得不到释放，非常凶险。

《象传》说：上六偏离正道，迷失了道路，凶险的境遇将持续三年之久。

☲ 离为火（卦三十）（离下离上）

lí　lì zhēn hēng xù pìn niú jí
离：利贞。亨。畜牝牛吉。

tuàn yuē lí lì yě rì yuè lì hū tiān bǎi
《彖》曰：离，丽也。日月丽乎天，百

gǔ cǎo mù lì hū tǔ chóng míng yǐ lì hū zhèng nǎi huà chéng
谷草木丽乎土。重明以丽乎正，乃化成

tiān xià róu lì hū zhōng zhèng gù hēng shì yǐ xù
天下。柔丽乎中正，故"亨"，是以"畜

pìn niú jí yě
牝牛吉"也。

xiàng yuē míng liǎng zuò lí dà rén yǐ jì
《象》曰：明两作①，离。大人以继

míng zhào yú sì fāng
明照于四方。

chū jiǔ lǚ cuò rán jìng zhī wú jiù
初九：履②错③然。敬之④，无咎。

【注 释】 ①〔作〕起来。②〔履〕鞋子，引申为以足践路，再引申为人的行为。因为人的行为要遵守礼仪约束，故引申为礼仪。经文里凡"礼"都以"履"字表示。③〔错〕花纹交错，指文采。④〔敬之〕对这种有文采的礼仪要怀着恭敬之心去对待和履行。

【大 意】 离卦象征光明附丽，有利于持守正道，做事亨通，如畜养母牛吉祥。

《彖传》说：卦名离是附丽的意思，譬如太阳和月亮附丽在天上，百谷杂粮草木要附着在土地上。上下卦都是离为明，离卦有双重之明，明而又明，光明地指引万物附丽到正道上去，就能教化天下，成就人间文明昌盛，犹如日月附W丽于天，光辉昌明。离卦从遯卦变来，遯卦初六与九五换位，变为离卦。从离卦主爻六五的推移说，是柔爻柔顺地依附在刚爻的正中，得中又得正，所以亨通。因为柔爻的运动好像具有母牛那样温顺的德性，所以畜养母牛可获吉祥。

《象传》说：下卦离为明，上卦离又为明，是光明接连不断地升起来，太阳日复一日，这就是象征着光明附丽于高空的离卦。治理国家的大人要持续不断地以光明大道照临天下四方。

初九：践履行事合乎礼仪，错落而有光采，心怀恭敬，小心谨慎，不会有什么过错。

《象》曰："履错"之"敬"，以辟（避）^①
咎也。

六二：黄^②离，元吉。

《象》曰："黄离，元吉"，得中道也。

九三：日昃^③之离。不鼓缶而歌^④，
则大耋^⑤之嗟^⑥，凶。

《象》曰："日昃之离"，何可久也？

九四：突^⑦如^⑧其来如，焚如，死
如，弃如。

【注 释】 ①〔辟〕回避，与"避"是古今字。②〔黄〕中土之色。《论衡》："黄为土色，位在中央。"坤卦六五"黄裳元吉"，象辞"文在中也"。《文言传》："黄中通理，正位居体，美在其中。"可见，周朝人尚黄，认为黄是中正美德之色。③〔昃〕倾斜，指日过中午太阳西斜。④〔鼓缶而歌〕敲着瓦盆唱歌。缶是带盖的瓦盆。⑤〔耋〕年老，指八十岁的老人。⑥〔嗟〕嗟叹。⑦〔突〕突然。一说假借字，意为忤逆的孩子，古文是一个倒写的"子"字。⑧〔如〕形容词词尾，义同"然"。

【大 意】《象传》说：践履行事合乎礼仪有文采而带出来的内心恭敬，可以避免受到不必要的伤害。

六二：黄色美丽中正的文明，实在是大吉大利。

《象传》说：黄色美丽中正的文明，实在是大吉大利，因为六二在下卦中位，行为中正而行中道。

九三：日暮太阳西斜，垂挂在天上，象征老之将至，如果不顺其自然，敲着瓦盆唱歌自乐，那迟暮之年就只能发出老暮穷衰的嗟叹，这本身就是一件凶险的事。

《象传》说：太阳已经西斜，虽然还挂在西天，可是怎么会长得了呢？

九四：太阳升起的时候，好像突然之间来到变成这个样子（升起火红的朝霞），然后升到高空像烈焰熊熊燃烧，但慢慢衰弱好像变得死一般寂灭，到头来似乎可以被抛弃扔掉一样。

《象》曰："突如其来如"，无所
容也。

六五：出涕①沲若②，戚③嗟④若⑤，吉。

《象》曰：六五之"吉"，离王公也。

上九：王用出征，有嘉⑥折首⑦，获⑧
匪⑨其丑⑩，无咎。

《象》曰："王用出征"，以正邦⑪也。

【注释】①〔涕〕眼泪，涕泣。引申为鼻涕眼泪，痛哭流涕。②〔沲若〕恸哭，泪如雨下，泪流很多，如水涌出的样子。③〔戚〕悲哀，凄戚，忧愁悲戚。④〔嗟〕嗟叹，叹息。⑤〔若〕如然。⑥〔嘉〕嘉奖，嘉美之功，喜庆之事。⑦〔折首〕斩首。⑧〔获〕俘获。《说文》："猎所获也。"⑨〔匪〕同"非"，不。一说读fěi，指匪寇，贼寇，匪徒，匪首，土匪。⑩〔丑〕类，相同，从犯，党羽。⑪〔邦〕国。

【大意】《象传》说：太阳升起的时候，好像突然之间来到变成这个样子（升起火红的朝霞），好像不能见容于世，不被别人接纳。

六五：眼泪哗哗，涕泗滂沱，悲戚地嗟伤悲叹，但最后逢凶化吉。

《象传》说：六五这一爻如此悲切，最后还能逢凶化吉，是因为卦变之后能够附丽于王公。（遁卦的上卦原来是乾为君王，卦变中，六五从初位升进到乾的中位，象征依附到王公的身上，所以会逢凶化吉。）

上九：君王出兵征伐，建立嘉功伟绩，但只斩杀敌方首领，不俘获敌军的从犯，不会有祸患。

《象传》说：君王出师征伐，是为了正治邦国，（不是为了耀武扬威，滥杀无辜）。

第二章 下经

䷞泽山咸（卦三十一）（艮下兑上）

咸①：亨。利贞。取（娶）女吉。

《象》曰：咸，感也。柔上而刚下，二气感应以相与②。止而说（悦），男下女，是以"亨利贞，取女吉"也。天地感而万物化生，圣人感人心而天下和平。观其所感，而天地万物之情可见矣。

【注 释】①〔咸〕感，无心的感应融通。咸还有皆意，全部，共同。《说文》："咸，皆也，悉也。"②〔相与〕合到一块，相互交流。

【大 意】咸卦象征交融感通，亨通，利于守持正固，娶妻可获吉祥。《象传》说：咸是感应融通的意思。上卦兑为少女，下卦艮为少男，柔在上，刚在下，也是柔顺往上，刚健来下，阴阳二气相互感应结合在一起。艮为止，兑为悦，交感之时稳重自制又欢快喜悦，男子对女子态度谦下，所以亨通，宜于持守正道，娶妻可获吉祥。天地相互交感带来万物创化生养，圣人感化人心带来天下和合太平。观察天地万物彼此交互感应的现象，天下事物的情理就可以明白了。

《象》曰：山上有泽，咸。君子以虚

受人。

初六：咸其拇①。

《象》曰："咸其拇"，志在外②也。

六二：咸其腓③，凶。居④吉。

《象》曰：虽"凶居吉"，顺⑤不害也。

九三：咸其股⑥，执⑦其随，往吝。

《象》曰："咸其股"，亦不处也。志在

"随"人，所"执"下也。

101

【注释】 ①〔拇〕脚拇指。②〔外〕指外卦九四。③〔腓〕指胫骨后的肉，俗称腿肚子。一说有四义：脚膊，足之腓肠，足肚，膊肠。④〔居〕安居，止居，静居，有等待义。⑤〔顺〕六二在互巽里，巽为随顺。⑥〔股〕大腿。膝上为股，膝下为胫。⑦〔执〕执意，把持住。一说牵。

【大意】《象传》说：下卦艮为山，上卦兑为泽，山与泽感应相通就是咸卦。君子从这种山泽通气的卦象当中得到启示，要虚怀若谷，谦下包容，感化众人。

初六：脚拇指开始有感应。

《象传》说：脚拇指开始有感应，说明初六的心志向着外卦的九四。

六二：腿肚子开始有感应，乱动会有凶险，安居待时，反而吉祥。

《象传》说：虽然乱动会有凶险，但只要安居待时，反而吉祥，因为随顺不会有灾害。

九三：大腿开始有感应，牵绊住它想要随顺的心意，如果仍然执意前往，会遇到困难。

《象传》说：大腿开始有感应，说明九三不能安静自处，想随着人动，但被下面牵绊住了。

九四：贞吉，悔亡。憧憧^①往来，朋
从尔思。

《象》曰："贞吉，悔亡"，未感害也。

"憧憧往来"，未光大也。

九五：咸其脢^②，无悔。

《象》曰："咸其脢"，志末^③也。

上六：咸其辅^④、颊、舌。

《象》曰："咸其辅、颊、舌"，滕^⑤口
说也。

【注释】①〔憧憧〕心意不定，往来不绝的样子。②〔脢〕背，背脊肉。③〔志末〕既是志于末端，又是浅末的感应。一说应为"志未"，"末"是"未"之误，全书讲到志都只讲"未"不讲"末"，没有触动心志。其实都通。④〔辅〕上牙骨，上牙床。⑤〔滕〕原义有水向上奔腾，引申为张口说话，信口雌黄。

【大意】九四：贞定自守，吉祥自来，忧悔消亡。心思意向不能专一，心神不宁，飘忽无定，来来往往，（一旦思虑专一）朋友终究会顺从你的心思意虑。

《象传》说：贞定自守，吉祥自来，忧悔消亡，因为九四没有感应到自己会受伤害。心思意向不能专一，心神不宁，飘忽无定，来来往往，是因为九四的感应之道还不够广阔远大，无所不至。

九五：脊背上开始有感应，没有什么可以后悔的。

《象传》说：脊背上开始有感应，说明心志没有实现（志于末端，感应太浅）。

上六：牙床、两颊和舌头上都感应到了。

《象传》说：牙床、两颊和舌头上都感应到了，说明上六信口开河，无所顾忌地说话。

䷟ 雷风恒（卦三十二）（巽下震上）

héng hēng wú jiù lì zhēn lì yǒu yōu wǎng
恒：亨。无咎，利贞，利有攸往。

tuàn yuē héng jiǔ yě gāng shàng ér róu xià
《彖》曰：恒，久也。刚上而柔下，

léi fēng xiāng yǔ xùn ér dòng gāng róu jiē yìng héng
雷风相与，巽而动，刚柔皆应，恒。

héng hēng wú jiù lì zhēn jiǔ yú qí dào yě
"恒，亨，无咎，利贞"，久于其道也，

tiān dì zhī dào héng jiǔ ér bù yǐ yě lì yǒu yōu
天地之道恒久而不已也。"利有攸

wǎng zhōng zé yǒu shǐ yě rì yuè dé tiān ér néng jiǔ
往"，终则有始也。日月得天而能久

zhào sì shí biàn huà ér néng jiǔ chéng shèng rén jiǔ yú qí
照，四时变化而能久成，圣人久于其

dào ér tiān xià huà chéng guān qí suǒ héng ér tiān dì wàn
道而天下化成。观其所恒，而天地万

【大意】恒卦象征永恒持久，亨通。只有不犯过错，才利于共同持守正道，才利于有所前往。

《象传》说：恒就是永恒持久的意思。上卦震为阳刚处上，下卦巽为阴柔处下（卦变中泰卦之初九升上到达四位，而六四下降到初位）。雷震风行，交相互助，巽为顺，震为动，要先逊顺然后震动，上下卦的刚爻与柔爻都彼此应和，这才是恒久之道。永恒持久，亨通，没有过错（祸患，咎害），利于共同持守正道，说明恒道在于双方共同长久保持正道。天地的运行是恒久持续周流不息的，利于有所前往，是因为事物的发展总是终而复始。日月顺天道而行才能长久照亮世间，四季往复变化而能长久创生万物，圣人法天道，长久保持正道与美德，就能教化天下而大有成就。观察自然万物的恒久之道，就能从中发现天地万物的情实状态。

wù zhī qíng kě jiàn yǐ
物 之 情① 可 见 矣。

xiàng yuē léi fēng héng jūn zǐ yǐ lì bú
《象》曰：雷 风，恒。君 子 以 立 不

yì fāng
易 方②。

chū liù jùn héng zhēn xiōng wú yōu lì
初 六：浚③ 恒，贞 凶，无 攸 利。

xiàng yuē jùn héng zhī xiōng shǐ qiú
《象》曰："浚 恒"之"凶"，始 求

shēn yě
深 也。

jiǔ èr huǐ wáng
九 二：悔 亡④。

xiàng yuē jiǔ èr huǐ wáng néng jiǔ zhōng yě
《象》曰：九 二"悔 亡"，能 久 中 也。

jiǔ sān bù héng qí dé huò chéng zhī xiū
九 三：不 恒 其 德⑤，或⑥ 承⑦ 之 羞，

zhēn lìn
贞 吝⑧。

【注 释】①〔情〕自然的情势，万物都在运动中持守恒定的状态，彼此相互依存的那种实情与情理。②〔方〕道义、规范、原则等以方正的方式表现出来。《周易正义》："犹道也。""方"是义方，指人在行为上遵循道义的方正状态。③〔浚〕深。一说迅速，一开始就想很快，结果欲速则不达。④〔亡〕读如无，一说消亡，意为因消亡而无。⑤〔德〕仁德，道德的一致性、标准、准则。⑥〔或〕或许，或者，可能。⑦〔承〕对上承受。⑧〔贞吝〕正固不改变，会有灾难。

【大 意】《象传》说：上卦震为雷，下卦巽为风，雷鸣风行，风雷交加，雷风相伴，迅雷风烈必变是大自然恒久不变的现象，这就是恒卦，君子从中得到启示，立身于恒久不变的天人大道。

初六：深深地希望能够恒久，过分坚持会有凶险，没有好处。

《象传》说：深深地希望能够恒久地持守，但过分坚持会有凶险，这是因为初六从一开始就这样期待恒久不变的状态，将来一定会失望的。

九二：忧悔消亡。

《象传》说：忧悔消亡，是因为能够持久保持中正之道。

九三：不能恒久持守自己的仁德，就有可能要承受羞辱，正固（不好的德行）不改，会有灾难。

《象》曰："不恒其德"，无所容也。

九四：田①无禽②。

《象》曰：久非其位，安得"禽"也？

六五：恒其德，贞③。妇人吉，夫子凶。

《象》曰："妇人贞吉"，从一而终也。

"夫子"制义，从妇凶也。

上六：振恒，凶。

《象》曰："振恒"在上，大无功也。

【注释】①〔田〕田猎。②〔禽〕禽兽。③〔贞〕坚守正道。此处讲成占卜也通。

【大意】《象传》说：不能恒久持守自己的仁德，最后就没有容身之地了。

九四：赶到打猎的田野，禽兽都跑光了。

《象传》说：（形势已经大变，九四还想）长久地守着不合适打猎的位置，这样怎么可能捕捉到禽兽呢？

六五：恒守自己的仁德，坚守正道。对女人来说，可以获得吉祥，但对男人来说，就会有凶险。

《象传》说：女人坚守正道可以获得吉祥，因为女人应该从一而终。男人要受到道义的制约和引导，如果一味跟从女人就凶险。

上六：恒守心意的状态受到震动而动摇，将有凶险。

《象传》说：上六恒守心意的状态受到震动而动摇，还高居在上做事必然徒劳无功。

$$\text{遯}^{①}：亨。小利贞。$$

《彖》曰：“遯，亨”，遯而亨也。刚当位而应，与时行也。“小利贞”，浸^{②}而长也。遯之时义大矣哉！

《象》曰：天下有山，遯。君子以远小人，不恶^{③}而严^{④}。

初六：遯尾，厉。勿用有攸往。

《象》曰：“遯尾”之“厉”，不往何灾也？

【注 释】 ①〔遯〕读tùn：《说文解字》“徒困切”，王弼注“徒巽反”。意同“遁”，逃遁，退避。②〔浸〕同“寖”，浸渐，慢慢渗入，逐渐。③〔恶〕招惹。④〔严〕严格。

【大意】 遯卦象征退隐躲避，亨通，持守正道对于柔小的事情有利。

《彖传》说：遯卦退隐躲避而亨通，是先退隐躲避之后才能够亨通。刚爻九五在尊位，与代表柔爻上长的六二阴阳正应，说明刚爻执令当权，六二还愿意应合九五，全卦四个刚爻还占据多数，形势还没到急转直下的地步，刚爻只是顺应时势后退，还不是败退。持守正道对于柔小的事情有利，是因为柔爻代表的阴气正在渐渐生长壮大。遯卦的时势体现出的时机化意义实在太重大了！

《象传》说：上卦乾为天，下卦艮为山，天下有山就是遯卦。君子看到山在天的下面，好像山在上升，逼天退让之象，要远远地躲避小人，不必表现出厌恶小人的脸色，但又要严肃矜庄，严格持守正道。

初六：退避不及落在了末尾，非常危险，这时候还不如干脆不要向前跑了。

《象传》说：初六退避不及落在了末尾，非常危险，还不如干脆不向前跑了，哪还会有什么灾害呢？

六二：执之用黄牛之革①，莫之胜

说（脱）③。

《象》曰："执用黄牛"，固志也。

九三：系④遯，有疾，厉。畜臣妾吉。

《象》曰："系遯"之"厉"，有疾惫⑤

也。"畜臣妾吉"，不可大事也。

九四：好⑥遯，君子吉，小人否。

《象》曰："君子好遯"，"小人

否"也。

107

【注释】①〔黄牛之革〕用黄牛皮拧成的绳子。古人把皮子拉成条，称皮韦，再用皮韦拧成绳子，比一般绳子结实，牛皮是皮子当中最结实的，黄牛之革是最结实的绳子。②〔胜〕能够。③〔说〕通"脱"，脱开，脱落。④〔系〕心有所系。⑤〔惫〕疲惫。⑥〔好〕从容，心态平和之意。有不同读音。"好（hǎo）遯"是好好地、从容地退避。当是"人好"或"情况尚好"。"好（hào）遯"可以理解为喜欢，也有两个倾向：或者喜欢退隐，或者喜欢外物。

【大意】六二：用黄牛皮拧成的绳子把自己跟九五牢牢拴缚在一起，谁都没有办法解脱得开。

《象传》说：用黄牛皮拧成的绳子把自己跟九五牢牢拴缚在一起，因为六二要心志坚定地跟九五捆绑在一起，不想后退。

九三：心怀系恋，不及时退避，将有严重的疾病和危险，（形势已经不退不行了），回家去畜养奴仆和婢妾，还是吉祥的。

《象传》说：有心还想挽回退势而加以努力，这样做非常危险而且困难，会把人累得生出疾病，最后折磨得疲惫不堪。不如退避回到家里畜养奴仆婢妾，干点这类小事还是吉祥的，干大事就不要指望了。

九四：从容退避，君子会吉祥，小人做不到就会否塞不通。

《象传》说：君子能够舍得放下，该退的时候从容退让，小人不主动退让，所以会否塞不通。

九五：嘉^①遯，贞吉。

《象》曰："嘉遯，贞吉"，以^②正志也。

上九：肥（飞）^③遯，无不利。

《象》曰："肥（飞）遯，无不利"，无

所疑也。

雷天大壮（卦三十四）（乾下震上）

大壮：利贞^④。

《象》曰：大壮，大者壮也。刚以

动，故壮。"大壮，利贞"，大者正也。

正大，而天地之情可见矣。

【注释】①〔嘉〕美好的。②〔以〕因为。③〔肥〕假借为飞。一说肥胖，宽裕，如心广体胖，不取。④〔贞〕正，持守正道去干事情。

【大意】九五：退让得尽善尽美，继续持守正道，自然吉祥。

《象传》说：退让得尽善尽美，继续持守正道，自然吉祥，这是因为九五心意端正，退得心安理得。

上九：高飞远退，逍遥自在，自然没有什么不利。

《象传》说：高飞远退，逍遥自在，自然没有什么不利，因为上九心里没有疑虑，别人对自己也就没有什么可以怀疑的。

大壮卦象征强壮旺盛，有利于持守正道去做事。

《象传》说：大壮卦全卦四刚二柔，是刚大者强壮旺盛的状态，所以卦名叫大壮。下卦乾为刚健，上卦震为动，刚健有力地行动，所以被称作强壮。大壮卦有利于持守正道去做事，是因为刚健强大者必然要守正不阿。盛大又能保持正直，就可以感通天地的情理。

《象》曰：雷在天上，大壮。君子以
非礼弗履^①。

初九：壮于趾^②，征凶，有孚。

《象》曰："壮于趾"，其孚穷也。

九二：贞吉。

《象》曰：九二"贞吉"，以中也。

九三：小人用壮，君子用罔^③，贞
厉。羝羊^④触藩^⑤，羸^⑥其角。

《象》曰："小人用壮"，"君子罔"也。

九四：贞吉，悔亡。藩决^⑦不羸，状

【注释】 ①〔履〕履行。②〔趾〕从"止"，意为立。③〔罔〕不，枉，屈，否，一解为不用具体的网。④〔羝羊〕长着强壮大角的公羊，喜触。⑤〔藩〕篱笆，篱栅，阻隔之意。⑥〔羸〕借为缧，缠挂住，困扰。⑦〔决〕决开，冲决，溃决，突破。

【大意】《象传》说：上卦震为雷，下卦乾为天，雷声响彻天下就是大壮卦。君子从雷在天上隆隆作响的卦象里发现，雷声壮大好比上天发威不容邪念，所以要常保壮盛，不干非礼之事。

初九：把刚猛强健的力道用在脚趾上，如此征进必然遇到凶险，虽然走路的人内心还保持着信心诚实。

《象传》说：把刚猛强健的力道用在脚趾上，如果具有信实的刚爻初九自以为强盛，还想再向上猛进，就会走向穷途末路。

九二：坚守正道去做事，就会吉祥。

《象传》说：九二坚守正道去做事，就会吉祥，因为在下卦中位，能行中道。

九三：小人妄用自己的强壮盲目行动，君子不会这样蛮干，会持守正道以防止危险，否则就会像发狠的公羊冲撞藩篱，犄角被卡在篱笆里面，动弹不得。

《象传》说：小人肆无忌惮，任意妄动，而君子知道居安思危，时刻戒惧。

于大舆之輹①。

《象》曰："藩决不羸②"，尚（上）③往也。

六五：丧④羊于易⑤，无⑥悔。

《象》曰："丧羊于易"，位不当也。

上六：羝羊触藩，不能退，不能遂⑦，无攸利。艰则吉。

《象》曰："不能退，不能遂"，不详⑧也。"艰则吉"，咎不长也。

【注 释】 ①〔輹〕用来将车厢和车轴安装在一起的零件，近车轴，一解辐条。②〔羸〕挂住，冲破藩篱。③〔尚〕即"上"。④〔丧〕丧失，无意丢失，无心之失，按历史故事是被抢而丧失。⑤〔易〕边界，阴阳交易之边界。一用如"埸"，一说易国。⑥〔无〕通"毋"，解为不要后悔了。⑦〔遂〕顺，遂意，一说相对于退，有进之意。⑧〔详〕审详，详细，仔细考虑，一说吉祥。但后面有吉，所以不用"祥"而用"详"，应该意思有别更好。

【大 意】 九四：坚守正道去做事自然吉祥，没有什么忧虑和悔恨。这就像公羊冲破藩篱的拘束，把角解脱出来，好像大车因为有强壮的车可以跑得更远。

《象传》说：公羊冲破藩篱的拘束，把角解脱出来，象征九四还要继续往前顶，一直前行向上（上面两个柔爻已无力抵御九四的上长趋势）。

六五：在（阴阳交易的）边界丧失阳刚（羊），无须怨悔。

《象传》说：在（阴阳交）易的地方丧失阳刚（羊），因为六五所处的位置不合适（虽以柔爻占据尊位，但在刚位又处在刚爻上长的前沿）。

上六：公羊顶撞藩篱，角被卡住了，不能后退，也无法前进遂心如意，一点好处都没有。在艰难处当中，坚守下去就会转而吉祥。

《象传》说：不能后退，也无法前进遂心如意，陷入进退两难的处境是上六自己没有很好审详。在艰难处境当中，坚守下去就会转而吉祥，因为上六到了极位，物极必反，否极泰来，艰难的处境不会持续太久了。

䷢ 火地晋 （卦三十五）（坤下离上）

jìn　kāng hóu　yòng cì　　　　mǎ fán shù zhòu rì
晋：康侯① 用锡（赐）② 马蕃庶，昼日

sān jiē
三接。

tuàn yuē　jìn　jìn yě　míng chū dì shàng shùn
《彖》曰：晋，进也。明出地上，顺

ér lì hū dà míng　róu jìn ér shàng xíng　shì yǐ　kāng hóu
而丽乎大明，柔进而上行，是以"康侯

yòng cì　　　　mǎ fán shù zhòu rì sān jiē yě
用锡（赐）马蕃庶，昼日三接"也。

xiàng yuē　míng chū dì shàng　　　jìn jūn zǐ yǐ
《象》曰："明出地上"，晋。君子以

zì zhāo　míng dé
自昭③ 明德。

chū liù　jìn rú　cuī rú　　zhēn jí　wǎng fú
初六：晋如，摧如④，贞吉。罔孚，

中华传统文化经典诵读＊周 易·第二章 下经……………＊ 111

【注 释】①〔康侯〕诸侯名。一说周初卫康叔，武王、周公的少弟，最初受封于卫之康。一说康为美、康泰、尊贵。②〔锡〕通"赐"。③〔昭〕光明，昭明，昭朗，昭著，彰显。人德本明，自己昭明。④〔摧如〕晋升拥挤，受到摧折抑制，不得不后退的样子。

【大 意】晋卦象征精进晋升，好比尊贵的康侯用天子赏赐的良马繁殖得很好，结果一日之内被天子三次召见。

《彖传》说：卦名晋是精进晋升的意思。上卦离为明，下卦坤为地，如同光明的太阳从大地上冉冉升起。下卦坤为地，特性是柔顺，上卦离为日，特性是附丽、光明，犹如大地上的万物柔顺地依附在美丽盛大的太阳光明之上。晋卦由观卦变来，即观的六四柔爻向上升进到五位，这是柔顺地向上升进。因此就好比尊贵的康侯用天子赏赐的良马繁殖得很好，结果一日之内被天子三次召见。

《象传》说：下坤为地，上离为明，组合出光明出现在大地之上的卦象，这就是象征精进、晋升的晋卦。君子看到阳光普照，万物欣欣向荣的卦象，要彰明自己光明的道德。

初六：升进之初容易遭受摧折压制，坚守正道，可获吉祥。即使暂时不能见信于人，也要从容应对，宽慰自己，也就不会有什么问题。

裕^①，无咎。

《象》曰："晋如，摧如"，独行正也。

"裕无咎"，未受命也。

六二：晋如，愁如，贞吉。受兹^②介

福^③，于其王母^④。

《象》曰："受兹介福"，以中正也。

六三：众^⑤允^⑥，悔亡^⑦。

《象》曰："众允"之志，上行也。

【注 释】①〔裕〕从容，宽裕，宽慰。②〔兹〕此，这。③〔介福〕介，大。福，福泽，一说慰藉。介福就是大福。一解小福，亦通。④〔王母〕一般理解为祖母，一说母后。《尔雅》："父之姊为王母。"《周易》里"姊"多指祖母。⑤〔众〕群众，众人，下属，各方面人士，包括领导在内。⑥〔允〕信任、拥护、信允、信服，《周易集解》引虞翻："允，信也。"信任、信服了，自然就会拥护、拥戴。一说升进。⑦〔悔亡〕悔事消亡。

【大 意】《象传》说：升进之初容易遭受摧折压制，因为初六在孤独中坚守正道行进（合乎晋卦"柔进而上行"的正道，又有九四为正应）。从容应对，放宽心态，也就不会有什么祸患，是初九还未接到正式任命。

六二：精进晋升之际，愁容满面，坚守正道，可获吉祥。因为他将要从尊贵的王母那里，接受如此宏大的福泽。

《象传》说：六二将要承接如此宏大的福泽，是因为六二居中能够持守正道（六二在下卦中位，柔居柔位，位正）。

六三：众人都服从并愿意追随一起升进，忧虑悔恨都跟着消除了。

《象传》说：众人的心志都信任和拥护，愿意跟随六三走正道前进，是因为六三有上进之心，而众人也愿意向上依附行动。

九四：晋如鼫鼠①，贞厉。

《象》曰："鼫鼠，贞厉"，位不当也。

六五：悔亡，失得勿恤②。往③吉，无不利。

《象》曰："失得勿恤"，往有庆也。

上九：晋其角，维④用伐邑。厉吉，无咎，贞吝。

《象》曰："维用伐邑"，道未光也。

【注释】①〔鼫鼠〕田鼠，一说蝼蛄。《本草纲目》说："鼢小居田，而鼫大居山也。"《说文》说它会飞，飞不过房子高；会攀援，爬不过树那么高；会游水，游不过河谷；会挖穴，掩不住身子；会跑，还没人走得快；五能不成一技。因此也被称为"五技鼠""大飞鼠"，象征能力有限而缩手缩脚地前进。②〔恤〕体恤，忧恤，怜悯，忧虑。③〔往〕卦变中从四位升到五位。④〔维〕维系，因应六三而系。一说无义。

【大意】九四：晋升的时候，像身无一技之长的鼫鼠那样，居然还固守不动，就会有危险。

《象传》说：像身无一技之长的鼫鼠那样，居然还固守不动，就会有危险，因为九四居位不适当（九四在柔爻上进的路上，有可能被凌轹而过）。

六五：忧虑悔恨消除了，不必劳神费心计较得失，不管如何前进，都是吉祥的，没有什么不利。

《象传》说：不必劳神费心计较得失，因为六五前往升进，大有喜庆。

上九：晋升到最高的极点了，宛如高居兽角的尖端，（这时虽然退无可退，但）还可以联合出兵征伐逆乱的属国，如果放手一搏就可能转危为吉，不会有什么问题；但如果正固不动，那就只会更加被动了。

《象传》说：（形势逼人的时候）还可以（维系六三一起）出兵征伐逆乱的属国（初六和六二），因为上九虽然在上卦离（光）里，但可惜位置困穷，不能远照，所以不够光大。

䷣ 地火明夷（卦三十六）（离下坤上）

明夷^①：利艰贞。
míng yí   lì jiān zhēn

《彖》曰：明入地中，"明夷"。内
tuàn yuē míng rù dì zhōng míng yí   nèi

文明而外柔顺，以蒙大难，文王以^②
wén míng ér wài róu shùn yǐ méng dà nàn wén wáng yǐ

之。"利艰贞"，晦其明也，内难^③而
zhī   lì jiān zhēn   huì qí míng yě nèi nàn ér

能正其志，箕子^④以之。
néng zhèng qí zhì jī zǐ yǐ zhī

《象》曰：明入地中，明夷。君子以
xiàng yuē míng rù dì zhōng míng yí jūn zǐ yǐ

莅众^⑤用晦^⑥而明。
lì zhòng yòng huì ér míng

初九：明夷于飞^⑦，垂其翼。君子于
chū jiǔ míng yí yú fēi chuí qí yì jūn zǐ yú

【注释】 ①〔夷〕受伤。一说明夷为鸟，不取。②〔以〕用，以此。③〔内难〕内心极度艰难，一说在内难发生的时候。④〔箕子〕商朝宗室大臣，商纣王的叔父。⑤〔莅众〕临众，也就是治理百姓。⑥〔用晦〕自晦其明。⑦〔于飞〕往飞，向外飞翔。

【大意】 明夷卦象征光明隐陷，利于在艰难困苦中持守正道。

《彖传》说：上卦坤为地，下卦离为日为明，太阳落入地下，光明隐伏地中，这是象征光明隐陷的明夷卦，代表黑暗无光的时势。内卦（下卦）离为文明，外卦（上卦）坤为柔顺，合在一起是内心有光明的仁德，外表为了适应黑暗时世而表现得极为柔顺。周文王就是用这种方法渡过蒙受大难的逆境，躲过劫难，保存自身。在艰难困苦中持守正道，这是要隐藏聪明才智，等待时机。在内心极度艰难痛苦的时候，还能够坚守自己刚强正直的心志，只有箕子能够做到。

《象传》说：上卦坤为地，下卦离为明，光明隐陷入大地之下就是明夷卦。君子看到光明受阻而不得彰显的卦象，就知道治理众人的事情之时，要隐藏自己的察微之明，这样才能使自己愈显圣洁光明。

初九：光明隐陷的时候，要像鸟儿那样赶紧飞走，且要低垂掩抑着翅膀，免得被发现。君子在退避的途中，忍饥挨饿，三天都没有吃东西，才得以顺利逃脱，主事的人不能够理解，出言责备。

xíng sān rì bù shí yǒu yōu wǎng zhǔ rén yǒu yán
行，三 日 不 食。有 攸 往，主 人 有 言①。

xiàng yuē jūn zǐ yú xíng yì bù shí yě
《象》曰："君 子 于 行"，义② 不 食 也。

liù èr míng yí yí yú zuǒ gǔ yòng zhěng mǎ
六 二：明 夷，夷 于 左 股，用 拯 马③

zhuàng jí
壮，吉。

xiàng yuē liù èr zhī jí shùn yǐ zé yě
《象》曰：六 二 之 "吉"，顺 以 则 也。

jiǔ sān míng yí yú nán shòu dé qí dà shǒu
九 三：明 夷 于 南 狩④，得 其 大 首⑤，

bù kě jí zhēn
不 可 疾⑥，贞。

xiàng yuē nán shòu zhī zhì nǎi dà dé yě
《象》曰："南 狩" 之 志，乃 大 得 也。

liù sì rù yú zuǒ fù huò míng yí zhī xīn
六 四：入 于 左 腹⑦，获 明 夷 之 心，

yú chū mén tíng
于 出 门 庭。

中华传统文化经典诵读＊周　易·第二章　下经……＊

115

【注 释】①〔言〕责言，责备之言。②〔义〕道义，宜，最合适的状态。③〔拯马〕拯，拯救，援助，陆德明《周易音义》里的说法有拯救、举、承等。也有人将"拯马"解释为"去势之马"。④〔狩〕冬季围猎为狩。古代常以狩猎喻战争，有除害之意。一说通"守"，意为通过狩猎巡视自己所守的地方。⑤〔大首〕大头目，首恶，元首，首领，元凶。⑥〔疾〕快，急，疾速。⑦〔左腹〕左方腹地，也指心腹。

【大 意】《象传》说：君子在远险退避的途中，既出于道义也为了保全自身，匆匆忙忙连饭都顾不上吃。

六二：光明隐陷，就好像左腿受了伤，这时用比较强壮的马来救命代步，可以转危为安。

《象传》说：六二之所以能够转危为安，是因为柔爻既中又正，能够柔顺地顺从事物发展之道。

九三：光明隐陷的时候，利用去南方狩猎和征伐的机会，诛灭元凶首恶，但不可操之过急，应当采取正当手段，谨慎从事。

《象传》说：向南狩猎征伐的心志（如果成功）将有巨大收获（九三志在阴阳正应的上六，向上推移可能会获得成功）。

六四：进入近臣内侧，深刻领会光明隐陷的原因是因为暴君的邪恶，于是赶紧跨出门庭远走高飞，躲避时难。

《象》曰：“入于左腹”，获心意也。

六五：箕子之明夷，利贞。

《象》曰：“箕子”之“贞”，明不可

息（熄）①也。

上六：不明，晦，初登于天，后入

于地。

《象》曰：“初登于天”，照四国

也。“后入于地”，失则也。

【注释】 ①〔息〕通“熄”。

【大意】《象传》说：六四进入到近臣内侧，于是深入获知光明隐陷来自上主的邪恶。

六五：箕子装疯卖傻，隐陷自己的光明，有利于像箕子一样坚守正道。

《象传》说：像箕子一般坚守正道，使内心光明的力量不被熄灭。

上六：光明隐陷的时候，要隐藏自己的察微之明，韬光养晦，否则的话，开始的时候大家把你捧升上天，后来又把你坠落地下。

《象传》说：开初升上天，是（本来应该）光明照耀四方〔上六在上卦坤（国）里〕。后来入于地，是上六处事违背了事物发展之道。

䷤ 风火家人（卦三十七）（离下巽上）

家人：利女贞。

《彖》曰：家人，女正位乎内，男正位乎外。男女正，天地之大义也。家人有严君焉，父母之谓也。父父，子子，兄兄，弟弟，夫夫，妇妇，而家道正。正家而天下定矣。

《象》曰：风自火出，家人。君子以言有物而行有恒。

【大意】家人卦象征家庭男女，利于女子持守正道。

《彖传》说：家人男女，妻子持守正道位于家庭之内，丈夫持守正道位于家庭之外；丈夫和妻子都持守正道处于合适的位置上，合理定位，这是天经地义的大道理。一个家庭有严正的君长，指的是父母。父亲要尽责做个好父亲，儿子要尽心尽孝做个好儿子，兄长要作表率像个好兄长，弟弟要像个好弟弟，丈夫要守义持家做个好丈夫，妻子要相夫教子做个好妻子，这样家道才能端正合宜，端正了家道就能够安定天下了。

《象传》说：上卦巽为风，下卦离为火，风是在火燃烧时从内往外生出，风火互长就是家人卦，象征男女感通融合，组成家庭。君子从卦中得到启示，日常言语要合情适物，说话算话，居家行事要持常守恒。

chū jiǔ　　xián　yǒu　jiā　　huǐ wáng
初九：闲①有②家，悔亡。

xiàng　yuē　　xián yǒu jiā　　　zhì wèi biàn yě
《象》曰：“闲有家”，志未变也。

liù èr　　wú yōu suì　　zài zhōng kuì　　zhēn jí
六二：无攸遂③，在中馈④，贞吉。

xiàng　yuē　liù èr zhī　jí　　shùn yǐ xùn yě
《象》曰：六二之“吉”，顺以巽⑤也。

jiǔ sān　　jiā rén hè hè ⑥　　huǐ lì　jí　fù zǐ
九三：家人嗃嗃⑥，悔厉，吉；妇子

xī xī ⑦　zhōng lìn
嘻嘻⑦，终吝。

xiàng　yuē　　jiā rén hè hè　　wèi shī yě　　fù
《象》曰：“家人嗃嗃”，未失也。“妇

zǐ xī xī　　shī jiā jié yě
子嘻嘻”，失家节也。

【注释】①〔闲〕从“门”从“木”，门内加木是为了防备外面，训释为防，防闲，防范，防止；一说闲习，心志安定；一说是娴。家门口横拦一木，隔开内外，有所防闲。远古时代房屋虽简，却有院落，院门关上后插上一根横木，防止外人进来，这横木就叫“闲”。家人平时懂得用横木把门插好，就不会有悔恨的事情发生，闲也有无事的含义，也就是闲暇时间不要无事生非。《文言传》说“闲邪存其诚”，指闲防邪念，慎防耽于邪僻之事。②〔有〕名词词头。③〔遂〕成，遂心所欲，无所管束。④〔中馈〕家中的饮食事宜，古代还包括祭祀所用的供品。⑤〔巽〕随顺，温逊。⑥〔嗃嗃〕严厉怒斥的象声词，形容严酷的样子，也有愁怨叫嚷之意。⑦〔嘻嘻〕嘻嘻哈哈、笑嘻嘻，调笑的象声词。

【大意】初九：防止邪念滋生才能保有家庭，防患于未然消除了忧虑悔恨。

《象传》说：防止邪念滋生才能保有家庭，就要在初九心志还没有偏邪改变的时候用心防范。

六二：不自作主张，也无所成就，只管家中饮食之事，坚持正道可获吉祥。

《象传》说：六二可获吉祥，因为家庭主妇既柔顺又随顺。

九三：治家严厉，家人愁怨叫嚷，虽然有悔恨危险之事，有所遗憾，但最终吉祥；妇人和孩子一起嘻嘻哈哈，打打闹闹，最终会有吝难。

《象传》说：家人愁怨叫嚷，但没有失掉家规。妇女和孩子一起嘻嘻哈哈，打打闹闹，有失家教礼节，不成体统。

liù sì   fù jiā   dà jí
六 四：富 家，大 吉。

xiàng yuē   fù jiā dà jí   shùn zài wèi yě
《象》曰：“富 家 大 吉”，顺 在 位 也。

jiǔ wǔ   wáng gé   yǒu   jiā   wù xù   jí
九 五：王 假 (格)① 有② 家，勿 恤③，吉。

xiàng   yuē   wáng gé   yǒu jiā   jiāo xiāng
《象》曰：“王 假 (格) 有 家”，交 相

ài   yě
爱 也。

shàng jiǔ   yǒu fú   wēi rú   zhōng jí
上 九：有 孚④ 威 如⑤，终 吉。

xiàng   yuē   wēi rú   zhī   jí   fǎn shēn   zhī
《象》曰：“威 如”之“吉”，反 身⑥ 之

wèi yě
谓 也。

【注释】 ①〔假〕通“格”，感格。“假”，《释文》：“更白反，至也。”意思是读格，至的意思。假在古代常用为敬诚感化而至的意义。“假”是会意字，古字上方一人拿石头，砸向下方另一手，会意为治丧时自残自虐，但未必真的砍去手脚，有作假之意，治丧时削发，禁乐舞、女色、体面的衣裳，以致殉葬等，都带着念念保持感通而至先人的强烈意识境界。②〔有〕保有。③〔恤〕忧虑。 ④〔有孚〕有诚信，让家人对家长有孚信，能信实。⑤〔如〕然，……的样子。⑥〔反身〕反观、反省自身，反身自律。

【大意】 六四：发家致富，大吉大利。

《象传》说：六四能够发家致富，大吉大利，是因为本身柔顺，又处在合适的位置上。

九五：君王用自己的诚意感格众人然后保有其家，不必忧虑，吉祥。

《象传》说：君王用自己的诚意感格众人然后保有其家，大家相亲相爱，和睦相处。

上九：让家人心悦诚服，治家就要始终维持威严庄重的姿态，最终可以获得吉祥。

《象传》说：在治家的时候始终维持威严庄重的姿态最终能够收获吉祥，是因为上九时常反躬自省、严格自律的缘故。

䷥ 火泽睽（卦三十八）（兑下离上）

kuí xiǎo shì jí
睽：小事吉。

tuàn yuē kuí huǒ dòng ér shàng zé dòng ér xià
《彖》曰：睽，火动而上，泽动而下。

èr nǚ tóng jū qí zhì bù tóng xíng yuè ér lì
二女同居，其志不同行。说（悦）① 而丽

hū míng róu jìn ér shàng xíng dé zhōng ér yìng hū gāng shì
乎明，柔进而上行，得中而应乎刚，是

yǐ xiǎo shì jí tiān dì kuí ér qí shì tóng yě nán
以"小事吉"。天地睽而其事同也。男

nǚ kuí ér qí zhì tōng yě wàn wù kuí ér qí shì lèi yě
女睽而其志通也。万物睽而其事类也，

kuí zhī shí yòng dà yǐ zāi
睽之时用② 大矣哉！

xiàng yuē shàng huǒ xià zé kuí jūn zǐ yǐ tóng
《象》曰：上火下泽，睽。君子以同

ér yì
而异。

【注释】①〔说〕喜悦。②〔时用〕因时而用。

【大意】睽卦象征乖异背离，做小事还是可以吉利的。

《彖传》说：睽卦，上卦离为火，为中女，下卦兑为泽，为少女，火焰燃动向上，泽水流动润下。犹如两个女子同居一室，但她们因志向不同而行为乖异背离。下卦兑为喜悦，上卦离为光明，是喜悦地附丽于光明之上，阴爻柔顺地升进，向上运行，得到上卦中位，并与下卦的刚爻九二相应，所以能够柔和小心地成就小事还是吉祥的。天地上下阴阳的性质乖异背离，但它们创生化育万物的事功却是相同的；男女体态各异，生理特征差别很大，但他们交感求合的心志却相通；天下万物形态各异，特性千差万别，但它们秉受阴阳之气而生的过程却是类似的。由此看来，乖异背离之道因其时仍然能够有非常巨大的作用啊！

《象传》说：上卦离为火，下卦兑为泽，水火不相容，上下不相同，就是象征乖异背离的睽卦，君子从这样的现象中得到启示，要善于求和同而容小异（以异求同，求同存异）。

初九：悔亡。丧马勿逐，自复。见恶人，无咎。

《象》曰："见恶人"，以辟（避）①咎也。

九二：遇主于巷，无咎。

《象》曰："遇主于巷"，未失道也。

六三：见舆曳②，其牛掣③。其人天④且劓⑤，无初有终。

《象》曰："见舆曳"，位不当也。

"无初有终"，遇刚也。

九四：睽孤，遇元夫⑥。交孚，厉，

中华传统文化经典诵读＊周易·第二章 下经⋯⋯⋯＊

121

【注释】 ①〔辟〕同"避"，避开。②〔曳〕拉（着向前），牵引，拖曳。③〔掣〕向后拉，受牵制，控制。④〔天〕额上刺字的黥刑，《集韵》："天，刑名。剠凿其额曰天。"一说剃发。⑤〔劓〕古代割掉鼻子的刑罚。⑥〔元夫〕大丈夫。

【大意】 初九：不要忧悔，不要去追赶丢失的马匹，静候它自己回来。以这样的态度面对偷马的盗贼，不会有什么灾患。

《象传》说：（以静候失马的态度）面见坏人，也就能够自觉地避开灾患（因为初九在乖异背离的形势下从心里知道如何去躲避）。

九二：在小巷中不期然地偶遇主人，当然没有咎害。

《象传》说：在小巷中不期然地偶遇主人（六五），是九二在乖异背离的大势中并没有迷失正道。

六三：看见大车被拉着向前，拉车的牛被牵制，拽着向后，好比赶车人先被剃发，受了黥刑，后被割鼻，受了劓刑，刚开始时困难重重，但最终会有好结果。

《象传》说：看见车被拉着向前，是六三位置不适当。开初不好，最终有好结果，是因为六三前行要跟刚爻上九遇合。

wú jiù
无咎。

xiàng yuē jiāo fú wú jiù zhì xíng yě
《象》曰："交孚，无咎"，志行也。

liù wǔ huǐ wáng jué zōng shì fū wǎng hé jiù
六五：悔亡。厥①宗噬肤②，往何咎？

xiàng yuē jué zōng shì fū wǎng yǒu qìng yě
《象》曰："厥宗噬肤，往"有庆也。

shàng jiǔ kuí gū jiàn shǐ fù tú zài guǐ yì
上九：睽孤，见豕负涂③，载鬼一

chē xiān zhāng zhī hú hòu tuō zhī hú fěi
车，先张之弧④，后说（脱）⑤之弧。匪

kòu hūn gòu wǎng yù yǔ zé jí
寇，婚媾。往遇雨则吉。

xiàng yuē yù yǔ zhī jí qún yí
《象》曰："遇雨"之"吉"，群疑

wáng yě
亡也。

【注释】①〔厥〕其。②〔噬肤〕咬食带皮的肉。③〔负涂〕背上沾满泥巴。④〔弧〕弓。⑤〔说〕通"脱"。

【大意】九四：乖异背离的时运使得九四孑（jié）然孤独，这时遇到刚强的大丈夫，二人心志交融，彼此信任，虽然情境尚有危险，但不会有过失。

《象传》说：二人心志交融，彼此信任，这样就不会有过错，这是因为双方异中求同的心志彼此相通，都可以得到推行的缘故。

六五：消除悔恨，结成亲密宗亲，好比彼此能够噬咬对方的皮肤，如此一来，前行还有什么困难呢？

《象传》说：结成亲密宗亲，好比彼此能够噬咬对方的皮肤，如此意志坚决、精诚团结，即使在分悖离弃的大势下前往，也会有喜庆。

上九：乖弃背离到了极点，孤独狐疑，恍惚中似乎看见猪背着浑身的污泥，又仿佛看见一辆大车满载鬼怪奔驰。惊疑之中，先张开弓，准备放箭，发现情况不对，又把弓放下来，原来发现来的不是强盗，而是来提亲的。如果前往，遇到下雨就会吉祥。

《象传》说：如果前往，遇到下雨就会吉祥，是因为在雨中，经过雨水洗礼，上九所有的疑虑都会被打消，烟消云散。

䷦ 水山蹇（卦三十九）（艮下坎上）

蹇：利西南，不利东北。利见大人。贞吉。

《彖》曰：蹇，难也，险在前也。见险而能止，知（智）矣哉！"蹇，利西南"，往得中也。"不利东北"，其道穷也。"利见大人"，往有功也。当位"贞吉"，以正邦也。蹇之时用大矣哉！

《象》曰：山上有水，蹇。君子以反身修德。

【大意】 蹇卦象征举步维艰，向西南方走有利，向东北方走不利。宜于依靠贤明的领袖，持守正道，渡过难关，获得吉祥。

《彖传》说：蹇是难的意思，险阻在前面（上卦坎险为前）。遇到险难懂得停止不前，真是明智啊〔见险（坎）而止（艮）〕！蹇卦向西南方〔西南坤（平，不险）〕走有利，是前往取得上卦中位（蹇卦从小过变来，卦变中主爻九五从四位升上来，其行为中正，既不冒险，又没有停止不前）。向东北方走不利，是因为道路困阻（艮）不通。宜于依靠贤明的领袖，因为在危难的时候出现大人就可以建功立业（主爻九五升进取得尊贵的五位，成为大人）。九五身当其位，名正言顺，正固吉祥，能够以正道治理自己的邦国。蹇卦所代表的时势的时机化功用实在太重大了！

《象传》说：下卦艮为山，上卦坎为水，山上有水就组合为蹇卦。君子看到高山上蓄聚着水，因为不能流动而显得举步维艰的象，就要反躬自省，修正错误，培养仁德（山上之水按本性反身下流滋润大山，而有反身自润之象，象征人遇险难而能反省自查）。

chū liù　wǎng jiǎn lái yù
初六：往蹇来誉。

xiàng　yuē　wǎng jiǎn lái yù　　yí dài yě
《象》曰："往蹇来誉"，宜待也。

liù èr　wǎng chén jiǎn jiǎn　　fěi gōng zhī gù
六二：王臣蹇蹇①，匪躬②之故。

xiàng　yuē　wǎng chén jiǎn jiǎn　zhōng wú yóu yě
《象》曰："王臣蹇蹇"，终无尤③也。

jiǔ sān　wǎng jiǎn　lái fǎn
九三：往蹇，来反（返）。

xiàng　yuē　wǎng jiǎn lái fǎn　nèi xǐ
《象》曰："往蹇来反（返）"，内喜

zhī yě
之也。

liù sì　wǎng jiǎn　lái lián
六四：往蹇，来连④。

xiàng　yuē　wǎng jiǎn lái lián　dāng wèi shí yě
《象》曰："往蹇来连"，当位实也。

【注 释】①〔王臣蹇蹇〕君王（九五）的臣属积极做事，为君王分忧解难，是会主动承担蹇难的忠臣。②〔躬〕亲身，亲自，自身。③〔尤〕怨尤。④〔连〕《说文》："连，负车也。"段注："连即古文辇也"。

【大 意】初六：往前行走会遇到艰难，返身退回来反而得到人们的赞誉。

《象传》说：前往则遇蹇难，回来则受赞誉，（因为初六在一卦之初，位置太低，还未到行动的时候），尚须待时而动。

六二：君王的臣属们艰难来往，劳苦做事，但他们不是为了自己的私事。

《象传》说：君王的臣属们艰难来往，劳苦做事，能任劳任怨，始终没有抱怨忧虑（六二与九五阴阳正应，忠心向主）。

九三：往前进会遇到艰难险阻，不如退回原地。

《象传》说：前往会遇到艰难险阻，不如退回原地，因为内人（内卦两个阴爻）喜欢它返回来（给家遮风挡雨）。

六四：往前走会遇到艰难险阻，最好返回来联合其他力量。

《象传》说：往前走会遇到艰难险阻，最好返回来联合（艮山之）实力，这样本身当位，同时也把两个当位的健实之爻连起来了。

九五：大^①蹇，朋来。

《象》曰："大蹇朋来"，以中节也。

上六：往蹇来硕^②，吉。利见大人。

《象》曰："往蹇来硕"，志在内也。"利见大人"，以从贵也。

雷水解（卦四十）（坎下震上）

解：利西南。无所往，其来复吉。有攸往，夙吉。

《象》曰：解，险以动，动而免乎

125

【注 释】①〔大〕重大，严重，也指君王与国家。②〔硕〕本义头大，引申为大，硕大，一说宽裕。

【大 意】九五：遭遇极度危险艰难的情况，朋友们纷纷前来相助。

《象传》说：君王遭遇大难，朋友皆来应助，因为（九五处在上卦中位，又在两个柔爻之中，刚柔互济），险难之中处事仍然能够以中正之道行节制之权。

上六：继续前行十分艰难，回过头来则能够建立丰硕功业，这样做是吉祥的，有利于依靠和帮助贤明的君主。

《象传》说：继续前行十分艰难，回过头来则能够建立丰硕功业，因为心意向内（九三、九五）。有利于帮助贤明的君主，因为随从贵人（九五）。

解卦象征舒缓宽松，有利于到西南方去，没有危险情况发生，不需要去解救的时候，回来做好原来的事情就吉祥。如果有地方出现了灾难，那就越早赶去解救越好，早行动才能吉祥。

《象传》说：解卦象征解放舒松，下坎是险，上震是动，因为有险难，所以行动，在行动中脱离险难（行动才可以脱离险难，至少缓解险难的程度）这就是解卦。

险，解。"解，利西南"，往得众也。

"无所往，其来复吉"，乃得中也。

"有攸往，夙吉"，往有功也。天地解而雷雨作，雷雨作而百果草木皆甲坼。解之时大矣哉！

《象》曰：雷雨作，解。君子以赦过宥①罪。

初六：无咎。

《象》曰：刚柔之际②，义③无咎也。

【注释】 ①〔宥〕宽容，宽恕，饶恕。②〔际〕交界，接近，交会，交接之处。③〔义〕自然，按理说，从道义上说，即"宜"，应该。

【大意】 解卦有利于到西南方去，因为前往可以得到群众。没有危险情况需要去解救的时候，回来做好原来的事情就吉祥，就可以得到中位（解卦从小过变来，刚爻没有往上推移，这是无所前往；刚爻而是返回向下而来，进入下卦中位，所以返回来吉祥，因为得到中位）。如果有地方出现了灾难，那就越早赶去救越好，早去才能获得吉祥，也因为早去才能真正帮人舒解险难，才会有贡献和功劳。天地舒缓解冻才会有雷雨（上卦震雷，下卦坎雨，春天雷雨兴作之象）。雷雨兴起，百果草木的种子就会破壳萌芽，破土生出。解卦代表的舒缓宽松的时势之时机化意义实在太重大了！

《象传》说：上卦震为雷，下卦坎为雨，雷雨兴作的卦就是解卦。君子看到雷雨交加，严寒消解，万物解冻复苏的现象，就要赦免过错，解放宽恕有罪之人。

初六：没有什么咎害。

《象传》说：初六在刚柔交接之际，柔顺地承接九二刚爻，按道理讲不应该有什么咎害。

九二：田①获②三狐③，得黄④矢⑤，贞吉。

《象》曰：九二"贞吉"，得中道也。

六三：负且乘，致寇⑥至，贞吝。

《象》曰："负且乘"，亦可丑也。自我致戎⑦，又谁咎⑧也？

九四：解而⑨拇⑩，朋至斯⑪孚。

《象》曰："解而拇"，未当位也。

六五：君子维⑫有⑬解，吉，有孚于

【注释】①〔田〕古同"畋"，打猎。田野。在爻里，二位为田地，或取坤象。②〔获〕猎获，捕获。一说消灭，降服。③〔狐〕取坎象（见未济卦）。④〔黄〕黄色，坤土之色。卦变前小过卦下为艮土。⑤〔矢〕箭。互离之象。⑥〔寇〕强盗，取坎象。⑦〔戎〕征伐，兵戎之戕害。⑧〔咎〕怨，怪罪。⑨〔而〕古同"尔"，你。一说为虚指。⑩〔拇〕脚拇趾。⑪〔斯〕指示代词，这，这个，相当于这样才能。⑫〔维〕只、仅，表条件。⑬〔有〕词头，例如有庙即是指宗庙，有字可以虚化。

【大意】九二：打猎的时候捕获三只狐狸，得到金黄色的箭矢，守持正道，可以吉祥。

《象传》说：九二守持正道，可以吉祥，因为在下卦中位，上应六五，做事遵从中正之道。

六三：身子坐在大车上，背上却还背着贵重的财物，这样就会招来寇盗抢劫，如果还坐着不动，就一定会有危难。

《象传》说：坐在车上仍旧把东西背在背上，不放下来，可见他没坐过车，形象太丑陋了，一看就不像个好人。所以是自己招致寇盗来抢劫，哪能怨别人呢？

九四：像舒解自己脚拇趾的隐患那样摆脱小人的纠缠，然后朋友们就会诚心前来相助。

《象传》说：像舒解自己脚拇趾的隐患那样摆脱小人的纠缠，因为九四所处的位置还不恰当（刚爻居柔位）。

六五：君子只有舒缓解难，才能吉祥，只有让小人心服口服，才能真正解脱险难。

^{xiǎo rén}
小人。

^{xiàng yuē jūn zǐ yǒu jiě xiǎo rén tuì yě}
《象》曰："君子有解"，小人退也。

^{shàng liù gōng yòng shè sǔn yú gāo yōng zhī}
上六：公①用射②隼③于高④墉⑤之

^{shàng huò zhī wú bù lì}
上，获之，无不利。

^{xiàng yuē gōng yòng shè sǔn yǐ jiě bèi yě}
《象》曰："公用射隼"，以解悖⑥也。

☷☱ 山泽损（卦四十一）（兑下艮上）

^{sǔn yǒu fú yuán jí wú jiù kě zhēn lì yǒu yōu}
损：有孚，元吉，无咎。可贞。利有攸

^{wǎng hé zhī yòng èr guǐ kě yòng xiǎng}
往。曷⑦之用？二簋⑧可用享。

^{tuàn yuē sǔn sǔn xià yì shàng qí dào shàng xíng}
《象》曰：损，损下益上，其道上行。

【注释】①〔公〕王公，诸侯，取震象。②〔射〕坎弓离矢为射箭之象。③〔隼〕一种猛禽，俗称鹗鹞。取象是卦变前的小过（大鸟之象）。④〔高〕上处高位。⑤〔墉〕高墙，巽为城墙，取小过二三四互巽。⑥〔悖〕悖乱，祸乱，情势和境遇背离到了极点。⑦〔曷〕何，怎么，为什么。⑧〔簋〕古代祭食器，由青铜或陶瓷制作而成的盛食物的容器。

【大意】《象传》说：君子只有舒缓解难，这样小人（六五）才会愿意把尊位让给九四，主动退出去。

上六：王公用箭射下栖落在高墙之上凶恶的鹰鹞，一举把它擒获，这样做是无所不利的。

《象传》说：王公用箭一举射杀恶隼，为民除害，不得已而为之，只有这样才能彻底消灭作乱的小人，舒解悖逆造成的祸乱。

损卦象征减损衰退，心中保持诚信，就能大吉大利，没有过错，可以守持正道，有利于前往做事。减损衰退之道在人伦日常生活之间如何体现出来呢？用两簋淡薄的食物来祭祀就足够表达内心的诚敬了。

损而^①"有孚，元吉，无咎，可贞。利有攸往。曷之用？二簋可用享"。二簋应有时^②。损刚益柔有时，损益盈虚，与时偕行^③。

《象》曰：山下有泽，损。君子以惩忿窒欲。

初九：已^④事遄^⑤往，无咎。酌损之。

《象》曰："已事遄往"，尚（上）^⑥合志也。

【注 释】①〔而〕如果。②〔时〕四季。③〔与时偕行〕一切流变都在时间之中，这是古人对于存在事物与时间之关系的时机化领会。④〔已〕已经，一说祭祀之祀。⑤〔遄〕快速。⑥〔尚〕同"上"。

【大 意】《彖传》说：损卦从泰卦变来，在卦变当中，泰卦的初九上升到最上位，减损下面的刚实，增益上面的柔虚，阳爻的运行之道是往上走（而不是九三跟上六换位）。即使在减损衰退的过程之中，心中仍然充满诚信，所以能够大吉大利，没有过错，可以守持正道，有利于前往做事。减损衰退之道在人伦日常生活中如何体现出来呢？用两簋淡薄的食物来祭祀就足够表达内心的诚敬了。用两簋淡薄食物的祭祀要合于时令，减损阳刚来增益阴柔也要讲究合适的时机：一切事物的减损、增益、盈满、亏虚都在时间之中，随着时间流变，通过不同的时机体现出来。

《象传》说：上卦艮为山，下卦兑为泽，山下有泽就是损卦，山中的泽水不断下流，淘空山体，可能导致山崩地坼，与此同时，泽也在减损衰退，越来越深，水面不断下降，显得山越来越高。君子看到这样的卦象要抑制忿怒，窒塞邪欲。

初九：已经具备损下益上的条件，就要迅速前往，这样才没有过失。这说明可以酌情减损自己的阳刚之质。

《象传》说：已经具备损下益上的条件，就要迅速前往，向上跟六四心志相合。

九二：利贞。征凶，弗损益之。

《象》曰：九二"利贞"，中以为志也。

六三：三人行则损一人，一人行则得其友①。

《象》曰："一人行"，"三"则疑也。

六四：损其疾②，使遄③有喜，无咎。

《象》曰："损其疾"，亦可"喜"也。

六五：或④益之十朋之龟⑤，弗克违⑥，元吉。

【注释】 ①〔友〕异性（爻）为友，同性（爻）为朋。《说文》："同志为友。"②〔疾〕疾病，弊病，缺点，取震象。③〔遄〕快，迅速。④〔或〕有的人。⑤〔十朋之龟〕价值十朋的大龟。"十朋"指价值珍贵。古人以龟占卜，十朋之龟是国宝级灵龟。⑥〔违〕违背，古代称占卜结果合乎心愿为从，占卜结果不合心愿为违。

【大意】 九二：利于持守正道，盲目征进会有凶险，既不过分减损自身，也不去增益上边。

《象传》说：九二利于持守正道，是居于中位，谨守本分，以持守中道作为自己的心意志向。

六三：三个人一起前行会损失一个人，一个人单独前行则会得到朋友。

《象传》说：一个人单独前行可以得到朋友，而三个人一起前行难免相互猜疑。

六四：减损自己的疾病，使得自己很快就欢欣喜悦，当然没有什么过错。

《象传》说：减损自己的疾病，这件事本身就可喜可贺。

六五：有的人送来价值"十朋"的大宝龟，并不违背自己的心意，不必推辞，大吉大利。

《象》曰：六五“元吉”，自上佑也。

上九：弗损，益之，无咎。贞吉。利

有攸往，得臣无家①。

《象》曰：“弗损，益之”，大得志也②。

䷩ 风雷益（卦四十二）（震下巽上）

益：利有攸往。利涉大川。

《象》曰：益，损上益下，民说（悦）

无疆③。自上下下④，其道大光。“利有

攸往”，中正有庆。“利涉大川”，木

【注释】①〔得臣无家〕大夫升为诸侯，成为一国之君，而不再有小家。“无家”是失去大夫的采邑，大夫以采邑为家。②〔大得志也〕志向得到实现。③〔无疆〕永无止境，无限。互坤，坤地无疆。④〔下下〕第一个“下”是动词，指下来；第二个“下”是名词，指下位。

【大意】《象传》说：六五大吉大利，因为有上天佑助。

上九：没有受到减损，反而得到增益，当然没有过错。持守正道可获吉祥。利于有所前往，得到广大臣民的拥护，就不必在乎自己的小家了。

《象传》说：没有受到减损，反而得到增益，是因为上九完成了心意志向。

益卦象征增益，利于有所前往，利于涉越大河。

《象传》说：益卦，减损上面的来增益下面的（初九从否卦最上方来到益卦最下方），老百姓欢欣喜悦无可限量。从上面降到下面，其心意之道正大光明，心地光明。有利于前往，是九五中正而有喜庆。有利于涉越大河，是因为木船能够通畅渡河。

dào nǎi xíng　yì dòng ér xùn　rì jìn wú jiāng tiān shī dì
道乃行。益动而巽，日进无疆。天施①地

shēng qí yì wú fāng　fán yì zhī dào　yǔ shí xié xíng
生，其益无方②。凡益之道，与时偕行。

xiàng yuē fēng léi yì　jūn zǐ yǐ jiàn shàn zé
《象》曰：风雷，益。君子以见善则

qiān yǒu guò zé gǎi
迁，有过则改。

chū jiǔ　lì yòng wéi dà zuò③　yuán jí wú jiù
初九：利用为大作③，元吉，无咎。

xiàng yuē yuán jí wú jiù　xià bú hòu
《象》曰："元吉无咎"，下不厚

shì④ yě
事④也。

liù èr huò yì zhī shí⑤ péng zhī guī⑥ fú kè
六二：或益之十⑤朋之龟⑥，弗克

wéi yǒng zhēn jí wáng yòng xiǎng yú dì jí
违。永贞吉。王用享于帝，吉。

xiàng yuē huò yì zhī zì wài lái yě
《象》曰："或益之"，自外来也。

【注释】①〔施〕施予，恩惠。一本作"旋"。②〔无方〕不拘方式，没有固定的方式。这样就会广大无限，无穷无尽。如果说成"有方"，就会受到限制。③〔大作〕原指大规模耕作，引申为大的兴作，如大工程、大项目等，总之是开发大事业之意。风雷激荡、天旋地生之时，正是大展身手的天赐良机。《周易正义》："兴作大事。"④〔厚事〕厚劳，即沉重的劳役。厚指丰厚、多。事指侍奉、供奉、交纳。⑤〔十〕坤象。⑥〔龟〕离象。

【大意】益卦下面震动（震），上面随顺（巽），日复一日前进没有止境。上天施予阳光雨露，大地生养万物一视同仁，天地生养增益万物没有固定的方式。大凡事物当要增益时所体现的道理，都随时间一起流变，按照一定的时机展现出来。

《象传》说：上卦巽为风，下卦震为雷，雷风呼应，相得益彰，这就是益卦，君子从中得到启示，见到善美的行为就要一心向往，择善而从，有错就迅速改正。

初九：有利于大有作为，建功立业，一开始就大吉大利，没有过错。

《象传》说：大吉大利，没有过错，因为天下民众不需要付出太多来奉养统治者。

六二：有人送来价值"十朋"的大宝龟，并不违背自己的心意，不必推辞，永久保持正道就吉利。君王向天帝祭享，吉利。

《象传》说：有人送来大宝龟，说明六二的增益是从外面不招自来的。

六三：益之用凶①事，无咎。有孚，
中行，告公用圭②。

《象》曰："益用凶事"，固③有之也。

六四：中行，告公从，利用为依④
迁国⑤。

《象》曰："告公从"，以益志也。

九五：有孚惠心，勿问，元吉。有
孚，惠⑥我德。

《象》曰："有孚惠心"，勿问之矣。

【注 释】①〔凶〕不吉祥的事，凶年饥岁，卦变中下卦坤地损失一爻进入上卦，田地受损，相当于有灾荒的凶事。②〔圭〕乾象。天子征召诸侯或派使者赈灾的（作为凭证的）玉器。一说古代帝王或诸侯参加典礼时用的一种玉器。一说古代测日影的工具。③〔固〕本当，本来，原来。④〔依〕靠，依附。⑤〔迁国〕迁移国都。⑥〔惠〕此字在爻辞中施受一体，前一"惠"字是施惠，后一"惠"字是怀惠。

【大 意】六三：把所得的增益运用于拯凶救难、赈灾平险当中，没有过错。心怀诚信，行动中正平和，手持玉圭向王公禀报急。

《象传》说：把所得的增益运用于拯凶救难、赈灾平险当中，这是本当如此的事情。

六四：以中正之意行乎中道，禀告王公自己有顺从之意，王公依从，就会有利于依附君王（九五）做出迁都这样的大事。

《象传》说：禀告王公（初九）自己有顺从之意，王公依从，这增益了六四的意志。

九五：真诚地怀着施惠于民的心意，不需问就是非常吉利的，天下人都会真诚地感念我的恩德。

《象传》说：真诚地怀着施惠于民的心意，就不必再去占问了。天下人都会感念我的恩德。

"惠我德",大得志也。

shàng jiǔ   mò yì zhī   huò jī zhī   lì xīn wù
上九：莫益之，或击之。立心勿

héng xiōng
恒，凶。

xiàng yuē   mò yì zhī   biàn   cí
《象》曰："莫益之"，偏(徧)① 辞

yě   huò jī zhī   zì wài lái yě
也。"或击之"，自外来也。

䷪ 泽天夬（卦四十三）（乾下兑上）

guài yáng yú wáng tíng   fú hào yǒu lì   gào zì
夬：扬于王庭，孚号有厉；告自

yì   bú lì jí róng   lì yǒu yōu wǎng
邑，不利即戎，利有攸往。

tuàn yuē guài   jué yě   gāng jué róu yě   jiàn
《象》曰：夬，决也，刚决柔也。健

ér yuè   jué ér hé   yáng yú wáng tíng   róu chéng
而说(悦)，决而和。"扬于王庭"，柔乘

【注释】①〔徧〕普遍，为"徧"之讹。

【大意】说明九五"损上益下"的心志得到完美的实现。

上九：没有人来增益他，反而有人来攻击他，不能坚定地持守人天之意，会有凶险。

《象传》说：没有人来增益他，对上九来说是通常的情况。反而有人来攻击他，因为阳爻从外卦下来，（不招自来而生成了危险的境遇）。

夬卦象征除恶决断，可以在君王朝廷之上公布张扬小人的罪恶，予以制裁，并怀着诚信号令众人戒备危险。此时应该颁布政令于城邑上下，告知大家现在还不利于动用武力发兵作战，但有利于积极主动地做一些事情加以防备。

《象传》说：夬是决断、决去的意思，是刚爻决去柔爻。下卦乾为刚健，上卦兑为悦，刚健而喜悦，刚健能断，果决又不失和悦，是决绝斩断仍能协和众人。在君王朝廷之上公布张扬小人的罪恶予以制裁，

五刚也。"孚号有厉"，其危乃光也。

"告自邑，不利即戎"，所尚乃穷也。

"利有攸往"，刚长乃终也。

《象》曰：泽上于天，夬。君子以施禄及下，居德则忌①。

初九：壮于前趾，往不胜为咎。

《象》曰："不胜"而"往"，"咎"也。

九二：惕号②，莫（暮）③夜有戎④，勿恤。

【注释】①〔忌〕禁忌，忌讳，一说忌恨。②〔号〕取上兑（口）象。③〔莫〕古同"暮"。④〔有戎〕兵戎相见，取象于刚爻与柔爻的对抗相推。

【大意】因为上六柔爻肆意凌驾于五刚之上，必须决去。怀着诚信号令众人戒备危险，说明让人们时刻处于危惧戒备之中才能够把除恶决断的形势发扬光大。此时应该颁布政令于城邑上下，告知大家现在还不利于动用武力发兵作战，是因为如果滥用武力，穷兵黩武，反而会使除恶决断之道马上走到穷途末路，带向极端。但有利于积极主动地做一些事情加以防备，是让大家相信形势的发展，阳刚之力还在生长，最终一定能够彻底制服阴柔小人，只要积极应对准备就可以了（刚爻再上长一点就将完全克服阴爻）。

《象传》说：下卦乾为天，上卦兑为泽，泽水蒸发到了天上，聚集越来越多，决而为雨就是夬卦。君子看到天上的泽水一定会化为云雨施布到下民身上的卦象，就要主动把利禄施布给百姓，但不能认为这是自己给予别人恩赐，如果以有恩德于人自居，这是君子的大忌。

初九：把刚壮的力道都使在前脚趾上了，难以胜任地贸然前进，一定会有灾祸。

《象传》说：不能胜任，自不量力，凭一时之勇蛮冲硬闯，必然会闯祸。

九二：发布号令警惕民众，提防敌人深夜来袭，已经准备好要兵戎相见，大家不要过分忧虑担心。

《象》曰：“有戎勿恤”，得中道也。

九三：壮于頄①，有凶。君子夬夬②，独行，遇雨若濡③，有愠④，无咎。

《象》曰：“君子夬夬”，终无咎也。

九四：臀无肤⑤，其行次（趑）且（趄）⑥。牵羊悔亡，闻言不信。

《象》曰：“其行次（趑）且（趄）”，位不当也。“闻言不信”，聪⑦不明⑧也。

九五：苋陆⑨夬夬，中行无咎。

【注释】 ①〔頄〕面颧骨。②〔夬夬〕果决，果断，一定要，即当决断的时候要决断。③〔濡〕润泽，衣服沾湿。④〔愠〕生气，发怒。⑤〔臀无肤〕臀部受了笞刑，皮开肉绽。⑥〔次且〕即趑趄，义同踟蹰、踌躇、行等，表示行走困难、犹豫不进。⑦〔聪〕耳朵灵敏。《尚书》：“听曰聪。”《庄子》：“耳彻为聪。”⑧〔明〕看得明白清楚。⑨〔苋陆〕一说细角山羊，一说生命力极强的马齿苋，只有连根拔起才能根除。综合起来可以说是力大无穷的细角山羊咬吃根壮命硬之草。

【大意】 《象传》说：已经准备好要兵戎相见，不必过分忧虑担心，因为九二能守中正之道，应事沉着冷静。

九三：强势表现在高突的颧骨上，怒形于色，必有凶险。（面对必须除掉的小人），君子应当刚毅果决，当断则断，好比独自前行，遇到大雨，淋湿衣服，面带怒气，但最后不会有祸患。

《象传》说：君子应当刚毅果决，当断则断，最终不会有什么咎害（因为有上六正应）。

九四：臀部已经皮开肉绽，走路举步维艰。像被牵的羊一样顺从，就可以消除忧虑悔恨，可惜他听到这话却不相信。

《象传》说：走路举步维艰，是因为九四位置不当。他听到这话却不相信，是因为他耳不聪目不明，糊里糊涂。

九五：如细角山羊那样，刚毅果决地清除小人，居于中位，行于正道，没有什么灾祸。

中华传统文化经典诵读*周易·第二章 下经……*

136

《象》曰：“中行无咎”，中未光也。

上六：无号①，终有凶。

《象》曰：“无号”之“凶”，终不可
长也。

䷫ 天风姤（卦四十四）（巽下乾上）

姤：女壮，勿用取(娶)女。

《象》曰：姤，遇也，柔遇刚也。

“勿用取(娶)女”，不可与长也。天地
相遇，品物咸章(彰)②也。刚遇中正，
天下大行也。姤之时义大矣哉！

【注释】①〔号〕取兑象，上六在上兑（口、号叫）里。②〔章〕昭彰显明。

【大意】《象传》说：九五居于中位，行于正道，没有什么灾祸，虽然能行中道，但志向还没彻底实现，不算光大。

上六：号啕大哭也没用，凶险终究难逃。

《象传》说：号啕大哭也没用，小人终究难逃凶险，因为小人大势已去，无论如何无法延长行将灭亡的时间。

姤卦象征邂逅相遇，女的越来越强壮，则不宜娶之为妻。

《象传》说：姤是阴阳相遇，是柔爻从下生出来与五个刚爻相遇，如一个阴柔女子对付五位阳刚男子。不宜娶此女为妻，这是因为不能与失位不正的女子在一起，无法长相厮守。天的阳气与地的阴气相遇才能化育万物，各种各样的事物才会昭彰显明表现出来。刚健应当遇合中正的地位，这样阳气才会大行于天下，象征着君子之道大为畅行。邂逅相遇之时势的时机化意义实在太重大了！

《象》曰：天下有风，姤。后以施命诰①四方。

初六：系于金柅②，贞吉。有攸往，见凶。羸③豕孚蹢躅④。

《象》曰："系于金柅"，柔道牵也。

九二：包有⑤鱼，无咎，不利宾。

《象》曰："包有鱼"，义不及⑥宾也。

九三：臀无肤，其行次（趑）且（趄）。厉，无大咎。

【注释】①〔诰〕诏告。②〔柅〕古称络丝跗，络丝的木架，挡住不让车轮转动的木块，也是缫车上用以稳定和止动的部件，引申为车闸，刹车器，车的制动装置。一说金属短棍，用于缠绕丝线。③〔羸〕同"缧"，困住，缠缚，猪被绑住乱动，心浮气躁。一说弱，但弱未必心乱，不取。④〔蹢躅〕行动不便状。⑤〔有〕此处为虚词，无实义。⑥〔及〕到。

【大意】《象传》说：上卦乾为天，下卦巽为风，天下刮起了风就是姤卦。君王看到上天传递号令之象，发号施令，诏告四方。

初六：紧紧系缚在刚硬灵敏的"车闸"上，安守正道，就会获得吉祥。盲行冒进，必有凶灾，可别像被捆绑的母猪那样轻浮躁动。

《象传》说：紧紧系缚在刚硬灵敏的"刹车器"上，说明初六的柔道必须要有所牵制（初六柔爻还会上长，象征小人道长，应当加以牵制）。

九二：包住初六这条鱼，不会有什么害处，只是不利于其他宾客（其他刚爻）。

《象传》说：包住初六这条鱼，按理说也不能够再让给其他宾客（五个刚爻都要限制初六上长，九二一见到就把初六挡住是应该的，不能让它去上líng九四）。

九三：臀部皮开肉绽，步履维艰，会遇到危险，但不会有大的祸患。

《象》曰："其 行 次（趑）且（趄）"，行
未 牵 也。

九 四：包 无 鱼，起 凶。

《象》曰："无 鱼"之"凶"，远 民 也。

九 五：以 杞① 包 瓜，含 章，有 陨②
自 天。

《象》曰：九五"含 章"，中 正 也。

"有 陨 自 天"，志 不 舍 命 也。

上 九：姤 其 角③，吝，无 咎。

《象》曰："姤 其 角"，上 穷"吝"也。

【注 释】①〔杞〕近似柞木的大叶树，类似灌木。朱震说："大杞也，杞似樗，叶大而荫。"樗是栎木，属柞木类。一说杞柳，一说杞树叶子，一说枸杞，一说即耜，铲土的农具。②〔陨〕坠落，陨落，从天而降。③〔角〕顶角，角尖，尖角，角落。

【大 意】《象传》说：步履维艰，但九三的行动没有受到牵制。

九四：包不到鱼了，还想奋起去争，会有凶灾。

《象传》说：包不到鱼所带来的凶灾，是因为九四远离了民众。

九五：用杞树叶包住瓜，好比内心含藏着华丽彰美的文采，可以等待可喜的遇合因缘从天而降。

《象传》说：九五内心含藏着华丽彰美的文采，因为他有中正之德（在上卦之中，位正）。可以等待可喜的遇合因缘从天而降，因为他矢志不移地遵从人天相通之意的天命。

上九：遇合到头顶的角尖，根本不可能遇到什么了，只是没有什么伤害罢了。

《象传》说：遇合到头顶的角尖那里去了，因为上九处在全卦的穷极之位，所以根本不可能遇到什么了。

䷬ 泽地萃（卦四十五）（坤下兑上）

萃：亨，王假（格）① 有庙。利见大人，
亨，利贞。用大牲② 吉。利有攸往。

《彖》曰：萃，聚也。顺以说（悦），刚
中而应，故聚也。"王假（格）有庙"，致
孝享也。"利见大人，亨"，聚以正也。
"用大牲吉，利有攸往"，顺天命也。观
其所聚，而天地万物之情可见矣。

《象》曰：泽上于地，萃。君子以

【注释】①〔假〕音格，意为至、到，也有诚、敬、感格之意。②〔大牲〕用牛祭祀。用以祭祀的动物（牺牲）通常有牛、羊、猪三牲，牛体形庞大，为大牲。

【大意】萃卦象征众心会聚，好比祭享的时候，人们在大聚会，此时君王到宗庙祭祀，感格神灵。有利于大人出现，也有利于见到大人，前景亨通而利于持守正道去做事。用大牲畜去祭祀可获吉祥，有利于带动人们前往聚合。

《彖传》说：萃是众心会聚。下卦坤为顺，上卦兑为悦，和顺又喜悦，刚健中正（主爻九五居上卦中位）又有应援（六二居下卦中位），上下阴阳正应，所以能让众心聚合。君王到宗庙里去，是为了表达对先王的孝心，并供奉祭享物品。有利于见到大人，前景亨通，是大人九五能够依从正道聚合人心。用大牲畜去祭祀可获吉祥，有利于带动人们前往聚合，这说明汇聚人心需要顺应天命。观察天下万物如何会聚的道理，就可窥见万物的真实情状。

《象传》说：上卦兑为泽，下卦坤为地，大泽高于地之上的卦象就是萃卦。

除^① 戎 器^②，戒 不 虞^③。

初 六：有 孚 不 终，乃 乱 乃 萃。若

号，一 握 为 笑，勿 恤，往 无 咎。

《象》曰："乃 乱 乃 萃"，其 志 乱 也。

六 二：引 吉，无 咎，孚 乃 利 用 禴^④。

《象》曰："引 吉 无 咎"，中 未 变 也。

六 三：萃 如 嗟 如，无 攸 利，往 无

咎，小 吝^⑤。

141

【注 释】①〔除〕清除，修治。②〔戎器〕兵器。③〔不虞〕出乎意料，料想不到的事情。④〔禴〕春天青黄不接时，以蔬菜为主的宗庙简单祭祀。⑤〔吝〕困难，遗憾。

【大 意】君子发现有可能随时发生洪水泛滥的卦象，启示到要时常整治军备，戒备群聚发生的不测之事。

初六：内心有诚信，却不能坚持至终，于是导致心神紊乱，并跟他人妄意聚合，号啕大哭之中，似乎向自己的应爻九四呼号，（得到应和）就能与之握手言欢，破涕为笑，所以不必忧虑，前往没有咎害。

《象传》说：心神紊乱并跟他人妄意聚合，这是初六心志迷乱的缘故（与九四为正应，但又得选择九五，志向混乱，没有目标）。

六二：受人引导来参加大家聚会，这是吉祥的，没有什么过错，只要心怀诚信，即使微薄的禴祭也有利于献享神灵。

《象传》说：受人引导来参加大家聚会，这是吉祥的，因为六二守中未变（在卦变前后始终在下卦中位）。

六三：想聚又聚不起来，嗟叹连连，不管用什么办法都行不通。但是，继续前往则不会有什么过错，只是有一些小的困难罢了。

《象》曰："往无咎"，上巽^①也。

九四：大吉，无咎。

《象》曰："大吉，无咎"，位不当也。

九五：萃有位，无咎。匪孚，元永贞，悔亡。

《象》曰："萃有位"，志未光也。

上六：赍咨^②涕洟^③，无咎。

《象》曰："赍咨涕洟"，未安上也。

【注 释】 ①〔巽〕六三互巽，又随顺九四。②〔赍咨〕叹息，感慨，嗟叹。③〔涕洟〕哭泣，鼻涕眼泪。

【大 意】 《象传》说：继续前往则不会有什么过错，因为六三与上面可互为巽卦（取义为对上面的九四顺应）。

九四：虽然情势非常吉利，但仅是免于灾祸而已。

《象传》说：虽然非常吉祥，但能够无灾无难就不错了，这是因为九四位置不当（四位为近臣，以阳居阴位不当，功高震主，但求保全）。

九五：聚合众人而且拥有核心尊位，这是没有过失和灾难的。可是还没有得到大众的信任，需要自始至终恒守正道，忧虑和悔恨才会消亡。

《象传》说：聚合众人而且拥有核心尊位，但聚合人心的志向还没有被广大民众彻底了解。

上六：悲痛哀叹，涕泪滂沱，但是可以免于祸患。

《象传》说：悲痛哀叹，涕泪滂沱，是由于上六居于困窘的上位又不安分守己。

䷭ 地风升（卦四十六）（巽下坤上）

shēng yuán hēng yòng jiàn dà rén wù xù nán
升：元亨。用见大人，勿恤。南

zhēng jí
征吉。

tuàn yuē róu yǐ shí shēng xùn ér shùn gāng
《彖》曰：柔以时升，巽而顺，刚

zhōng ér yìng shì yǐ dà hēng yòng jiàn dà rén wù
中而应，是以大亨，"用见大人，勿

xù yǒu qìng yě nán zhēng jí zhì xíng yě
恤"，有庆也。"南征吉"，志行也。

xiàng yuē dì zhōng shēng mù shēng jūn zǐ yǐ shùn
《象》曰：地中生木，升。君子以顺

dé jī xiǎo yǐ gāo dà
德，积小以高大。

chū liù yǔn shēng dà jí
初六：允^①升，大吉。

【注释】①〔允〕信，实，得当，允当，信任，应当，诚心诚意，宜于等。

【大意】升卦象征积聚升进，大为亨通，宜于去见大人并获得任用，不必忧虑，向南方进发，会获得吉祥。

《彖传》说：下卦为巽为随和，上卦为坤为柔顺，沿着柔顺之道适时地升进（卦变中小过六二柔爻上升到四位，前履二刚，需用柔顺之道，还要审时度势），随和而又柔顺，九二阳刚居中，刚健能行中道，又有六五应援，因此大亨通。宜于去见大人并获得任用，不必忧虑，会有喜庆（卦变中六四与九二换位，互兑为悦有喜庆）。向南方进发，会获得吉祥，上升的心志如愿上行。

《象传》说：上卦坤为地，下卦巽为木，草木从地下生长起来就是象征积聚升进的升卦。君子看到地里的草木顺着时节慢慢生长成形的卦象，就要顺着人天之意修养德行，积累小善事，以成就大功业。

初六：诚心诚意进步上升，自然大为吉祥。

xiàng yuē yǔn shēng dà jí　　shàng hé zhì yě
《象》曰："允升，大吉"，上合志也。

jiǔ èr　fú nǎi lì yòng yuè　wú jiù
九二：孚乃利用禴，无咎。

xiàng yuē jiǔ èr zhī fú　　yǒu xǐ yě
《象》曰：九二之"孚"，有喜也。

jiǔ sān shēng xū yì
九三：升虚①邑。

xiàng yuē shēng xū yì　　wú suǒ yí yě
《象》曰："升虚邑"，无所疑也。

liù sì　wáng yòng xiǎng　　yú qí shān　jí
六四：王用亨(享)② 于岐山③，吉，

wú jiù
无咎。

xiàng yuē　wáng yòng xiǎng　　yú qí shān
《象》曰："王用亨(享)于岐山"，

shùn shì yě
顺事也。

【注 释】①〔虚〕同"墟"，废墟，墟邑指村落，或空的地盘。②〔亨〕即享，享祀，指敬献食物给神明。③〔岐山〕西山，指周王朝发祥地。史载周王朝先祖公刘从邰迁到豳，太王古公亶父因受到狄人侵扰，又带着自己的族人从豳迁到岐山脚下定居。九三爻找到村落定居，此爻到岐山祭祀天地山川先祖。

【大 意】《象传》说：诚心诚意进步上升，自然大为吉祥，因为初六上承九二，都志在升进。

九二：心存诚信，即使用微薄的祭品祭祀，也会有利，不会有什么祸患。

《象传》说：九二心怀孚信，即使进行薄祭也可以得到福佑之喜庆（九二与六五正应，互兑为喜庆）。

九三：升进顺利，如长驱直入空虚的村落。

《象传》说：升进顺利，如长驱直入空虚的村落，因为九三不必有所疑虑（上邻坤卦，可以毫无疑虑地升进）。

六四：君王来到岐山祭祀，吉祥而没有过错。

《象传》说：君王来到岐山祭享，是顺从天道，建功立事。

liù wǔ zhēn jí shēng jiē
六五：贞吉，升阶①。

xiàng yuē zhēn jí shēng jiē dà dé zhì yě
《象》曰："贞吉，升阶"，大得志也。

shàng liù míng shēng lì yú bù xī zhī zhēn
上六：冥②升，利于不息③之贞。

xiàng yuē míng shēng zài shàng xiāo bú fù yě
《象》曰："冥升"在上，消④不富也。

䷮ 泽水困（卦四十七）（坎下兑上）

kùn hēng zhēn dà rén jí wú jiù yǒu yán
困：亨，贞，大人吉，无咎。有言

bú xìn
不信。

tuàn yuē kùn gāng yǎn yě xiǎn yǐ yuè
《象》曰：困，刚掩也。险以说（悦），

kùn ér bù shī qí suǒ hēng qí wéi jūn zǐ hū
困而不失其所，"亨"，其唯君子乎。

zhēn dà rén jí yǐ gāng zhōng yě yǒu yán bú
"贞大人吉"，以刚中也。"有言不

【注释】①〔升阶〕比喻（登上台阶）步步高升。②〔冥〕昏冥，昏暗，一说愚昧。③〔息〕长。④〔消〕消耗，消失，消亡。

【大意】六五：持守正道行事吉祥，如同登上台阶步步高升。

《象传》说：持守正道行事吉祥，如同登上台阶步步高升，是六五上升的心志完满实现（下有刚爻九二阴阳正应）。

上六：在窈冥之境中昏昧地升进，有利于永不停息地持守正道来干事。

《象传》说：在窈冥之境中昏昧地升进，又处在上位，还是会消衰而无法富盛（坤为不富，为虚）。

困卦象征困逆之境，处于困境，努力自助还可亨通，要持守正道，对能力大的人来说，不但吉祥而且还没有咎害，只是处于困逆之境的时候，说话未必有人愿意相信。

《象传》说：困卦是阳刚受到埋没掩蔽。下卦坎为险，上卦兑为悦，能在险难中保持喜悦，处于困逆之境而不失其人天相通之意，才会亨通，非常艰辛，可能也只有君子才能做到这样吧。

要持守正道，对能力大的人来说是吉祥的，因为刚爻九二、九五皆居于中道。

信"，尚（上）^① 口乃穷也。

《象》曰：泽无水，困。君子以致命^②

遂志^③。

初六：臀困于株木^④，入于幽谷，

三岁不觌^⑤。

《象》曰："入于幽谷"，"幽"不明也。

九二：困于酒食，朱绂^⑥ 方来，利

用享祀。征凶，无咎。

《象》曰："困于酒食"，中有庆也。

【注释】①〔尚〕同"上"，取义可理解为崇尚，注重。②〔致命〕把命豁出去，即舍命，或言授命，达致天命。③〔遂志〕遂愿，随顺心志。④〔株木〕枯木，树干为株，树桩子，指没有枝叶的秃木。⑤〔觌〕见面，相见。⑥〔朱绂〕原指古代礼服上的红色蔽膝，后指三公九卿的红色官服，一说祭服。

【大意】处于困逆之境的时候，说话未必有人愿意相信，因为崇尚言辞无法让人信服，反而会更加困厄（上六从二位升到上卦兑里，位处穷极）。

《象传》说：上卦兑为泽，下卦坎为水，水渗到泽底下去了，泽里没有水，组合成困卦。君子看到大泽里的水被困干的卦象，决定为了实现自己的人天相通之意舍弃自己的性命。

初六：困坐在枯木和木根之间，退陷到幽暗的深谷之中，三年都没有人再见过他。

《象传》说：退陷到幽暗的深谷之中，因初六困于幽暗不明的深谷之中（下卦坎为隐伏）。

九二：正被美酒佳肴所困扰，祭祀时用的大红祭服刚刚送来，穿上它有利于主持宗庙的祭祀大典，此时进取凶多吉少，但不会有大的灾祸。

《象传》说：虽然九二正被美酒佳肴所困扰，但因为能行中道，所以会有喜庆。

liù sān　kùn yú shí　jù① yú jí lí②　rù yú

六三：困于石，据① 于蒺藜②，入于

qí gōng　bù jiàn qí qī　xiōng

其宫，不见其妻，凶。

xiàng　yuē　jù yú jí lí　chéng gāng yě

《象》曰："据于蒺藜"，乘刚也。

rù yú qí gōng　bú jiàn qí qī　bù xiáng yě

"入于其宫，不见其妻"，不详也。

jiǔ sì　lái xú xú③　kùn yú jīn chē④　lìn

九四：来徐徐③，困于金车④，吝，

yǒu zhōng

有终。

xiàng　yuē　lái xú xú　zhì zài xià yě　suī

《象》曰："来徐徐"，志在下也。虽

bù dāng wèi　yǒu yǔ yě

不当位，有与也。

jiǔ wǔ　yì⑤　yuè⑥　kùn yú chì fú⑦　nǎi xú

九五：劓⑤ 刖⑥，困于赤绂⑦，乃徐

yǒu tuō　　　　lì yòng jì sì

有说（脱）⑧，利用祭祀。

147

【注释】①〔据〕坐，靠坐，倚靠。《说文》："据，杖持也。"②〔蒺藜〕即茨，一种结角刺子实的草，成熟时，子实满地，角刺尖锐，人不能坐。③〔徐徐〕缓慢地，行动迟缓的样子。④〔金车〕坚固豪华贵重的车子。⑤〔劓〕古代割去鼻子的刑罚。古有五刑，指墨、劓、刖、宫、大辟。劓刑重于墨刑，而轻于刖刑。⑥〔刖〕古代砍去足的刑罚。⑦〔赤绂〕象征九五之尊的位置和权力。一说诸侯用的祭服。⑧〔说〕通"脱"，解脱，减少。

【大意】六三：被围困于乱石堆之中，又靠坐在荆棘蒺藜之上。退入自家宫室，却见不到妻子，非常凶险。

《象传》说：困坐在荆棘蒺藜之上，因为六三乘驾在刚爻之上。即使得以退回自家居室，看到的妻子好像又不像是妻子，实在太不吉祥了。

九四：只能缓慢前来，因为所乘的坚固豪华的车子在路上被困挡住了，出了一点麻烦，但最后结果还算顺利。

《象传》说：只能缓慢前来，因为九四的心志一直下应初六（卦变中九二来到二位，九四也想下来）。虽然以阳居阴，居位不当，但会得到亲和友善、愿意帮助自己的人（初六）。

九五：被迫采用劓刑、刖刑治理国家，以至穷困在尊位，后来得以慢慢脱离困境，有利于举行祭祀。

《象》曰："劓刖"，志未得也。"乃
徐有说（脱）"，以中直也。"利用祭
祀"，受福也。

上六：困于葛藟①，于臲卼②日，动
悔，有悔，征吉。

《象》曰："困于葛藟"，未当也。
"动悔有悔"，吉行也。

䷯ 水风井（卦四十八）（巽下坎上）

井：改邑不改井，无丧无得。往来井

【注释】 ①〔葛藟〕形似藤萝，纷繁缠绕的蔓生草本植物。取自巽为草木之象。②〔臲卼〕择日术中的凶日。一说指高而危、动摇不安的样子。

【大意】《象传》说：被迫采用劓刑、刖刑治理国家，因为九五的志向得不到伸展（刚爻被柔爻所掩，有道无法推行）。后来得以慢慢脱离困境，因为能够持守中道，处世正直。有利于举行祭祀，因为能够得到神灵的福佑（九五有祭服可以祭祀）。

上六：受困于藤葛蔓藟之中，又被困在高危摇坠之地，在凶日行动，必生悔恨，处于艰困之境要立即幡然悔悟，努力解脱困境，果断征伐才可能获得吉祥。

《象传》说：受困于藤葛蔓藟之中，因为上六居位不适当（到了穷极之位，又下乘二刚）。这是一动必生悔恨的艰困之境，说明拼力解脱困境前行才能够获得吉祥。

井卦象征坚定不移，居住的村邑可以改迁，但水井不能改迁到其他地方。每日汲取不见其枯竭，时时流注其中也不见其盈满，任凭来来往往的人反复不断地从井中汲水为用，永远井然有序。如果汲水的时候，打水的陶罐即将升到井口，却被挂住了，一旦倾覆毁坏，就会有凶险。

井。汔^①至，亦未繘井^②，羸^③其瓶^④，凶。

《彖》曰：巽乎水而上水，井。井养而不穷也，"改邑不改井"，乃以刚中也。"汔至，亦未繘井"，未有功也。"羸其瓶"，是以"凶"也。

《象》曰：木上有水，井。君子以劳^⑤民劝^⑥相^⑦。

初六：井泥，不食。旧井无禽^⑧。

《象》曰："井泥，不食"，下也。

【注释】①〔汔〕同"迄"，接近，几乎，差不多。②〔繘井〕繘，打水的绳子，名词用作动词。繘井，用井绳打水。③〔羸〕同"缧"，钩、挂、缠绕、困住。④〔瓶〕大腹小口的陶罐，用来汲水的器皿。⑤〔劳〕操劳，慰劳，犒劳。⑥〔劝〕鼓励，勉励。⑦〔相〕帮助，辅助。⑧〔禽〕飞禽走兽。

【大意】《彖传》说：上卦坎为水，下卦巽为木为入，用木桶深入到水下再向上提水，汲水为用，这就是井卦表达的情境。井水取之不尽，用之不竭，滋生养育人的功德也永不穷竭。居住的村邑可以改迁，但水井不能改迁到其他地方，是因为刚健（九二、九五）居中，不易改变。井以打水为功，如果汲水的时候，打水的陶罐即将升到井口，结果在当口处却被挂住了，不能算有功，因为水没有打出，还没有实现井的养人之功。一旦打水的陶瓶被挂住或者倾覆毁坏，那就有凶险了。

《象传》说：下卦巽为木，上卦坎为水，木桶深入到水下打水，把水提上来而有井水之用，是木上有水之象，成井水养人之功，这就是井卦。君子要效法井水育人之德，要多为民众操劳，劝勉他们互相帮助。

初六：井下淤泥沉滞，井水浑浊不能食用，旧井破旧不堪，就连禽兽都不来井边喝水、光顾。

《象传》说：井下淤泥沉滞，井水浑浊不能食用，因为初六位置在下（在井卦最下位就是井底）。

"旧井无禽"，时舍①也。

九二：井谷射鲋②，瓮③敝漏。

《象》曰："井谷射鲋"，无与也。

九三：井渫④，不食，为我心恻⑤。可用汲，王明，并受其福。

《象》曰："井渫，不食"，行恻也。求"王明，受福"也。

六四：井甃⑥，无咎。

《象》曰："井甃无咎"，修井也。

【注释】 ①〔舍〕住下，短暂停留，也有舍弃之意。②〔鲋〕一种小鱼。水里的小鲜，如鲫鱼。③〔瓮〕大腹小口的陶器，如水瓮、菜瓮、酒瓮，形制大一些为瓮，小一些为瓶，与瓶同象。④〔渫〕淘，除去水中污秽之物。⑤〔恻〕恻惜伤悼。《说文》："恻，痛也。"《广雅》："恻，悲也。"⑥〔甃〕圆的旋井，即用砖或石垒砌井的内壁。

【大意】 旧井破旧不堪，就连禽兽都不来喝水，因为禽兽到井边饮水都是暂时停留一下，一旦井水有淤泥就会被禽兽给舍弃了。

九二：在井谷（底）射抓鲋鱼，水瓮却又破旧又漏水。

《象传》说：在井谷（底）射抓鲋鱼，上面却没有人来帮忙（九二没有正应，没有可相与在一起的人）。

九三：把井整治好了，却没人来食用，让我心中不免伤恻凄恻。不过毕竟已经可以用来汲水了，等到英明的君王出现，大家都会得福受益。

《象传》说：把井中淤泥淘干净了，却没人来饮用，令行经于此的人感到恻惜难受。盼求圣明的君王出现，大家可以一同得福受益。

六四：井的内壁用砖头砌好，自然可以避免咎患。

《象传》说：用砖头来修砌井的内壁，以便防止祸患，说的就是要把井修治好的益处。

jiǔ wǔ　jǐng liè hán quán shí
九五：井洌寒泉，食。

xiàng yuē　hán quán zhī shí　zhōng zhèng yě
《象》曰："寒泉"之"食"，中正也。

shàng liù　jǐng shōu wù mù　yǒu fú yuán jí
上六：井收勿幕①，有孚元吉。

xiàng yuē　yuán jí　zài shàng　dà chéng yě
《象》曰："元吉"在上，大成也。

☲ 泽火革（卦四十九）（离下兑上）

gé　jǐ rì②　nǎi fú　yuán hēng　lì zhēn　huǐ wáng
革：己日②乃孚。元亨。利贞，悔亡。

tuàn　yuē　gé　shuǐ huǒ xiāng xī　èr
《彖》曰：革，水火相息（熄），二

nǚ tóng jū　qí zhì bù xiāng dé yuē　gé　jǐ rì
女同居，其志不相得曰"革"。"己日

【注释】①〔幕〕帐幕，盖，用幕布覆盖，盖上。②〔己日〕己为十天干之一，己日是中国古代历法中的天干纪日法。纳甲学说认为离纳己。革卦下卦为离，故言"己日"。廖名春认为"己日"为"完成之日"，杨庆中从，义理上可通，理解为时机成熟之日。王弼读"已"，金景芳、吕绍纲从。

【大意】九五：井水清洌，如寒爽的甘泉，可以直接饮用。

《象传》说：清澈的井水如寒爽的甘泉，之所以可以直接食用，是因为九五能够居中并持守正道。

上六：井口收拢好了，不需要用盖子盖上，因为心怀诚信，自然就会大吉大利。

《象传》说：上六虽然高高在上，但大吉大利，因为井水养人的大功已经告成。

革卦象征除旧变革，只有在时机成熟的"己日"，改革措施才能取得民众的信服，此后亨通便利，利于持守正固，忧悔也会消亡。

《象传》说：革卦，上卦兑为泽水，下卦离为火，水火互相熄灭，好比两个女子同居一室，因为心志趣味不相容，终究要发生"变革"，这就是革卦要说明的情形。

nǎi fú　　gé ér xìn zhī　wén míng yǐ yuè　　　dà
乃孚"，革 而 信 之。文 明 以 说（悦），大

hēng　yǐ zhèng　gé ér dàng　qí huǐ nǎi wáng
"亨"以 正，革 而 当，其"悔"乃"亡"。

tiān dì gé ér sì shí chéng　tāng wǔ gé mìng　shùn hū tiān ér
天 地 革 而 四 时 成，汤 武 革 命，顺 乎 天 而

yìng hū rén　gé zhī shí dà yǐ zāi
应 乎 人。革 之 时 大 矣 哉！

　　　xiàng　yuē　zé zhōng yǒu huǒ　gé　jūn zǐ yǐ zhì
　　《象》曰：泽 中 有 火，革。君 子 以 治

lì míng shí
历 明 时。

　　chū jiǔ　gǒng　yòng huáng niú zhī gé
　　初 九：巩① 用 黄 牛 之 革。

　　　xiàng　yuē　　gǒng yòng huáng niú　　bù kě yǐ yǒu
　　《象》曰："巩 用 黄 牛"，不 可 以 有

wéi yě
为 也。

　　liù èr　jǐ rì　　nǎi gé zhī　zhēng jí　wú jiù
　　六 二：己 日② 乃 革 之，征 吉，无 咎。

【注释】①〔巩〕巩固，牢固结实。②〔己日〕象征时机成熟之日。

【大意】只有在时机成熟的"己日"，改革措施才能取得民众的信服，这样改革才算取信于民，才可以得到民众的拥护。下卦离为文明，上卦兑为喜悦，内含文明之德，外显愉悦之色，持守正道而大为亨通，改革适时而妥当合理，忧虑悔恨才会消亡。天地阴阳变革交流，四季才能循环往复，商汤革除了夏王朝的天命，周武王革除了商王朝的天命，顺应天道又合乎民心。可见，变革适时合宜的时机化意义实在太重大了！

《象传》说：上卦兑为泽，下卦离为火，泽水当中有烈火就是革卦。君子看到革卦水火互相熄灭的卦象，就要制定历法来明察天时运动的规律。

初九：用黄牛皮做成的绳子捆绑结实。

《象传》说：用黄牛皮条拧成的绳子捆绑结实，是说初九要耐心待时，不能轻举妄动，不可有所作为。

六二：等到时机成熟的己日发动变革，出征吉祥，没有过错和灾害。

《象》曰："己日革之"，行有嘉也。

九三：征凶，贞厉。革言①三②就③，有孚④。

《象》曰："革言三就"，又何之⑤矣？

九四：悔亡，有孚⑥改命⑦，吉。

《象》曰："改命"之"吉"，信志也。

九五：大人虎⑧变，未占⑨有孚。

《象》曰："大人虎变"，其文炳也。

上六：君子豹变，小人革面，征

【注释】①〔言〕发言，言辞，号令，宣告。九三正应在上六，上六在上兑里，兑为口、为言。②〔三〕小成之数。六十四卦由上下两个八卦组成，一个八卦就是一个小成卦，八卦有三爻。③〔就〕成就，成功。④〔孚〕信用，诚信，深孚众望。与上六相应，而乘六二，皆有孚信之象。⑤〔之〕往，去到。⑥〔孚〕孚信。⑦〔命〕《说文》："命，使也。"命运，天命。⑧〔虎〕上卦兑象，故为虎变。⑨〔占〕占决，占卜，占断。

【大意】《象传》说：到时机成熟的己日发动革命，说明六二此时努力前行会有嘉美的结果。

九三：急于征进必有凶险，静守不动则有危厉，改革虽已多次宣告小有成功，但还要继续取信于民。

《象传》说：改革已多次宣告小有成功，但九三（除了继续改革）还有其他路可走吗？

九四：不要忧虑悔恨，只要取信于民，就能够改变旧的天命，将是吉利的。

《象传》说：改变旧的天命，将是吉祥的，因为九四诚心诚意顺天应人，坚信变革的心志。

九五：大人以猛虎之威势推行变革，不用占决便能赢得民心。

《象传》说：大人以猛虎之威势推行变革，他的文功武略彪炳天下。

上六：君子以斑豹之势力助大人完成变革，小人纷纷洗心革面，此时若激进不止会有凶险，居于正位保持正道才能吉利。

xiōng　jū zhēn① jí
凶，居贞① 吉。

xiàng　yuē　　jūn zǐ bào biàn　　　qí wén wèi②
《象》曰："君子豹变"，其文蔚②

yě　　xiǎo rén gé miàn　　shùn yǐ cóng jūn yě
也。"小人革面"，顺以从君也。

☲☴ 火风鼎（卦五十）（巽下离上）

dǐng　yuán jí　hēng
鼎：元吉，亨。

tuàn　yuē　dǐng　xiàng yě　　yǐ mù xùn huǒ
《象》曰：鼎，象也。以木巽火，

pēng　烹③　rèn yě　　shèng rén pēng　　　yǐ xiǎng shàng
亨（烹）③ 饪也。圣人亨（烹）以享上

dì④　　ér dà pēng　烹　　yǐ yǎng shèng xián　　xùn ér
帝④，而大亨（烹）以养圣贤。巽而

ěr mù cōng míng　róu jìn ér shàng xíng　dé zhōng ér
耳目聪明，柔进而上行，得中而

yìng hū gāng　shì yǐ　yuán hēng
应乎刚，是以"元亨"。

【注释】①〔居贞〕大力推进变革之时，天下动荡不安，难以安居守静，所以应该是居于正位保持正道，上六柔爻居柔位，还是可以守持正道的。②〔蔚〕文采盛的样子。指豹皮的花纹。一说是草木茂盛，引申为大，蔚为大观。一说刚好处在兑卦泽水表面，泽水倒映，有云蒸霞蔚之意。③〔亨〕同"烹"。④〔上帝〕上天，天帝。

【大意】《象传》说：君子以斑豹之势力助大人（九五）完成变革，文采华美犹如斑豹花纹一样光彩照人；小人纷纷洗心革面，只是表面上顺从推行变革的君主。

鼎卦象征鼎立新风。大吉大利，亨通顺畅。

《象传》说：鼎卦整体取自鼎器的象形，卦像鼎。下卦巽为木为顺，上卦离为火为附着，把木材放入火中，让它顺从火的燃烧，就是烹煮食物的现象。圣人烹饪食物来祭享天帝，并烹煮丰盛食物来供养圣贤。谦逊恭顺耳目聪明，柔顺地向上升进，取得中位并与刚强者相应，就能获得大亨通。

中华传统文化经典诵读＊周 易·第二章 下经⋯⋯⋯

《象》曰：木 上 有 火，鼎。君 子 以 正

位 凝① 命。

初 六：鼎 颠② 趾，利 出 否③，得 妾 以

其 子，无 咎。

《象》曰："鼎 颠 趾"，未 悖④ 也。"利

出 否"，以 从 贵 也。

九 二：鼎 有 实⑤，我 仇（逑）⑥ 有 疾⑦，

不 我 能 即⑧，吉。

《象》曰："鼎 有 实"，慎 所 之 也。

"我 仇（逑）有 疾"，终 无 尤 也。

【注释】①〔凝〕凝固，集中，凝聚心力。②〔颠〕颠覆，颠倒。③〔否〕滞塞之物，一说废物。④〔悖〕悖乱，违背常理。⑤〔实〕实物，东西，富有实力，或内心充实。⑥〔仇〕匹配，指六五，取义上是仇敌，取象上是配偶（《子夏传》："仇，匹也。"）还有朋友等不同解释。⑦〔疾〕嫉恨，一说疾病。⑧〔即〕到，就，靠近，接近。

【大意】《象传》说：下卦巽为木，上卦离为火，木头上面有火焰在燃烧，可以用鼎器来烹煮食物，君子看到这种现象，就知道要摆正自己的位置，同时摆正心态，凝聚心力，以完成自己的使命。

初六：鼎腿颠倒，鼎器被翻个脚朝上，有利于倾倒出滞塞之物，这就好像（正妻不能生育），于是把生了儿子的小妾扶正（取代正妻），没有问题。

《象传》说：虽然鼎腿颠倒，鼎器被翻个脚朝上，但并未违背常理。这样有利于倾倒出滞塞之物，这是初六（妾）随从贵人（九二），母以子贵。

九二：鼎中充满实物（犹如内心充实而有实力），我的仇人虽然嫉恨我，但也不能把我怎么样，还是吉祥的。

《象传》说：鼎中充满实物，犹如（有儿子而）内心充实而有实力，可以审慎适中地来去。我的仇人（六五、前妻）虽然嫉恨我，但终究不需要过分担忧。

jiǔ sān　dǐng ěr gé①　qí xíng sāi　zhì gāo② bù
九 三：鼎 耳 革①，其 行 塞，雉 膏② 不

shí　fāng③ yǔ　kuī④ huǐ⑤　zhōng jí
食。方③ 雨，亏④ 悔⑤，终 吉。

xiàng yuē　dǐng ěr gé　shī qí yì yě
《象》曰："鼎 耳 革"，失 其 义 也。

jiǔ sì　dǐng zhé zú　fù gōng sù⑥　qí xíng
九 四：鼎 折 足，覆 公 铼⑥，其 形

wò⑦　xiōng
渥⑦，凶。

xiàng yuē　fù gōng sù　xìn⑧ rú hé yě
《象》曰："覆 公 铼"，信⑧ 如 何 也。

liù wǔ　dǐng huáng ěr jīn xuàn　lì zhēn⑨
六 五：鼎 黄 耳 金 铉，利 贞⑨。

xiàng yuē　dǐng huáng ěr　zhōng yǐ wéi shí⑩ yě
《象》曰："鼎 黄 耳"，中 以 为 实⑩ 也。

shàng jiǔ　dǐng yù xuàn　dà jí　wú bú lì
上 九：鼎 玉 铉，大 吉，无 不 利。

xiàng yuē　yù xuàn　zài shàng　gāng róu jié yě
《象》曰："玉 铉" 在 上，刚 柔 节 也。

【注释】①〔革〕脱落。②〔雉膏〕野鸡汤。用肥美的山鸡肉做成的食物。③〔方〕正好，正当。④〔亏〕亏损，去掉。《说文》："亏：毁也。"⑤〔悔〕懊恼。⑥〔铼〕鼎中的食物，用较多配料烹制的像粥一样的高级食品，一说糁，有肉的米粥。⑦〔渥〕沾湿，粥流出来的样子。⑧〔信〕应验的结果。⑨〔贞〕坚固，贞固。⑩〔实〕乾为实。

【大意】九三：鼎耳脱落了，无法搬动鼎器，行动因此受到阻塞，以致无法品尝美味可口的野鸡汤，还好正赶上下雨，大家消除了懊恼，最终是吉祥的。

《象传》说：鼎耳脱落了，九三也就失去了鼎耳本来可以用来抬鼎的意义。

九四：鼎足折断了，王公的美食倒出来了，搞得鼎身龌龊，凶险。

《象传》说：王公的美食倒出来了，九四如何能取得信任？

六五：鼎器配了金黄色的鼎耳，坚固的鼎杠，保持坚固是有利的。

《象传》说：鼎器配了金黄色的鼎耳，是因为六五在中位，能够保持坚实。

上九：鼎上配着玉制的鼎杠，非常吉祥，没有什么不利。

《象传》说：玉制的鼎杠高高在上，是刚柔相济，节制得宜，显得和谐融洽，美观大气。

䷲ 震为雷（卦五十一）（震下震上）

zhèn hēng zhèn lái xì xì xiào yán yā yā
震：亨。震来虩虩①，笑言哑哑②。

zhèn jīng bǎi lǐ bú sàng bǐ chàng
震惊百里，不丧匕③鬯④。

tuàn yuē zhèn hēng zhèn lái xì xì kǒng
《彖》曰："震，亨"。"震来虩虩"，恐

zhì fú yě xiào yán yā yā hòu yǒu zé yě zhèn jīng
致福也。"笑言哑哑"，后有则也。"震惊

bǎi lǐ jīng yuǎn ér jù ěr yě bú sàng bǐ chàng
百里"，惊远而惧迩也。"不丧匕鬯"，

chū kě yǐ shǒu zōng miào shè jì yǐ wéi jì zhǔ yě
出可以守宗庙社稷，以为祭主也。

xiàng yuē jiàn léi zhèn jūn zǐ yǐ kǒng jù
《象》曰：洊⑤雷，震。君子以恐惧

xiū xǐng
修省。

【注释】①〔虩虩〕形容极其惊恐发抖的样子。②〔哑哑〕《说文》："哑，笑也。"言笑合度，不放纵而有节制的样子。一说谈笑失声之状。③〔匕〕木制匙形器具，类似汤勺、勺子，用来取食物。④〔鬯〕用黑黍酿制掺有郁金香的酒，用来敬天神、地祇、人神等重大节日。⑤〔洊〕再，屡次，接连。

【大意】震卦象征雷振而起，雷声震动促使万物亨通。震雷隆隆袭来令一些人惊惧发抖，惶恐不安，但也能使另一些人处之泰然，言笑自如，比如，即使巨雷能够震惊方圆百里，主持祭祀的太子也照样镇静如常，手里的木匙和酒杯也不会被震掉。

《象传》说：雷声震动，万物开始亨通。震雷袭来令一些人惊惧发抖，但因恐惧而谨慎可以给人们带来福祉。另一些人处之泰然，言笑如故，是懂得警惧的教训，所以会依循处世的正道。巨雷能够震惊到方圆百里的地方，是让远方的人震惊，让近处的人知道戒惧。主持祭祀的太子却镇静如常，手里的木匙和酒杯也没有被震掉，所以国君外出，太子可以监守宗庙社稷，有能力胜任祭祀典礼的主持人。

《象传》说：雷声隆隆，接二连三打雷就是震卦。君子有鉴于雷声轰鸣不断震动的震卦，应当知道时时处处畏惧天威，不断反省己过，修行人天之意。

初九：震来虩虩①，后笑言哑哑，吉。

《象》曰："震来虩虩"，恐致福也。"笑言哑哑"，"后"有则也。

六二：震来，厉；亿②丧贝，跻③于九陵，勿逐，七日得。

《象》曰："震来厉"，乘刚也。

六三：震苏苏，震行无眚。

中华传统文化经典诵读*周易·第二章 下经………*

【注释】①〔虩虩〕初九虩虩，六三苏苏，上六索索，都是形容性叠词，用于表现吓得发抖的状态。古人以发音时开口程度大小来区别响声大小，如"虩虩"开口最小，代表发抖声音小，因此抖得也最轻。"苏苏"其次，而"索索"则抖得最厉害。差不多相当于现代汉语里"瑟瑟发抖"和"苏苏发抖"的程度区别。②〔亿〕十万为亿，这里形容数量大。六五象辞"大无丧"的"大"，就是解释"亿"。一说通"臆"，臆测，猜度。③〔跻〕《说文》："跻，登也。"跻登，上升，跻身，置身。

【大意】初九：震雷袭来令人惊惧发抖，惶恐不安，但随后也能因为恐惧而使人强化修身，变得处之泰然，言笑自若，所以吉祥。

《象传》说：震雷骤来令人惊惧发抖，因恐惧而谨慎，可以给人们带来福祉。雷声也能够使人强化修身，变得处之泰然，言笑如故，是懂得警惧教训之后，行为就会依循处世的正道。

六二：震雷骤然袭来，非常危险，丧失了大量财宝钱币，赶紧登上九重高峻的陵土之上，不要去追逐（失去的财宝钱币），七天之后将会失而复得。

《象传》说：震雷骤然袭来，非常危险，因为六二凌驾在阳刚之上（卦变中六二骤然来到二位乘凌于初九之上，柔乘刚不顺）。

六三：被震雷吓得苏苏颤抖，警惧而行，不会有灾眚。

《象》曰："震苏苏"，位不当也。

九四：震遂（坠）①泥②。

《象》曰："震遂（坠）泥"，未光也。

六五：震往来厉，亿无丧，有事。

《象》曰："震往来厉"，危行也。

其"事"在中，大"无丧"也。

上六：震索索，视矍矍③，征凶。

震不于其躬④，于其邻，无咎。婚媾

有言。

【注释】①〔遂〕《广雅》："遂，往也。"指前行。又通"坠"，坠入。一说于是，就。②〔泥〕泥泞，一说滞陷不通。③〔矍矍〕形容惊视，疾视，鸟在高处双目惊慌四顾的样子。④〔躬〕自身，亲自。

【大意】《象传》说：被震雷吓得苏苏颤抖，是六三所处的位置不当（六三进退皆震，以柔居刚也不当）。

九四：雷震之时，惊慌失措，沉陷坠入泥泞之中。

《象传》说：雷震之时，惊慌失措，沉陷坠入泥泞之中，因为九四的阳刚还没有达到光大的气势。

六五：在雷声大震之时，不论上下往来，都有危险，虽然没有损失什么东西，但有大事可做，应该是祭祀上天的时候了。

《象传》说：在雷声大震之时，不论上下往来，都有危险，所以六五在冒险行动（震为行）。居尊位、行中道，举行祭天大典这样的大事，就不会有大的丧失。

上六：雷声震动，吓得嗦嗦发抖，眼神惊恐，仓皇四顾，畏缩难行，此时贸然进取，必遭凶厄。但是，只要守正不"征"，震的后果就不会降到自己身上，而会降到邻居六五那里，所以对自己来说，只要守正就无灾无难。但这个时候如果谈婚论嫁，就会导致言语争执。

xiàng yuē zhèn suǒ suǒ zhōng wèi dé yě suī
《象》曰:"震索索",中未得也。虽

xiōng wú jiù wèi lín jiè yě
"凶无咎",畏"邻"戒也。

䷳ 艮为山（卦五十二）（艮下艮上）

gèn qí bèi bú huò qí shēn xíng qí tíng bú jiàn
艮其背,不获其身。行其庭,不见

qí rén wú jiù
其人,无咎。

tuàn yuē gèn zhǐ yě shí zhǐ zé zhǐ shí
《彖》曰:艮,止也。时止则止,时

xíng zé xíng dòng jìng bù shī qí shí qí dào guāng míng
行则行,动静不失其时,其道光明。

gèn qí zhǐ zhǐ qí suǒ yě shàng xià dí yìng bù xiāng yǔ
艮其止,止其所也。上下敌应,不相与

yě shì yǐ bú huò qí shēn xíng qí tíng bú jiàn qí
也。是以"不获其身,行其庭,不见其

rén wú jiù yě
人,无咎"也。

【大意】《象传》说:雷声震动,吓得嗦嗦发抖,战战兢兢,畏缩难行,因为上六未能占据中位,前后失据,心无所归。虽然情势凶险,但最后无灾无难,因为从邻居那里感受到了惊畏,使自己预先有所戒惧。

艮卦象征抑制停止,人可以止住自己的背部,但无法掌控自己的身体（和心灵）,这就好像人只能控制自己在自家的庭院中行走,却无法掌控自身,无法感知自己身体和心灵的活动,倒是不会有什么祸患。

《象传》说:艮是抑制停止的意思。时机应该停止就要停止,时机应该行动就要行动,运动和静止都能随时而定,不丧失合适的时机,如此则抑制停止的大道将光明灿烂。艮卦的止强调的是抑制静止要适得其所。艮卦六爻上下同性相斥,互相敌应,彼此都不应合,因此才无法掌控自己的身体（和心灵）,这就好像人可以控制自己在自家的庭院中行走,却无法掌控自己,感知不到自己身体和心灵的活动,倒也谈不上什么咎害。

《象》曰：兼^①山，艮。君子以思不出其位。

初六：艮其趾，无咎。利永贞。

《象》曰："艮其趾"，未失正也。

六二：艮其腓^②，不拯^③其随，其心不快。

《象》曰："不拯其随"，未退听也。

九三：艮其限^④，列（裂）^⑤其夤^⑥，厉，熏心。

【注释】①〔兼〕《说文》："兼，并也。"指重之意。与坎卦"习"，震卦"洊"义相同。②〔腓〕腿肚子，指小腿。③〔拯〕向上举，抬举。④〔限〕本指界限，限制，限定。这里指身体的中部，即腰部。⑤〔列〕同"裂"。⑥〔夤〕通"膂"，夹脊肉。

【大意】《象传》说：两山相并，山外有山就是艮卦。君子有鉴于象征抑制和停止的艮卦，体悟到思考问题不应当超出自己的身位，能兼容并蓄，兼顾对方，不越位。（前面是山，后面也是山，人身被限止在两山之间的地位中，心思活动应该从身位开始，不离其境。）

初六：及时控制住想要迈步的脚趾，停住脚步，这样就无灾无害，利于永久保持这种能够及时改正、及时抑制错误念头的正道。

《象传》说：及时控制住想要迈步的脚趾，因为初六还没有失去正道（柔爻在下位，符合柔从刚之道）。

六二：抑制住小腿，不让它抬起来，看到自己心仪的人行动，却没法跟随他一起动，心中不畅快。

《象传》说：他想跟随的九五不但不拯救他，还置他于坎陷之中，又故意把他止住，动弹不得，而且九五还不退回，不愿意听凭形势发展，导致六二没法退回听命于形势发展（心中不快，但无可奈何）。

九三：抑制住腰的运动，撕裂了背部的脊肉，身心疲惫，极其危险痛苦，心疼得像被火烧烤着一样。

《象》曰：“艮其限”，危①“熏心”也。

六四：艮其身，无咎。

《象》曰：“艮其身”，止诸②躬③也。

六五：艮其辅④，言有序，悔亡。

《象》曰：“艮其辅”，以中正也。

上九：敦艮⑤，吉。

《象》曰：“敦艮”之“吉”，以厚终也。

【注释】①〔危〕释“厉”，九三处在坎卦，坎为危险，为心。②〔诸〕之乎的合音，相当于“之于”。③〔躬〕亲身，自身，以“躬”释“身”。④〔辅〕上牙床骨，本来就基本不动，再有意控制，就控制住嘴的运动，参咸卦上六。⑤〔敦艮〕厚重地止住，相当稳固厚实，不可动摇。象辞以“厚”释“敦”。

【大意】《象传》说：抑制住腰的运动，因为极其危险痛苦，心疼得像被火烧烤着一样。

六四：管住自己的身体，没有祸患。

《象传》说：管住自己的身体，只不过是禁止住自己的肉身（不能够完全掌控自己的心灵）。

六五：抑制住自己的嘴巴，使说话合理有序，该说则说，不该说则止，这样就可以消除忧虑和悔恨。

《象传》说：抑制住自己的嘴巴，因为六五言行中正（在上卦中位）。

上九：以敦实淳厚的心灵抑制邪思邪念，不假思索，动止自如，自然吉祥。

《象传》说：心灵敦厚到随心所欲的境界，一起心动念就能够抑制邪思邪念而自然吉祥，说明上九能够慎终如始地保养厚重的修养境界。

䷴ 风山渐（卦五十三）（艮下巽上）

渐：女归^① 吉，利贞。

《彖》曰：渐之进也，"女归吉"也。进得位，往有功也。进以正，可以正邦也。其位刚得中也。止而巽，动不穷也。

《象》曰：山上有木，渐。君子以居贤德善俗。

初六：鸿渐于干^②。小子厉，有言，无咎。

【注释】①〔归〕指女子出嫁。②〔干〕岸边。

【大意】渐卦象征循序渐进，譬如女子出嫁循礼，六礼备全后渐进而归于夫家就会获得吉祥，利于坚守正固，不失贞操。

《彖传》说：逐渐地行进，譬如女子出嫁循礼渐进而归于夫家，这样出嫁之后才会获得吉祥。向前渐进而取得正位，是前往有功（六四从三的阳位推移到四的阴位，柔爻居阴位，前进得位）。渐进而又能依循正道（六四卦变后进入正位），就能以中正之道治理国家，端正邦国民心，教化风俗。渐卦九五刚爻居于中位，下卦艮为止，上卦巽为顺，只要能静止不躁而又谦逊随顺，以此渐进的方式行动就不会陷入困穷之境。

《象传》说：下卦艮为山，上卦巽为木，山上生长着高低不同的树木就是渐卦。君子看到山上树木层层叠叠，渐渐高大，就知道要循序渐进地积累贤德，逐渐改善风俗。

初六：大雁渐渐飞到河岸边，这就好像一个小孩跑到河边玩耍，很有危险，受到大人斥责离开了岸边，所以最终没有酿成什么灾祸。

《象》曰："小子"之"厉"，义无咎也。

六二：鸿渐于磐①，饮食衎衎②，吉。

《象》曰："饮食衎衎"，不素饱也。

九三：鸿渐于陆③。夫征不复，妇孕不育，凶。利御寇。

《象》曰："夫征不复"，离群丑④也。"妇孕不育"，失其道也。"利"用"御寇"，顺相保也。

六四：鸿渐于木，或得其桷⑤，无咎。

【注释】 ①〔磐〕大石，艮为小石、为山，小石如山可称为"磐"。②〔衎衎〕安定自得，愉快和乐之貌。③〔陆〕叠起层层土堆，指高平之地。④〔丑〕类。⑤〔桷〕方形椽子。

【大意】 《象传》说：小孩跑到河边玩耍很有危险，按道理来说，只要能够马上纠正他的错误就不会有什么灾祸。

六二：大雁飞行渐进到磐石之上，安逸愉快地享用饮食，欢畅喜乐，一片祥和。

《象传》说：安逸愉快地享用饮食，欢畅喜乐，说明六二不会白吃饱饭，无功受禄。

九三：大雁飞行渐进到远离水边的陆地之上，（离雁群越来越远），这就如同丈夫长期出征远行不回家，家里的妻子怀了孕却不能把小孩生下来，非常凶险，但对抵御寇盗有利。

《象传》说：丈夫长期远征不回家，是离开了属于自己的群体（九三在卦变中从乾的三个刚爻中分离出来）。家里的妻子怀了孕却不能把小孩生下来，因为妻子有失贞节，违背妇道（否卦穷上的三个刚爻按正道推移应当是返下而复。否的九四原有正应在初六，应当推移到初位，而在卦变中却到了三位，失去了正道）。对抵御寇盗有利，是因为顺守相保。

六四：大雁飞行或者渐进到树林之中，或者飞到房屋方形的屋椽之上得以暂时栖身，没有什么问题。

《象》曰："或得其桷"，顺以巽也。

九五：鸿渐于陵①，妇三岁不孕，

终莫之胜，吉。

《象》曰："终莫之胜，吉"，得所

愿也。

上九：鸿渐于陆，其羽可用为

仪②，吉。

《象》曰："其羽可用为仪，吉"，不

可乱也。

【注释】①〔陵〕山陵，此爻里陵指"高山"，不是一般的丘陵地带，指大雁飞到山顶上了。②〔仪〕仪表，仪态，礼节仪式。鸿雁是候鸟，不衍期，有准信，象征知时有信。鸿雁飞翔时排成人字，象征有序。鸿雁配偶遇难不另找新欢，孤雁哀鸣，为爱情忧伤，象征忠于爱情，忠贞不贰，所以古时把鸿雁的羽毛用在礼仪中。

【大意】《象传》说：或者飞到房屋方形的屋椽之上能够暂时栖身，是因为六四从柔顺变为巽顺。

九五：雄雁离开雌雁渐渐飞到高高的山陵之上，它的雌雁三年都没有怀孕（犹如丈夫远行，导致家里的妻子三年不能怀孕），因为没有能比得过她心仪的雄雁的（好比妻子的眼中没有任何男人能够胜过自己的丈夫），这是非常吉祥的关系。

《象传》说：雌雁心中没有比得过她心仪的雄雁的（好比妻子的眼中没有任何男人能够胜过自己的丈夫），这样很吉祥，她因为忠贞不贰，必然会与雄雁（丈夫）会合，彼此得偿对夫妻关系所期待的愿望。

上九：大雁越过了高陵，慢慢地飞回到大陆上来，羽毛洁白美丽，在礼仪中可以用来修饰，是忠贞和吉祥的象征。

《象传》说：羽毛洁白美丽，在礼仪中可以用来修饰，具有忠贞和吉祥的象征，是因为礼仪不可乱序，尊卑有序，进退有节（上巽为进退）。

雷泽归妹（卦五十四）（兑下震上）

guī mèi zhēng xiōng wú yōu lì
归妹：征凶，无攸利。

tuàn yuē guī mèi tiān dì zhī dà yì yě tiān dì
《彖》曰：归妹，天地之大义也。天地

bù jiāo ér wàn wù bù xīng guī mèi rén zhī zhōng shǐ yě
不交而万物不兴。归妹，人之终始也。

yuè yǐ dòng suǒ guī mèi yě zhēng xiōng wèi bù
说（悦）以动，所归妹也。"征凶"，位不

dāng yě wú yōu lì róu chéng gāng yě
当也。"无攸利"，柔乘刚也。

xiàng yuē zé shàng yǒu léi guī mèi jūn zǐ yǐ
《象》曰：泽上有雷，归妹。君子以

yǒng zhōng zhī bì
永终知敝①。

chū jiǔ guī mèi yǐ dì bǒ néng lǚ zhēng jí
初九：归妹以娣②。跛③能履，征吉。

【注释】①〔敝〕弊，弊端，衰败，破旧。②〔娣〕随嫁的妹妹。古代姐妹共同嫁给一个丈夫，年幼的叫娣。古代诸侯一娶九女：正室夫人一名，随嫁娣侄二人为媵（yìng），正室与媵又各有二侄娣陪嫁。娣不同于妾，姐姐死了，娣可继为正室，仍保持两国姻亲不断。③〔跛〕《说文》："跛，行不正也。"瘸子，拐腿。

【大意】归妹卦象征妻娣二女共嫁一夫，前行争斗，必有凶险，不会有什么好处。

《彖传》说：女嫁男婚，天经地义，是天地阴阳运转的大道理。因为天地阴阳不交合流变，万物就不会成长兴旺。男婚女嫁是人伦的开始和归宿，人类才能终而复始地繁衍生息。下卦兑为悦，上卦震为动，内心喜悦而外表欢动，这是少女出嫁的象征（下卦兑为少女，即妹）。前往争斗，必有凶险，是前往的位置都不恰当（九四上来以阳刚居柔位，六三下降以阴柔居刚位）。没有什么好处，是因为柔爻乘驾刚爻（卦变后六三柔爻乘驾在刚爻九二之上，九四上往又被柔爻六五所乘）。

《象传》说：下卦兑为泽，上卦震为雷，泽上有雷就是归妹卦。君子看到泽水之上雷声震动，内心喜悦而外表欢动，象征少女出嫁之时，欢声笑语，喜笑颜开，同时也看到，如果雷震动了，湖水就要泛动不安，所以知道要长久地保持夫妇和睦，也了解有始无终的弊端。

初九：用娣来随嫁出嫁的姐姐，好比跛脚的拐子还能坚持继续走路一样，往前进发，可获吉祥。

中华传统文化经典诵读·周易·第二章 下经……

《象》曰：“归妹以娣”，以恒也。

“跛能履”，“吉”相承也。

九二：眇①能视，利幽②人之贞。

《象》曰：“利幽人之贞”，未变常也。

六三：归妹以须③，反④归以娣。

《象》曰：“归妹以须”，未当也。

九四：归妹愆期⑤，迟归有时。

《象》曰：“愆期”之志，有待而行也。

六五：帝乙⑥归妹，其君⑦之袂⑧

【注 释】①〔眇〕一只眼大，一只眼小，或指瞎了一只眼，眼有残疾。②〔幽〕昏暗，幽冥阴暗。③〔须〕妾。须女是天上的一个星座，古代的星宿名。二十八宿中北方玄武七宿的第三宿，有四颗星，常现于织女星之南，主贱妾之职。《史记·天官书》：“须女，贱妾之称。”一作等待。④〔反〕反而，一说回返，反悔，毁约。⑤〔愆期〕延误婚期。⑥〔帝乙〕商朝第二十九世君王。⑦〔君〕小君，指下嫁的御妹，也即诸侯正室夫人的御妹。《尔雅义疏》：“其嫡夫人则礼称女君。”⑧〔袂〕衣袖，这里指衣饰服装。

【大 意】《象传》说：妹妹跟随姐姐一起出嫁，这是为了使姻亲关系更加恒久。正如拐子跛了一只脚，但还可以坚持继续走路，说明吉祥是可以一直继承下去的。

九二：妹妹跟随姐姐一起出嫁，好比自己是一个斜眼偏盲的人，不能把东西看得非常清楚，做一个安处于幽静暗室中的人，这样比较有利。

《象传》说：有利于安恬地做一个处于幽静暗室中的人，因为九二安守贞洁，并没有改变婚姻状态的常道（九二在中能正，可保持恒久）。

六三：少女出嫁时，让她的姐姐作为妾来陪嫁，嫁过去以后，姐姐反而成为自己妹妹的嫁妹了。

《象传》说：少女出嫁时，让她的姐姐作为妾来陪嫁，这样的做法导致姐妹的位置是不恰当的（六三柔爻推移到刚位，位不当）。

九四：出嫁延误婚期，是想稍迟出嫁，等待更加合适的时机。

不如其娣之袂良。月几望^①，吉。
bù rú qí dì zhī mèi liáng　yuè jī wàng　jí

《象》曰："帝乙归妹，不如其娣之
xiàng yuē dì yǐ guī mèi bù rú qí dì zhī

袂良"也。其位在中，以贵行也。
mèi liáng yě qí wèi zài zhōng yǐ guì xíng yě

上六：女承筐无实，士刲^②羊无
shàng liù nǚ chéng kuāng wú shí shì kuī yáng wú

血，无攸利。
xuè wú yōu lì

《象》曰：上六"无实"，"承"虚
xiàng yuē shàng liù wú shí chéng xū

"筐"也。
kuāng yě

䷶ 雷火丰（卦五十五）（离下震上）

丰：亨，王假（格）^③之。勿忧，宜日中。
fēng hēng wáng gé zhī wù yōu yí rì zhōng

《象》曰：丰，大也。明以动，故
tuàn yuē fēng dà yě míng yǐ dòng gù

【注 释】 ①〔望〕十五的月亮。②〔刲〕《说文》："刲，刺也。"《广雅》："刲，屠也。"刺杀宰割。古代成婚之后，要对祖先血祭，祭时要杀牲取血。③〔假〕感格，达到的意思。一说解释为"大"。

【大 意】《象传》说：九四能坚持错过婚期的心志，是有所期待而后出嫁。

六五：帝乙下嫁御妹的时候，小君的衣饰反而比不上娣的衣饰好，但小君就像那接近圆满的月亮（美丽又谦逊），非常吉祥。

《象传》说：帝乙下嫁御妹的时候，小君的衣饰之所以比不上娣的衣饰好，因为六五在上卦中位，谦逊中和地居于尊位，小君是以其尊贵的身份出嫁。

上六：（成婚之后，夫妇对祖先血祭之时）新娘手捧竹筐，筐内空空如也，没有实物；新郎用刀宰羊，也取不到血，（夫妇祭祀之礼难成，祖先不佑），没有什么好处。

《象传》说：上六阴虚不实，所以手里捧着空筐。

丰卦象征丰富盛大，亨通，君王能够使天下丰富盛大，不必担忧，更应该像太阳升到天空正中那样把光辉普照世间。

“丰”。“王假（格）之”，尚大也。“勿忧，宜日中”，宜照天下也。日中则昃①，月盈则食②，天地盈虚，与时消息，而况于人乎，况于鬼神乎！

《象》曰：雷电皆至，丰。君子以折③狱④致⑤刑⑥。

初九：遇其配⑦主，虽旬无咎，往有尚。

《象》曰：“虽旬无咎”，过“旬”灾⑧也。

【注释】①〔昃〕《说文》："昃，日在西方时侧也。"太阳过午而西斜。②〔食〕有亏损之意，用如蚀，如月食，指月亏缺。③〔折〕断，判决。④〔狱〕案件，刑狱。⑤〔致〕导致，致使，使来到，也同"至"，到达。⑥〔刑〕刑罚，对犯罪行为的处罚。⑦〔配〕符合，般配，相应匹配。⑧〔灾〕释"咎"的可能出现，意为一旦有咎便遭灾。

【大意】《象传》说：卦名丰是丰富盛大之意。下卦离为明，上卦震为动，只要光明地行动，就能发展丰富盛大。君王能够使天下丰富盛大，因为君王崇尚丰富盛大。不必忧虑，应该像正午的太阳升到天空正中那样，因为这样才能让太阳的光辉普照天下。但是太阳过了中午就会西斜落山，月到圆满就会亏蚀缺损。因为天地之间盈满和亏虚，本来就不是固定的，都在不断转换，二者伴随时间节气的推移而消长，天地都是如此，更何况是天地之中的人和鬼神呢！

《象传》说：上卦震为雷，下卦离为闪电，惊雷闪电一起来到，组合成丰盛壮大、气势磅礴的丰卦。君子看到电闪雷鸣，鉴于惊雷的震慑之威，闪电的无隐之明，就要公正明确地审理和决断各种案子，并适当地动用刑罚。

初九：遇到与自己相匹配之主（六二），虽然十天内没有祸患，如果能够前往会受到推崇和嘉尚。

《象传》说：虽然十天内没有祸患，但过了十天会有灾祸。

liù èr fēng qí bù   rì zhōng jiàn dǒu   wǎng dé
六二：丰其蔀①，日中见斗②。往得

yí jí yǒu fú fā ruò jí
疑疾，有孚发③若，吉。

xiàng yuē yǒu fú fā ruò   xìn yǐ fā zhì yě
《象》曰："有孚发若"，信以发志也。

jiǔ sān fēng qí pèi   rì zhōng jiàn mò   zhé qí
九三：丰其沛④，日中见沬⑤，折其

yòu gōng wú jiù
右肱，无咎。

xiàng yuē fēng qí pèi   bù kě dà shì yě
《象》曰："丰其沛"，不可大事也。

zhé qí yòu gōng   zhōng bù kě yòng yě
"折其右肱⑥"，终不可用也。

jiǔ sì fēng qí bù   rì zhōng jiàn dǒu   yù qí yí
九四：丰其蔀，日中见斗，遇其夷

zhǔ   jí
主⑦，吉。

【注释】①〔蔀〕搭棚用的草席，用来遮蔽阳光，引申为遮盖，大面积遮蔽之物。王弼《周易略例》："小暗谓之沛，大暗谓之蔀。"并《注》云："蔀，覆暧，障光明之物也。"②〔斗〕斗星，北斗七星，指大星星，取上卦震象。《春秋·运斗枢》："第一至第四为魁，第五至第七为杓，合为斗。居阴播阳，故称北斗。"③〔发〕发动，焕发，发挥，一说发落。④〔沛〕丰沛，形容充盛的样子，天地大暗如雨量充沛，引申为遮天蔽日，《九家易》言："大暗谓之沛"。⑤〔沬〕泡沫，沫子，斗柄后部的小星，极暗如飞沫，似有若无，形容处在九三时位的天比在六二时更加黑暗。⑥〔右肱〕右臂。⑦〔夷主〕从卦变来看，指外卦的旧主六五。或者指九四爻变，则为明夷，取伤害之意。

【大意】六二：发生了日全食，太阳被遮蔽得非常大，大中午都能够看到斗星，在这个黑暗到了极点的时候，六二从四位下来的冒失行动必然招致六五的猜疑忌恨，六二只有让自己的真诚慢慢发动使真相大白，最后会获得吉祥。

《象传》说：六二让自己的诚心诚意慢慢发动，使真相大白，因为相信自己的诚信可启发六五的心志。

九三：日光被遮蔽得非常丰沛，一片黑暗，大中午都能够看到小星星，如果能够像折断右臂那样屈己慎守，就可以避开祸患。

《象传》说：雨量丰沛，彻底遮挡了太阳，黑暗很严重，这个时候是不能干大事的，不敢有所作为。犹如黑暗中折断了右臂（影响做事），导致九三最终不能被起用。

九四：发生了日全食，光明被遮蔽很大，大中午能见到星斗，黑暗中遇到旧日的主人，能够化险为夷。

《象》曰："丰其蔀"，位不当也。

"日中见斗"，幽不明也。"遇其夷主"，"吉"行①也。

六五：来章②，有庆誉，吉。

《象》曰：六五之"吉"，有"庆"也。

上六：丰其屋，蔀其家，窥其户，阒③其无人。三岁不觌④。凶。

《象》曰："丰其屋"，天际翔也。

"窥其户，阒其无人"，自藏也。

【注释】①〔吉行〕说明卦变上升而形成了吉祥的局面。②〔章〕明亮的文采，光明灿烂，指代章美之才，贤人，美德等。③〔阒〕形容空寂如荒芜一般。④〔觌〕相见，观察，被看见。

【大意】《象传》说：光明被遮蔽很大，因为九四位置不适当。大中午见到星斗，是天色幽暗而不明亮。遇到势均力敌的明主，这是吉祥的征行（九四在卦变中向上升进与六五比邻）。

六五：召来内涵有文采的贤人，得到喜庆和荣誉，这是吉祥的。

《象传》说：六五的吉祥，是有喜庆。

上六：巍峨高大的房屋都笼罩在黑暗之中，周围的人家都被彻底遮蔽，即使透过门窗窥视，里面也空寂如荒芜一般，犹如自鸣得意，自绝于人，孤立自闭，多年不让人见，最后必定凶险。

《象传》说：房屋巍峨高大也彻底都被无边的黑暗笼罩，这种巨大的恐怖犹如幽灵一般在天际飞翔（上位是天上之位，二至上爻近似小过卦，有飞鸟之象，如鸟在天边飞翔）。透过门窗窥视，里面空寂无人，象征人的心意自我封闭，不跟他人来往（上六丰极必藏而凶）。

☲☶ 火山旅（卦五十六）（艮下离上）

旅：小亨。旅贞吉。
lǚ xiǎo hēng lǚ zhēn jí

《彖》曰："旅小亨"，柔得中乎
tuàn yuē lǚ xiǎo hēng róu dé zhōng hū

外，而顺乎刚，止而丽乎明，是以"小
wài ér shùn hū gāng zhǐ ér lì hū míng shì yǐ xiǎo

亨，旅贞吉"也。旅之时义大矣哉！
hēng lǚ zhēn jí yě lǚ zhī shí yì dà yǐ zāi

《象》曰：山上有火，旅。君子以明
xiàng yuē shān shàng yǒu huǒ lǚ jūn zǐ yǐ míng

慎用刑而不留狱①。
shèn yòng xíng ér bù liú yù

初六：旅琐琐②，斯其所取灾。
chū liù lǚ suǒ suǒ sī qí suǒ qǔ zāi

《象》曰："旅琐琐"，志穷③"灾"也。
xiàng yuē lǚ suǒ suǒ zhì qióng zāi yě

【注释】①〔狱〕官司，案件。②〔琐琐〕卑贱、猥琐、平庸，带有投靠、钻营、浅薄、卑污、计较、细小、疑虑等意思。一说碎币零钱。③〔穷〕困，引申为志气小、目光浅。

【大意】旅卦象征行旅漂泊，稍有亨通，行旅的时候秉持正道，能获吉祥。

《彖传》说：旅卦稍有亨通，是因为柔顺取得在外的中道，而且又能顺应刚健（在卦变中，六五从否下坤的三位升到了外卦乾的中位，坤为柔顺，乾为刚健，是柔顺地顺应刚健）。下卦艮为止，上卦离为附丽、光明，是安宁守分地依附于光明，因此稍有亨通，行旅的时候持守正道能获吉祥。旅卦的时势的时机化意义实在太重大了！

《象传》说：下卦艮为山，上卦离为火，山上失火，生灵涂炭，四处逃窜，有众生皆失家行旅、在外漂泊之象。君子鉴于山上着火、火势熊熊的旅卦，知道要明察审慎地施用刑罚，而不滞留案件。

初六：行旅的时候行为卑贱猥琐，这等于是自取其灾。

《象传》说：行旅的时候行为卑贱猥琐，因为初六志气穷困，鼠目寸光，就容易招惹灾祸（初六有正应在九四，但处在下卦艮里，艮为阻，志受困阻）。

liù èr   lǚ jí① cì②   huái qí zī   dé tóng pú zhēn
六二：旅即①次②，怀其资，得童仆贞。

xiàng   yuē   dé tóng pú zhēn   zhōng wú yóu yě
《象》曰："得童仆贞"，终无尤也。

jiǔ sān   lǚ fén qí cì   sàng qí tóng pú   zhēn lì
九三：旅焚其次，丧其童仆，贞厉。

xiàng   yuē   lǚ fén qí cì   yì yǐ shāng③
《象》曰："旅焚其次"，亦以伤③

yǐ   yǐ lǚ yǔ xià   qí yì sàng yě
矣。以旅与下，其义"丧"也。

jiǔ sì   lǚ yú chù④   dé qí zī fǔ   wǒ xīn
九四：旅于处④，得其资斧，我心

bú kuài
不快。

xiàng   yuē   lǚ yú chù   wèi dé wèi yě
《象》曰："旅于处"，未得位也。

dé qí zī fǔ   xīn wèi kuài yě
"得其资斧"，心未快也。

【注释】①〔即〕就，得到。②〔次〕旅行在外的处所，住宿，馆次。这里指住下，安营扎寨。古人称行役于外，住一夜为舍，住两夜为信，住三夜以上为次。③〔伤〕伤叹，可悲可伤，损伤，伤痛。④〔处〕处所，相对较长时间的停留。

【大意】六二：在旅途当中，住进客舍，怀中带有旅资，得到忠贞的童仆来帮忙照顾。

《象传》说：得到忠贞的童仆来帮忙照顾，说明六二最终不会有怨尤。

九三：行旅途中，大火烧毁了旅舍，童仆也走失了，此时还顽固不动，会有危险。

《象传》说：行旅途中，大火烧毁了旅舍，实在是伤人伤物也伤心的事情。把忠心的童仆也当作旅人，出事后按道理说也该丧失（九三原在否卦的五位，卦变时来到下卦三位，失尊得卑）。

九四：客旅途中，暂时得到较为稳定的栖身之处，又得到一点资财和利器，可是心中仍然闷闷不乐。

《象传》说：客旅途中，暂时得到栖身之处，但还没有看到合适的地位（九四刚爻居柔位）。得到一点资财利器，可是心中仍然闷闷不乐（虽然得到行旅所需要的旅费和便利器用，但总是希望尽快回到家乡，以取得更大的发展）。

六五：射^①雉^②，一矢亡，终以誉命。

《象》曰："终以誉命"，上逮^③也。

上九：鸟焚其巢，旅人先笑后号咷。丧牛于易^④，凶。

《象》曰：以旅在上，其义"焚"也。

"丧牛于易"，终莫之闻也。

䷸ 巽为风（卦五十七）（巽下巽上）

巽：小亨。利有攸往。利见大人。

《象》曰：重巽以申命。刚巽乎中

【注释】①〔射〕射箭，射击。②〔雉〕野鸡，一说星名，《晋书·天文志上》："野鸡一星，主变怪，在军市中。"③〔逮〕及，等到，到达，赶上。④〔易〕如"场"，边界。

【大意】六五：用箭射野雉，（一箭射中，但毕竟）丢失了一支箭，（但可找回，所以）最终得到美誉和爵命。

《象传》说：最终得到美誉和爵命，是因为六五到达了上面的尊位（六五卦变中由三位升到尊位）。

上九：（行旅之人在外高高在上），好像鸟巢上面快要着火了，鸟巢随时可能被烧毁一样，行旅之人刚开始的时候还笑得出来，但到后来就只有号咷大哭了。也好比在边界上把自己的牛群都弄丢了，这对一个在外旅行的人来说，是非常凶险的。

《象传》说：客旅在外还高高在上，丝毫不顺服，道义上就会被焚烧（上九在全卦上位）。就好像人（把牛的顺服劲给抛弃了，就会）在边界上弄丢自己的牛群，也就是上九在旅途当中遭到祸殃，却终究无人过问，无人在乎。

巽卦象征谦逊随顺，稍有亨通，有利于以随顺的态度去做事，有利于进见大人。

正而志行。柔皆顺乎刚，是以"小亨，
利有攸往，利见大人"。

《象》曰：随风，巽。君子以申①命
行事。

初六：进退，利武人之贞。

《象》曰："进退"，志疑也。"利武人
之贞"，志治也。

九二：巽在床下，用史巫②纷若，
吉，无咎。

【注释】①〔申〕一再申明，反复申告，三令五申。②〔史巫〕古代的太史和司巫，都是神职人员。《周易正义》："史，谓祝史；巫，谓巫觋；并是接事鬼神之人也。"

【大意】《彖传》说：巽为风，风是上天的号令，两巽相重，表示上天把号令反复传送，三令五申。刚健随顺地进入中正的位置，心志得以推行（遯变巽，巽九二从遯四位来到下卦中位，是君子柔顺地进入中位，成为大人，可以推行大志）。柔爻都顺从刚爻，因此稍有亨通，有利于以随顺的态度去做事，有利于进见大人。

《象传》说：巽为风，两巽相重，风与风相随，这就是象征谦逊随顺的巽卦。君子看到风连续吹来，无孔不入，无所不顺中得道启发，通过反复向民众申告政令，取得民众的理解和支持，然后推行政事。

初六：随顺太过导致进退不决，优柔寡断，有利于勇武之人坚守正道。

《象传》说：太过随顺导致进退不决，是初六心志游疑不定。有利于像勇武之人那样坚守正道，这是因为他们善于正治自己的心志，使心念不再游疑不决，变得刚毅果断。

九二：钻到床下隐伏起来，让祝史、巫觋乱纷纷地祝告神祇，求神保佑，到头来是吉祥的，没有什么祸患。

《象》曰："纷若"之"吉"，得中也。

九三：频① 巽②，吝。

《象》曰："频巽"之"吝"，志穷也。

六四：悔亡，田获三品。

《象》曰："田获三品"，有功也。

九五：贞吉，悔亡，无不利，无初有终。先庚三日，后庚三日，吉。

《象》曰：九五之"吉"，位正中也。

上九：巽在床下，丧其资斧，贞凶。

【注释】①〔频〕频繁多次。②〔巽〕命令。

【大意】《象传》说：乱纷纷地祝告神祇，求神保佑，这样的吉祥是因为九二得到中道（在下卦中位）。

九三：频繁地发布政令，朝令夕改，这样做将有吝难。

《象传》说：频繁地更改政令，就是表示一味顺从，说明九三心志困穷。

六四：不再忧虑悔恨，打猎时在猎场田野里获得三种猎物。

《象传》说：去打猎获得三种猎物，因为六四随顺处世，马到成功。

九五：坚守正道，就会吉祥，不再忧虑悔恨，没有什么不利的事。发布命令后，一开始不顺利，但最后畅通无阻。在命令更新的庚日的前三天发布新令，在后三天正式实施，就比较吉祥。

《象传》说：九五之所以获得吉祥，是因为位置中正，能行中正之道。

上九：驯服地屈居在床下，因为（随顺过度）已失去了资财和权柄，如果继续正固不动，一定会有凶险。

《象》曰："<ruby>巽<rt>xùn</rt></ruby> <ruby>在<rt>zài</rt></ruby> <ruby>床<rt>chuáng</rt></ruby> <ruby>下<rt>xià</rt></ruby>"，<ruby>上<rt>shàng</rt></ruby> <ruby>穷<rt>qióng</rt></ruby> <ruby>也<rt>yě</rt></ruby>。"<ruby>丧<rt>sàng</rt></ruby> <ruby>其<rt>qí</rt></ruby> <ruby>资<rt>zī</rt></ruby> <ruby>斧<rt>fǔ</rt></ruby>"，<ruby>正<rt>zhèng</rt></ruby> <ruby>乎<rt>hū</rt></ruby> "<ruby>凶<rt>xiōng</rt></ruby>" <ruby>也<rt>yě</rt></ruby>。

䷹ 兑为泽（卦五十八）（兑下兑上）

<ruby>兑<rt>duì</rt></ruby>：<ruby>亨<rt>hēng</rt></ruby> <ruby>利<rt>lì</rt></ruby> <ruby>贞<rt>zhēn</rt></ruby>。

《<ruby>彖<rt>tuàn</rt></ruby>》<ruby>曰<rt>yuē</rt></ruby>：<ruby>兑<rt>duì</rt></ruby>，<ruby>说<rt>yuè</rt></ruby>（悦）① <ruby>也<rt>yě</rt></ruby>。<ruby>刚<rt>gāng</rt></ruby> <ruby>中<rt>zhōng</rt></ruby> <ruby>而<rt>ér</rt></ruby> <ruby>柔<rt>róu</rt></ruby> <ruby>外<rt>wài</rt></ruby>，<ruby>说<rt>yuè</rt></ruby>（悦） <ruby>以<rt>yǐ</rt></ruby> "<ruby>利<rt>lì</rt></ruby> <ruby>贞<rt>zhēn</rt></ruby>"，<ruby>是<rt>shì</rt></ruby> <ruby>以<rt>yǐ</rt></ruby> <ruby>顺<rt>shùn</rt></ruby> <ruby>乎<rt>hū</rt></ruby> <ruby>天<rt>tiān</rt></ruby> <ruby>而<rt>ér</rt></ruby> <ruby>应<rt>yìng</rt></ruby> <ruby>乎<rt>hū</rt></ruby> <ruby>人<rt>rén</rt></ruby>。<ruby>说<rt>yuè</rt></ruby>（悦） <ruby>以<rt>yǐ</rt></ruby> <ruby>先<rt>xiān</rt></ruby> <ruby>民<rt>mín</rt></ruby>，<ruby>民<rt>mín</rt></ruby> <ruby>忘<rt>wàng</rt></ruby> <ruby>其<rt>qí</rt></ruby> <ruby>劳<rt>láo</rt></ruby>。<ruby>说<rt>yuè</rt></ruby>（悦） <ruby>以<rt>yǐ</rt></ruby> <ruby>犯<rt>fàn</rt></ruby> <ruby>难<rt>nán</rt></ruby>，<ruby>民<rt>mín</rt></ruby> <ruby>忘<rt>wàng</rt></ruby> <ruby>其<rt>qí</rt></ruby> <ruby>死<rt>sǐ</rt></ruby>。<ruby>说<rt>yuè</rt></ruby>（悦） <ruby>之<rt>zhī</rt></ruby> <ruby>大<rt>dà</rt></ruby>，<ruby>民<rt>mín</rt></ruby> <ruby>劝<rt>quàn</rt></ruby>② <ruby>矣<rt>yǐ</rt></ruby> <ruby>哉<rt>zāi</rt></ruby>！

《<ruby>象<rt>xiàng</rt></ruby>》<ruby>曰<rt>yuē</rt></ruby>：<ruby>丽<rt>lì</rt></ruby> <ruby>泽<rt>zé</rt></ruby>，<ruby>兑<rt>duì</rt></ruby>。<ruby>君<rt>jūn</rt></ruby> <ruby>子<rt>zǐ</rt></ruby> <ruby>以<rt>yǐ</rt></ruby> <ruby>朋<rt>péng</rt></ruby> <ruby>友<rt>yǒu</rt></ruby> <ruby>讲<rt>jiǎng</rt></ruby> <ruby>习<rt>xí</rt></ruby>。

【注释】①〔说〕欢欣喜悦。②〔劝〕自我勉励。

【大意】《象传》说：驯服地屈居在床下，因为卑顺过头已经陷入穷困，走到了尽头。失去了资财与权柄，是因为正在凶灾的位置上。

兑卦象征欢欣喜悦，亨通，有利于坚守正道。

《彖传》说：兑是欢欣喜悦，好比内心刚健、积极乐观而外表柔顺，和善处世。大人君子欢欣喜悦有利于持守正固，因此能上顺天道，下应人心。大人君子先说服民众，民众才会任劳忘苦、欢欣喜悦地跟随他；心悦诚服地涉难历险，民众才会舍生忘死地跟着干。说服而欢欣喜悦的意义太重大了，因为这样才可以劝勉人民众志成城，共克难关。

《象传》说：上下卦都是兑为泽，大泽与大泽附丽在一起，相互连通，互通有无，汇聚在一起就是兑卦。君子从两泽相连，流通互补中得到启示，也要相互滋益，朋友之间讨论研习，相互激发而不断提高。

chū jiǔ hé duì jí

初九：和①兑，吉。

xiàng yuē hé duì zhī jí xíng wèi yí yě

《象》曰："和兑"之"吉"，行未疑②也。

jiǔ èr fú duì jí huǐ wáng

九二：孚③兑，吉，悔亡。

xiàng yuē fú duì zhī jí xìn zhì yě

《象》曰："孚兑"之"吉"，信志也。

liù sān lái duì xiōng

六三：来兑④，凶。

xiàng yuē lái duì zhī xiōng wèi bù

《象》曰："来兑"之"凶"，位不

dāng yě

当也。

jiǔ sì shāng duì wèi níng jiè jí yǒu xǐ

九四：商⑤兑⑥未宁，介⑦疾有喜。

xiàng yuē jiǔ sì zhī xǐ yǒu qìng yě

《象》曰："九四"之"喜"，有庆⑧也。

【注释】①〔和〕《说文》："和，相应也。"《广雅》："和，谐也。"指随和、唱和、鸣和、心意相通之应和。②〔疑〕《说文》："疑，惑也。"犹疑，疑忌。③〔孚〕信。④〔来兑〕来而求悦，有献媚取悦、巴结奉承之象。⑤〔商〕《广雅》："商，度也。"商议，商量，商讨。⑥〔兑〕喜悦，说服。⑦〔介〕去掉，分隔，隔开，隔绝。一说小。⑧〔庆〕用来解释小象辞中的"喜"，喜庆，吉庆。

【大意】初九：随和喜悦，就会吉祥。

《象传》说：意识随和喜悦，所带来的吉祥，如初九起心动念及其行为端正，也就不必犹疑，不被疑忌。

九二：心怀诚信，欢欣喜悦地为人处世，不但吉祥，而且忧虑悔恨自然消丧。

《象传》说：能心怀诚信、欢欣喜悦地为人处世，这种吉祥是九二真诚信实而让志意充满生机。

六三：献媚取悦他人来谋求喜悦，这是凶险的做法。

《象传》说：献媚取悦他人来谋求喜悦，会有凶险，因为六三位置不适当（以柔居刚）。

九四：遇到事情能在喜悦的气氛中好好商量，虽然不见得都能够商量妥当，但只要能够去掉那些不利于欢欣和悦的小毛病，就会有喜庆。

《象传》说：九四能去恶有喜，是值得庆祝的事情。

九五：孚于剥①，有厉。

《象》曰："孚于剥"，位正当也。

上六：引② 兑。

《象》曰：上六"引兑"，未光也。

䷺ 风水涣（卦五十九）（坎下巽上）

涣：亨。王假（格）③ 有庙。利涉大川，利贞。

《彖》曰："涣，亨"，刚来而不穷，柔得位乎外而上同。"王假（格）有

【注释】①〔剥〕剥退、剥落、剥蚀。②〔引〕牵引，引诱，拉，引导。③〔假〕音"格"，来到。

【大意】九五：听信消剥阳刚君子的小人的谗言欺语，这是危险的事情。

《象传》说：敢于对消剥阳刚君子的小人讲诚信，是因为九五阳刚诚实，居位正当。

上六：引诱他人一起欢欣喜悦。

《象传》说：上六是用引诱取悦于人，说明上六的欢欣喜悦之道还不够光明正大。

涣卦象征风化离散，有所作为，才会亨通，君王来到宗庙祭祀先祖，有利于克服涉越大河那样的艰难险阻，利于持守正道。

《象传》说：涣卦，能有所作为而亨通，阳刚来到内卦而不再处于穷困之境（否卦变涣卦，卦变中刚爻九四从上乾下来到坤二位，改变否卦上面三个刚爻处于穷困被剥退的境地），阴柔得到适当位置与上面和同（柔爻六二把下卦中位让给九四，自己升到外卦四位，得位，并与刚爻组成一体，同命运共患难，同甘共苦）。君王来到宗庙祭祀先祖，是君王阳刚居于中位。有利于克服涉越大河那样的艰难险阻，是因为涣卦上卦巽为木，下卦坎为水，是乘着木舟行于水上之象，所以有帮助人们渡过大河之功。

庙"，王乃在中也。"利涉大川"，乘木
有功也。

《象》曰：风行水上，涣。先王以享
于帝，立庙。

初六：用拯马壮，吉。

《象》曰：初六之"吉"，顺也。

九二：涣奔其机（几）①，悔亡。

《象》曰："涣奔其机（几）"，得愿也。

六三：涣②其躬③，无悔④。

【注释】 ①〔机〕通"几"，几案。古人席地而坐所用的矮腿长条桌子，是可以凭依之物，可以引申为事情发生的关键和枢纽，机会，时机。日常起居把手臂靠在几上，把头托住，用以小憩，此处指代可以依靠的地方。②〔涣〕涣散。③〔躬〕自己本身。荀爽："体中曰躬。"取坎象，既是自身，又有险，有亲赴险难之意。④〔无悔〕没有什么需要忧虑悔恨的，表明心志坚决，行动果敢。跟"悔亡"意思不太一样。"悔亡"更多是说明忧悔消亡，已经过去的意思。

【大意】 《象传》说：上卦巽为风，下卦坎为水，春风吹行在水面上，于是坚冰消融，春水涣涣，这就是涣卦的象征。先王从风吹水上、水向四面荡漾散开中得到启示，要设立宗庙，祭享先帝，建立信仰，以风气感化人心。

初六：（在危难涣散的形势之中），借助强壮有力的马来拯救自己，可获吉祥。

《象传》说：初六的吉祥，是因为顺承九二（初六原在否卦的下坤里，坤为顺，愿意顺从九二）。

九二：从涣散的险境中脱身出来，得到机会奔向可以依靠之所，忧虑和悔恨都消除了。

《象传》说：得到机会奔向可以依靠之所（初六），终于脱离涣散的险境，实现了心愿。

六三：（大难临头）涣散自身（自私自利之心），以救助他人，没有什么需要忧虑悔恨的。

《象》曰：“涣其躬”，志在外也。

六四：涣其群，元吉。涣有丘^①，匪夷所思^②。

《象》曰：“涣其群，元吉”，光大也。

九五：涣汗^③其大号^④涣，王居，无咎。

《象》曰：“王居无咎”，正位也。

上九：涣其血去逖^⑤出，无咎。

《象》曰：“涣其血”，远害也。

【注释】①〔丘〕小土山，多聚高大如丘。《说文》：“丘，土之高也。”《广雅》：“小陵曰丘。”②〔匪夷所思〕夷指平、平常、类。非平常人之所思。一说如匪、夷之思，即非我族类，非常人之所思。③〔涣汗〕叠韵联绵词，水浩瀚无际的盛大样子。一说出汗，上巽为散，下坎为汗。一说发号施令。④〔号〕号令。⑤〔逖〕远，一说顺易地离开，一说通“惕”，忧疑地离开。

【大意】《象传》说：（大难临头）涣散自身（自私自利之心），以济助他人，是因为六三心志是向着他人，一心向外。

六四：（危难时刻为了集体）涣散自己的朋党群类，就会大吉大利。但是涣散后却能够聚成像山丘一样的大团体，这就真不是常人所能想象和做到的。

《象传》说：（危难时刻）涣散自己的朋党群类，能够大吉大利，因为六四为了集体没有私心，起心动念光辉广大（六四互为大离，离为光明）。

九五：（波涛）盛大浩瀚啊！君王的重大号令（像大海一样）浩瀚无际啊！君王安处在正当的位置，没有什么问题。

《象传》说：君王安处在正当的位置，不会有什么问题，因为九五一直处在中正的位置。

上九：散去流血之伤，离开血光之灾，高飞远去，不会再有危难。

《象传》说：告别流血之伤，因为上九已远离血光之灾害（上九与下坎相去甚远，坎为血光之灾）。

䷻ 水泽节（卦六十）（兑下坎上）

jié hēng kǔ jié bù kě zhēn

节①：亨。苦②节，不可贞。

《彖》曰："节，亨"，刚柔分而刚

得中。"苦节，不可贞"，其道穷也。

说（悦）以行险，当位以节，中正以

通。天地节而四时成，节以制度，不

伤财，不害民。

《象》曰：泽上有水，节。君子以制

中华传统文化经典诵读*周 易·第二章 下经……*

182

【注释】①〔节〕《说文》："节，竹约也。"段注："约，缠束也。竹节如缠束之状。"从缠束在竹上的节引申出节制、限度、节义、节省、节俭、简约、约束等义。②〔苦〕以……为苦。

【大意】节卦象征节制有度，调节得当，就顺利亨通，但过分节制的状态不宜一直持续下去，对于过分节制也需要节制。

《彖传》说：节卦象征节制有度，调节得当，就顺利亨通，刚爻与柔爻的群体分离而刚爻取得中位（泰卦变节卦，泰卦三个刚爻聚于下，三个柔爻聚于上，各自成为小的群体。变节卦，三个刚爻中分出九三上到五位，与柔爻交流在一起；三个柔爻中分出六五下到三位，与刚爻交流在一起；这是刚柔爻各自分离出一部分，称作刚柔分。形成节卦后，刚爻九二保持下卦中位，九五取得上卦中位，称作刚得中。刚柔分配，阴阳交流，中位又都是刚健之爻，所以节卦亨通）。过分节制的状态不宜一直持续下去，是因为道处穷困（泰卦已到了刚下柔上的极限，节守不变，刚柔不交，必然道穷）。下卦兑为悦，上卦坎为险，是以喜悦的心情经历险情，而不是因节制而痛苦，卦变中刚爻从三位上到五位，居于适当位置而行节制之道，行为中正而处世能够亨通。天地的运动因为有所节止，才能形成四季交替的节奏。治国要用制度来节止，就可以不损伤财产，不苦害民众。

《象传》说：下卦兑为泽，上卦坎为水，大泽之上积蓄有水，这就是节卦。君子鉴于大泽之上的水要有限度，一旦过度将引发水灾。

数度，议德行。

初九：不出户①庭，无咎。

《象》曰："不出户庭"，知通塞②也。

九二：不出门③庭，凶。

《象》曰："不出门庭，凶"，失时极也。

六三：不节若，则嗟若④，无咎⑤。

《象》曰："不节"之"嗟"，又谁"咎"也？

六四：安⑥节，亨。

【注释】①〔户〕单扇的门，指小门，引申为出入口。②〔塞〕闭塞。③〔门〕两扇的门为门，指家门。④〔若〕然，形容词词尾。⑤〔咎〕责怪，咎责，过错。⑥〔安〕《尔雅》："安，定也。"《说文》："安，静也。"心安理得，心甘情愿，心平气和，自得自适的状态。

【大意】这就如同用"数量"控制水位一样制定言行的法度，并以此衡量评议大家的言语行为。

初九：不跨出门户庭院，没有咎害。

《象传》说：节制慎行，所以不跨出门户庭院，是因为初九知道闭塞与通达的时势。

九二：不跨出家门庭院，有凶险。

《象传》说：九二拘于节制而不跨出家门庭院，会有凶险。因为走极端会丧失动的时机（在卦变中正应六五让出尊位，带动九二，九二却没有趁机随着动，以致过分失去上进的时机）。

六三：不能自我节制，于是嗟叹悔过，不是别人的错。

《象传》说：由于自我不节制所造成的嗟叹悔过，这又能去责怪谁呢？

六四：安于自我节制，就会亨通。

《象》曰："安节"之"亨"，承上
道也。

九五：甘①节，吉。往②有尚③。

《象》曰："甘节"之"吉"，居位
中也。

上六：苦④节，贞凶，悔亡。

《象》曰："苦节，贞凶"，其道穷也。

䷼ 风泽中孚（卦六十一）（兑下巽上）

中孚：豚⑤鱼，吉。利涉大川，利贞。

《象》曰：中孚，柔在内而刚得

【注释】①〔甘〕味道甜美，引申为乐意、情愿。②〔往〕指爻从下向上推移。③〔尚〕崇
尚，向上。④〔苦〕味苦，与九五"甘"互文见义，有苦难、痛苦之意。⑤〔豚〕小猪。《说文》：
"豚，小豕也。"《方言》："猪，其子谓之豚。"

【大意】《象传》说：安于自我节制，就会亨通，因为顺承上面（九五）的正道。

九五：甘美地节制，这是吉祥的状态，因为前往受到崇尚。

《象传》说：甘美地节制（天下），这是吉祥的状态，因为九五居于中正的位置。

上六：过分节制，让人痛苦不堪，继续正固不动将有凶险，最多能够不致悔恨。

《象传》说：痛苦节制，继续正固不动将有凶险，因为上六的节制之道已经陷于穷困。

中孚卦象征心怀诚信，到了能够感化猪和鱼的程度，可以获得吉祥，有利于克服涉越山川大江
这样的艰难险阻，利于持守正道做事。

《象传》说：中孚卦，（六三、六四两个柔爻在卦的内段，是）阴柔在内，（九二、九五两个
刚爻占据上下卦的中位，是）阳刚得到中位。

中，说（悦）而巽，孚乃化邦也。"豚鱼
吉"，信及豚鱼也。"利涉大川"，乘
木舟虚也。中孚以"利贞"，乃应乎
天也。

《象》曰：泽上有风，中孚。君子以
议狱缓死。

初九：虞① 吉，有它不燕②。

《象》曰：初九"虞吉"，志未变也。

九二：鸣鹤在阴③，其子和④ 之。我

【注释】 ①〔虞〕预料、商议、料度，仔细考虑。一说通"娱"，安乐；一说古代的猎官。②〔燕〕安宁，安息，燕息。③〔阴〕指阴面，偏僻之所，山的背阴处，山北水南为阴幽之地；一说树荫，林荫；一说二位为阴位；一说二阴爻之下。各种说法都有幽隐、幽昧的意味。④〔和〕应和。

【大意】 下卦兑为悦，上卦巽为顺，喜悦而巽顺，是心怀诚信能够感化邦国和民众。诚信能感化到猪和鱼而获得吉祥，是这种诚信已经施予到了猪与鱼的身上。利于涉越大河这样的艰难险阻，是好像乘着虚空的木船（上卦巽为木舟。全卦中段两个虚的柔爻为空的船舱，两头两个实的刚爻为船头和船尾）。内心诚信利于持守正道做事，是心怀诚信，顺应天道的运行。

《象传》说：下卦兑为泽，上卦巽为风，大泽上有风就是中孚卦。君子看到春风一吹，涣然冰释这样泽上有风的感化之象，要复议断过的狱案，已判决的死囚暂缓执行，尽量缓处死囚，消除冤屈，感化这些最难感化的人。

初九：心志保持初心的状态，并依此行事就会吉祥，如果动了其他的心思，则心境不得安宁。

《象传》说：初九保持初心的心志状态去行事，自然吉祥，因为它最初应接世界的心志状态没有发生变化。

九二：大鹤在阴幽之境中鸣唱，它的小鹤也跟着应和鸣唱，（好像在说：）我这里有甘甜的美酒，我很想与你分享，同饮共乐。

yǒu hǎo jué　　wú yǔ ěr mí　zhī

有好爵①，吾与尔靡②之。

xiàng　yuē　qí zǐ hè zhī　　zhōng xīn yuàn yě

《象》曰："其子和之"，中心愿也。

liù sān　dé dí　　huò gǔ huò bà　　huò qì

六三：得敌③，或鼓或罢，或泣

huò gē

或歌。

xiàng　yuē　huò gǔ huò bà　　wèi bù dāng yě

《象》曰："或鼓或罢"，位不当也。

liù sì　yuè jì wàng④　　mǎ pǐ wáng　wú jiù

六四：月既望④，马匹亡，无咎。

xiàng　yuē　mǎ pǐ wáng　　jué lèi shàng yě

《象》曰："马匹亡"，绝类上也。

jiǔ wǔ　　yǒu fú luán rú⑤　　wú jiù

九五：有孚挛如⑤，无咎。

xiàng　yuē　yǒu fú luán rú　　wèi zhèng dāng yě

《象》曰："有孚挛如"，位正当也。

【注释】①〔爵〕古同"雀"。古时饮酒的器皿，鹤形酒杯，即如鸟雀形状或雕有鸟雀图案的酒杯，代指酒。震为器皿、为鹤。一说诚信等好的德行，一说尊贵之主，一说天爵，一说人爵、爵位。②〔靡〕分享，同乐，共有，分散。③〔得敌〕遭遇敌人、对头。④〔望〕本义为人站在地上睁大眼睛望着远方，盼其归来。望月即满月，晨昏之际，日月同辉，子夜清辉皎洁。⑤〔挛如〕卷曲拘挛的团结样子。

【大意】《象传》说：它的小鹤也（在远方）鸣唱应和大鹤，声音中表达着内心真诚的愿望。

六三：遇到敌人，有的人擂鼓前进，有的人罢兵休战，有的人哭泣，有的人高奏凯歌。

《象传》说：有的人擂鼓前进，有的人休战败退，是六三居位不当的缘故。

六四：月亮已经过了十五，走失了马匹，没有什么问题。

《象传》说：走失了马匹，说明六四与同类断绝关系，到了上卦。

九五：心怀诚信，牵系天下之心，不会有祸患。

《象传》说：心怀诚信，来交天下之心，是九五位置正当。

shàng jiǔ　hàn yīn①　dēng②　yú tiān　zhēn xiōng
上九：翰音①　登②　于天，贞凶。

xiàng　yuē　hàn yīn dēng yú tiān　hé kě cháng yě
《象》曰："翰音登于天"，何可长也？

☳☶ 雷山小过（卦六十二）（艮下震上）

xiǎo guò　hēng　lì zhēn　kě xiǎo shì　bù kě dà
小过：亨。利贞。可小事，不可大

shì　fēi niǎo yí zhī yīn　bù yí shàng　yí xià　dà jí
事。飞鸟遗之音，不宜上，宜下，大吉。

tuàn　yuē　xiǎo guò　xiǎo zhě guò ér hēng yě
《象》曰：小过，小者过而亨也。

guò yǐ　lì zhēn　yǔ shí xíng yě　róu dé zhōng shì
过以"利贞"，与时行也。柔得中，是

yǐ　xiǎo shì　jí yě　gāng shī wèi ér bù zhōng shì yǐ
以"小事"吉也。刚失位而不中，是以

【注 释】①〔翰音〕指代鸡，一说鸡叫声。《礼记·曲礼》："凡祭宗庙之礼……羊曰柔毛，鸡曰翰音。""翰音"是用鸡作祭祀宗庙的牺牲，行将死去作供品。《说文》："翰，天鸡，赤羽也。"一说翰为高，高飞，飞且鸣，鸡的硬羽等。②〔登〕升。

【大 意】上九：（用鸡作祭祀宗庙的牺牲），鸡的鸣叫声显得对天过分诚信，以为可以高升上天，如此的过分自信而且正固不动，必有凶险。

《象传》说：鸡自鸣得意，想自信满满地高飞上天，怎么可能飞得长久呢？（这种自信又能维持多久呢？上六在亢极之位，已到穷途末路！）

小过卦象征矫枉过正，能够亨通，利于持守正固。在小事上可以稍微矫枉过正，但是在大事上不可以过分。鸟越飞越高，在空中留下的声音越来越微弱，这时不适宜继续往上飞，而应当顺势往下飞，才会获得大的吉祥。

《象传》说：小过卦，是小的事情稍微矫枉过正一点，还是可以亨通的（柔爻为小，在卦变中，晋变小过，是柔爻越过刚爻）。超过一点也不失为正，还是利于持守正固的，因为这是伴随时序运行。六二和六五两个柔爻占据了中位，所以寻常小事稍微过分一点是可以吉祥的。刚爻失去地位而不在中位，所以不可以成就大事。

“不可大事”也。有“飞鸟”之象焉，

“飞鸟遗之音”。“不宜上，宜下，大

吉”，上逆而下顺也。

《象》曰：山上有雷，小过。君子以

行过乎恭，丧过乎哀，用过乎俭。

初六：飞鸟以凶。

《象》曰：“飞鸟以凶”，不可如何也。

六二：过其祖，遇其妣①。不及其

君，遇其臣，无咎。

《象》曰：“不及其君”，“臣”不可

过也。

【注释】①〔妣〕祖母，《尔雅》："父曰考，母曰妣"，与祖（父）相对。

【大意】卦有飞鸟之象（两个刚爻是鸟身，上下各两个柔爻是翅膀），所以是鸟越飞越高之后在空中留下了声音。鸟不适宜继续往上飞，宜顺势往下飞，才会获得大的吉祥，是因为向上是逆，向下是顺，顺才能获吉（观卦变小过，两个柔爻到了刚爻之上，柔爻乘刚爻之上为逆）。

《象传》说：下卦艮为山，上卦震为雷，山上有震雷就是小过卦。山上的雷声比平地上大一些，君子从中受到启示，与平时相比，行为可以更加谦恭一点，办丧事时宁可更加悲哀一些，吃喝用度宁可更加节俭一点。

初六：鸟惊飞，这是凶兆。

《象传》说：鸟惊飞带来的凶灾是无可奈何的事，（飞来横祸，人无能为力）。

六二：越过祖父（不在了），遇到祖母；没能见到君王，但遇到了大臣；（碰到的是小过一点点的人），没有什么问题。

《象传》说：没碰上君王，是因为君王的臣子不可以越过。

　　　jiǔ sān　　fú guò fáng zhī　　cóng huò qiāng　zhī　xiōng
九三：弗过防之，从或戕① 之，凶。

　　　xiàng yuē　　cóng huò qiāng zhī　　xiōng rú hé yě
《象》曰："从或戕之"，"凶"如何也？

　　　jiǔ sì　　wú jiù　　fú guò yù zhī　　wǎng lì bì
九四：无咎。弗过遇之，往厉必

jiè　　wù yòng yǒng zhēn
戒，勿用永贞。

　　　xiàng　　yuē　　fú guò yù zhī　　　wèi bú dāng
《象》曰："弗过遇之"，位不当

yě　　wǎng lì bì jiè　　zhōng bù kě cháng yě
也。"往厉必戒"，终不可长也。

　　　liù wǔ　　mì yún bù yǔ　　zì wǒ xī jiāo　gōng
六五：密云不雨，自我西郊。公

yì②　qǔ bǐ③ zài xué
弋② 取彼③ 在穴。

　　　xiàng yuē　　mì yún bù yǔ　　yǐ shàng yě
《象》曰："密云不雨"，已上也。

　　　shàng liù　　fú yù guò zhī　　fēi niǎo lí　zhī　xiōng
上六：弗遇过之，飞鸟离④ 之，凶，

【注释】 ①〔戕〕杀害。内部人杀害为弑，外部人杀害为戕。②〔弋〕缯缴弋射，用系着绳子的箭去射。③〔彼〕一说代指二阳，一说通"皮"。④〔离〕网罗，落入，附着，附丽。

【大意】 九三：不仅不肯过于防范，还随从小人之后，很有可能会受人戕害，非常凶险。

《象传》说：随从小人之后，易受戕害，凶险程度无法预料，不知道该怎么办（九三在卦变中与上六换位，自找其凶）。

九四：没有祸患，自己没有越位行事，但还是能够相遇。前往将有危险，必须警戒小心，不要过于执着而不变通。

《象传》说：没有超过，反而相遇，是因为九四的位置不适当（九四刚爻居柔位）。前往有险厉务必警戒，说明最终不可能长久（全卦是小者过，刚爻坚守不可能长久）。

六五：浓云密布而不下雨，是从我西郊飘过。王公用带绳的箭射，猎取穴中之物。

《象传》说：浓云密布而不下雨，（处在杀机四伏的氛围当中），六五已经到了上位（在卦变中，六五向上推移）。

是谓灾①眚②。

xiàng yuē fú yù guò zhī yǐ kàng yě
《象》曰："弗遇过之"，已亢③也。

䷾ 水火既济（卦六十三）（离下坎上）

jì jì hēng xiǎo lì zhēn chū jí zhōng luàn
既济④：亨小，利贞，初吉终乱⑤。

tuàn yuē jì jì hēng xiǎo zhě hēng
《彖》曰："既济，亨"，"小"者"亨"

yě lì zhēn gāng róu zhèng ér wèi dāng yě chū
也。"利贞"，刚柔正而位当也。"初

jí róu dé zhōng yě zhōng zhǐ zé luàn qí dào
吉"，柔得中也。"终"止则"乱"，其道

qióng yě
穷也。

xiàng yuē shuǐ zài huǒ shàng jì jì jūn zǐ yǐ
《象》曰：水在火上，既济。君子以

【注释】 ①〔灾〕天灾。②〔眚〕人为的灾。③〔亢〕高亢，高极，过亢。④〔既济〕既为已经，皆，尽。渡水为涉，渡过去为济。既济是已经渡过去，完成、成功之意。⑤〔乱〕混乱，乱作一团，最后导致祸患，与象辞"患"相对。

【大意】 上六：没有相遇，却错越过去了。飞鸟自投罗网，太凶险了，可以说是天灾，但其实是自己人为造成的灾祸。

《象传》说：没有相遇，但错误地超越过去了，说明上六已经飞得太高了。

既济卦象征事已成功，但只是在小事上亨通，有利于坚守正道，刚开始时吉祥，到最后却乱作一团。

《象传》说：事已成功，亨通，但只是在小事上亨通，坚守正道会有好处，因为刚爻和柔爻各自得正而且当位，又两两相应。刚开始时吉祥，因为六二柔爻当位居中，但到最后一旦停止就会变乱，因为柔爻到顶停止（则与阳失衡），道尽途穷，马上陷入穷困之境，后患无穷。

思患而豫防之。

初九：曳其轮①，濡②其尾，无咎。

《象》曰："曳其轮"，义无咎也。

六二：妇丧其茀③，勿逐，七日得④。

《象》曰："七日得"，以中道也。

九三：高宗⑤伐鬼方⑥，三年克之，小人勿用。

《象》曰："三年克之"，惫也。

六四：繻⑦有衣袽⑧，终日戒。

【注释】①〔曳其轮〕曳是拉、牵引或拖拽的意思。古代大车车厢与车轮是分开的，出车时把车厢用輹装套在车轮上，路不好走时就用绳子拉住车轴，防止车厢脱开车輹，同时可以不让车轮滑开。②〔濡〕沾湿。③〔茀〕通"髴"（fú），妇女头上的首饰。一说车蔽，古代妇女乘车不露于世，在车子的前后设置屏障，以自隐蔽，以显矜持。④〔得〕失而复得。一解为因心中自得而得。⑤〔高宗〕殷商中兴之王武丁。⑥〔鬼方〕殷商时期我国西北部西羌的某一国家。⑦〔繻〕王弼认为应该改成"濡"，渗漏之义。一解为"彩色帛缯"，彩色、华美、细密的衣服。⑧〔袽〕败衣烂裳、旧絮破布等衣服废料。

【大意】《象传》说：上卦坎为水，下卦离为火，水在火上，可烧水烹饪，火在水下得以救火，象征事情已经成功。君子看到这种现象，就要居安思危，把握好分寸，防患于未然，做好预防。

初九：拉住车轮（跑不快），渡河沾湿了尾巴（游不快），不过没有太大的问题。

《象传》说：拽住车轮，虽然跑不快，但是照理应该不会有什么大的问题。

六二：妇人丢失了首饰，不用寻找，七天后会失而复得。

《象传》说：七天后会失而复得，是因为六二在变动的情境当中能够始终坚守中道。

九三：商王高宗武丁去讨伐鬼方，三年后才克敌制胜，说明小人不可重用的道理。

《象传》说：三年后才把对方征服，攻坚克难，说明九三持久努力，实在是太疲惫了。

六四：木船随时可能渗漏，准备好破衣败絮来堵塞，整天高度提防戒备。

《象》曰："终日戒"，有所疑①也。

九五：东邻杀牛②，不如西邻之禴

祭③，实受其福。

《象》曰："东邻杀牛，不如西邻之"

时④也。"实受其福"，吉大来也。

上六：濡其首，厉。

《象》曰："濡其首，厉"，何可

久也？

【注释】 ①〔疑〕疑惧。②〔杀牛〕用太牢祭享，以牛为牺牲，规模盛大的祭祀。③〔禴祭〕以水果蔬菜为主的薄祭，一说用简单的饭菜祭祀。④〔时〕时运。

【大 意】 《象传》说：需要整天高度警戒，是因为六四有所疑惧。

九五：东方邻国用杀掉整牛的厚礼来祭祀，不如西方邻国举行微薄而虔诚的"禴祭"，反而能实实在在受到上天的福佑。

《象传》说：东方邻国用杀掉整牛的厚礼来祭祀，因为它的时运已经不如西方邻国了。能够实实在在受到福佑，是吉祥即将源源不断地降临。

上六：浸湿头部，有危险了。

《象传》说：头浸入水中，太危险了，（既济的状态）太难持久了。

火水未济（卦六十四）（坎下离上）

未济：亨。小狐汔^①济，濡其尾，无攸利。

《彖》曰：“未济，亨”，柔得中也。“小狐汔济”，未出中也。“濡其尾，无攸利”，不续终也。虽不当位，刚柔应也。

《象》曰：火在水上，未济。君子以慎辨物居方^②。

【注释】①〔汔〕通"迄"，接近，将近，几乎。②〔辨物居方〕分辨事物的性质与类别，使万物分门别类处在各自的位置上。

【大意】未济卦象征事情还没成功，努力成就事情还是可以亨通。小狐狸几乎要渡河成功的时候，弄湿了尾巴，得不到什么利处。

《彖传》说：事情还没成功，努力成就事情还是可以亨通，因为六五以柔顺居中持守正道。小狐狸即将渡河成功的时候，是指它还没有离开坎险之中。弄湿了尾巴，得不到好处，可能因为力小游不到头，功败垂成，无法善终。虽然每个爻都在不合适的位置上。但刚柔都相应，（还是有可能做成事情的）。

《象传》说：上卦离为火，下卦坎为水，火向上，水向下，背道而驰，相克相违，火在水上，就是未济。君子看到火跟水很不合的情景，就要审慎分辨人事和物类，让他们各得其所。

chū liù　rú qí wěi　lìn
初六：濡其尾，吝。

xiàng　yuē　　rú qí wěi　　yì bù zhī jí yě
《象》曰："濡其尾"，亦不知极也。

jiǔ èr　yè qí lún　zhēn jí
九二：曳其轮，贞吉。

xiàng　yuē　jiǔ èr　zhēn jí　　zhōng yǐ xíng
《象》曰：九二"贞吉"，中以行

zhèng yě
正也。

liù sān　wèi jì　zhēng xiōng　lì shè dà chuān
六三：未济，征① 凶。利涉大川。

xiàng　yuē　wèi jì　zhēng xiōng　　wèi bù dāng yě
《象》曰："未济，征凶"，位不当也。

jiǔ sì　zhēn jí　huǐ wáng　zhèn yòng fá guǐ fāng
九四：贞吉，悔亡。震用伐鬼方，

sān nián　yǒu shǎng yú dà guó
三年，有赏于大国。

【注释】①〔征〕前行，征进，一说征伐异己。
【大意】初六：小狐狸渡河沾湿了自己的尾巴，会有麻烦。
《象传》说：小狐狸渡河沾湿了尾巴，说明不知道自己所能够承受的极限。
九二：拖住车轮，不让它快进，持守正道可以吉祥。
《象传》说：九二守正吉祥，因为九二在卦变当中一直在中位，以中道行事，刚柔并济，恰到好处，行走得光明正直。
六三：还没成功，继续征进有凶险，有利于渡过大河险阻。
《象传》说：还没成功，继续征进有凶险，因为位置不当。
九四：坚守正道就可以吉祥，没有什么值得后悔的。如雷震而起，去征伐遥远的鬼方，三年成功并得到大国的赏赐。

《象》曰：“贞吉，悔亡”，志行也。

六五：贞吉，无悔。君子之光，有孚，吉。

《象》曰：“君子之光”，其晖“吉”也。

上九：有孚于饮酒，无咎。濡其首，有孚失是。

《象》曰：“饮酒濡首”，亦不知节也。

【大意】《象传》说：坚守正道就可以吉祥，没有什么值得后悔的，因为九四的心志得到了实现。

六五：坚守正道可以获吉，没有忧悔。君子的光辉能够取信于人，自然是吉祥的。

《象传》说：君子的光辉，是说在他的光辉照耀之下获得了吉祥。

上九：诚心诚意地饮酒，没有问题。但如果喝多了，自己拿酒浇湿了头，那么即使有诚信也会功败垂成。

《象传》说：酗酒到自己拿酒浇湿头部的地步，说明上九也太不知道节制了。

第三章 系辞上传

第一节

^{tiān zūn dì bēi} ^{qián kūn dìng yǐ} ^{bēi gāo yǐ chén}
天 尊 地 卑， 乾 坤 定 矣。 卑 高 以 陈，

^{guì jiàn wèi yǐ} ^{dòng jìng yǒu cháng} ^{gāng róu duàn yǐ} ^{fāng yǐ}
贵 贱 位 矣。 动 静 有 常， 刚 柔 断 矣。 方 以

^{lèi jù} ^{wù yǐ qún fēn} ^{jí xiōng shēng yǐ} ^{zài tiān chéng}
类 聚， 物 以 群 分， 吉 凶 生 矣。 在 天 成

^{xiàng} ^{zài dì chéng xíng} ^{biàn huà xiàn} ^{yǐ}
象， 在 地 成 形， 变 化 见（现） 矣。

^{shì gù gāng róu xiāng mó} ^{bā guà xiāng dàng} ^{gǔ zhī}
是 故 刚 柔 相 摩， 八 卦 相 荡， 鼓 之

^{yǐ léi tíng} ^{rùn zhī yǐ fēng yǔ} ^{rì yuè yùn xíng} ^{yì hán}
以 雷 霆， 润 之 以 风 雨； 日 月 运 行， 一 寒

【大意】（一部伟大的《周易》到底从何而来？又是根据什么写出来的？原来《周易》来自大自然，效法天地万物的自然规律。）天高上而尊贵，地低下而谦卑，于是《周易》中象征刚健的乾卦与柔顺的坤卦就确定了。天处上；地处下，以及万物陈列高低不平，高大显得尊贵，矮小显得卑微，于是《周易》中六爻的位置有了上下贵贱之分。大自然运动与静止都有常态规律，刚健的常动，柔顺的常静，天常动，地常静，于是《周易》卦爻就定下刚柔的性质，阳动属刚，阴静属柔。天下四面八方的人和物以各自相近的类型聚集在一起，地上生物都以各自的群体区分开来，有相同就会产生相异，有类别就会引发争端，于是《周易》中卦爻的吉和凶就产生了。天上的日月星辰云雨雷电成为自然现象，地上的山川、草木、人物、动物成为自然形态，这些千变万化的现象，在《周易》中是通过卦爻阴阳的变化显现出来。

所以，《周易》中六十四卦有刚爻、柔爻之间的相互摩擦往来，有乾坤坎离震巽艮兑八卦相互激荡变化，恰恰就像大自然中有雷电的鼓动、风雨的湿润、日月的运行、寒暑的更替那样，拥有着千变万化。

乾道成男，坤道成女。乾知大始，
（qián dào chéng nán，kūn dào chéng nǚ。qián zhī dà shǐ）

坤作成物。
（kūn zuò chéng wù）

乾以易知，坤以简能；易则易知，
（qián yǐ yì zhī，kūn yǐ jiǎn néng；yì zé yì zhī）

简则易从；易知则有亲，易从则有
（jiǎn zé yì cóng；yì zhī zé yǒu qīn，yì cóng zé yǒu）

功；有亲则可久，有功则可大；可久则
（gōng；yǒu qīn zé kě jiǔ，yǒu gōng zé kě dà；kě jiǔ zé）

贤人之德，可大则贤人之业。易简而
（xián rén zhī dé，kě dà zé xián rén zhī yè。yì jiǎn ér）

天下之理得矣。天下之理得，而成位
（tiān xià zhī lǐ dé yǐ。tiān xià zhī lǐ dé，ér chéng wèi）

乎其中矣。
（hū qí zhōng yǐ）

【大意】（《周易》不仅模拟大自然的现象，而且还效法天地养育万物、人类生儿育女那种生生不息的功能。《周易》六十四卦都是从乾坤两卦演变而来，就像天地生养万物。）《周易》中乾卦的纯阳刚健之道，成为男性的特征；坤卦的纯阴柔顺之道，成为女性的特征。乾卦就像天空和男性一样，其功能主要是掌握着最大的创造开始；坤卦就像大地和女性一样，其作用在于生养成形。

（因为《周易》效法大自然所固有的属性，就像天能施于创始万物，地能化育创生万物，都自然而然，没有任何人为的难度。正因为《周易》效法大自然这种容易和简单的功能，从而使《周易》变得非常易简。）乾卦的主导掌控功能非常容易，坤卦的生成养育功能非常简单。可以长久亲近，有助于养成贤良的品德；可以长期保持大的业绩，有助于成就伟大的事业。《周易》如此容易简单，所以，天下一切道理都能掌握得到。掌握了天下的道理，人就能在天地之间成为万物之灵，顶天立地，赞天地之化育。《周易》非常容易了解掌握，人们也很容易顺从《周易》的道理去处事，达到知行合一。容易掌握就会有浓厚的亲近兴趣，容易跟随做事就会有功效。有了浓厚的亲近兴趣，就可以长久学习，不断创造；有了功效，就可以创造更大的业绩。

第二节

圣人设卦观象，系辞焉而明吉凶，刚柔相推而生变化。是故吉凶者，失得之象也；悔吝者，忧虞之象也；变化者，进退之象也；刚柔者，昼夜之象也。六爻之动，三极之道也。

是故君子所居而安者，《易》之序也；所乐而玩者，爻之辞也。是故君子居则观其象而玩其辞，动则观其变而玩其占，是以自天佑之，吉无不利。

【大意】（既然《周易》的道理来自于大自然，那么圣人是如何通过《周易》来阐述其中的大道呢？）圣人设置八卦和六十四卦，把卦悬挂起来，让人们通过观察卦象来理解自然现象，并在卦爻后面系上象辞和爻辞，把卦爻中的现象和规律用文字写出来，指导人们的行动，使人们明白趋吉避凶的道理。《周易》中的卦爻不过就是阴阳刚柔的变化而已，通过刚柔的相互往来推移来表达产生变化的现象，刚极变柔，柔极变刚。所以，《周易》中的吉凶象征人事的得失；悔吝象征人事的忧虑，后悔使人有忧患意识，吝惜使人能防微杜渐；阴爻阳爻的变化象征人事的进退；爻的刚柔犹如昼夜，刚如白昼般动健，柔如黑夜般静柔。六爻之间的变动往来极致表达了天地人三才的道理。（以三画卦来说，初为地，二为人，三为天。以六画卦来说，初爻二爻为地，三爻四爻为人，五爻六爻为天，六爻的变动，显现了天道的阴阳，地道的刚柔，人道的仁义。）

所以，君子能够安居乐业，是遵照《周易》消息盈虚、进退存亡的秩序；君子乐于玩索运用的是卦爻辞。因此，君子平时去观察卦爻象，玩索卦爻辞，一旦有所行动，就观察卦爻象的变化，玩味占断的应验规律。所以，（顺应《周易》的道理去为人处世）就如同得到上天的保佑，吉祥而无所不利。

第三节

tuàn zhě　yán hū xiàng zhě yě　yáo zhě　yán hū biàn zhě
彖者，言乎象者也；爻者，言乎变者

yě　jí xiōng zhě　yán hū qí shī dé yě　huǐ lìn zhě　yán
也。吉凶者，言乎其失得也；悔吝者，言

hū qí xiǎo cī yě　wú jiù zhě　shàn bǔ guò yě
乎其小疵也。无咎者，善补过也。

shì gù liè guì jiàn zhě cún hū wèi　qí xiǎo dà zhě cún
是故列贵贱者存乎位，齐小大者存

hū guà biàn　jí xiōng zhě cún hū cí　yōu huǐ lìn zhě
乎卦，辩（辨）吉凶者存乎辞，忧悔吝者

cún hū jiè　zhèn wú jiù zhě cún hū huǐ　shì gù guà yǒu xiǎo
存乎介，震无咎者存乎悔。是故卦有小

dà　cí yǒu xiǎn yì　cí yě zhě　gè zhǐ qí suǒ zhī
大，辞有险易；辞也者，各指其所之。

中华传统文化经典诵读＊周 易·第三章 系辞上传⋯⋯⋯⋯＊

【**大 意**】《周易》中的彖辞，是用来说明卦象的；爻辞是用来说明人事变动的。吉凶是说明人事的得失，得则吉，失则凶。悔吝是为了使人们注意观察微小的过失，而能防微杜渐，（因为卦爻辞本身具有微言大义的性质）。无咎是没有过失，为了使人们能善于改过自新，亡羊补牢。

所以，陈列高低贵贱，主要在于爻位的上下；排列阴小阳大之分，主要在于卦画；辨别吉凶，主要在于卦爻辞；忧虑悔吝，主要在于细微之处；戒惧无咎，主要在有悔过之心。所以说，六十四卦有小大之分，卦爻辞象征人事的险难与容易、吉利与凶险；卦爻辞给人们指明应该顺应时势，走向正确吉利的方向。

yì　　yǔ tiān dì zhǔn　　gù néng mí lún tiān dì zhī

《易》与 天 地 准， 故 能 弥 纶 天 地 之

dào　　yǎng yǐ guān yú tiān wén　　fǔ yǐ chá yú dì lǐ　　shì

道。 仰 以 观 于 天 文， 俯 以 察 于 地 理， 是

gù zhī yōu míng zhī gù　　yuán shǐ fǎn zhōng　　gù zhī sǐ shēng

故 知 幽 明 之 故。 原 始 反 终， 故 知 死 生

zhī shuō　　jīng qì wéi wù　　yóu hún wéi biàn　　shì gù zhī guǐ

之 说。 精 气 为 物， 游 魂 为 变， 是 故 知 鬼

shén zhī qíng zhuàng

神 之 情 状。

yǔ tiān dì xiāng sì　　gù bù wéi　　zhì　　zhōu hū

与 天 地 相 似， 故 不 违；知（智）周 乎

wàn wù ér dào jì tiān xià　　gù bú guò　　páng xíng ér bù

万 物 而 道 济 天 下， 故 不 过。 旁 行 而 不

liú　　lè tiān zhī mìng　　gù bù yōu　　ān tǔ dūn hū rén

流， 乐 天 知 命， 故 不 忧。 安 土 敦 乎 仁，

gù néng ài　　fàn wéi tiān dì zhī huà ér bú guò　　qū chéng

故 能 爱。 范 围 天 地 之 化 而 不 过， 曲 成

【大意】（上一节说《周易》的文辞能指导各个方面，那么，为什么《周易》能够具有如此巨大的功能？）《周易》源于自然，其道与天地齐准，因此能够包罗天地万物的道理。圣人通过仰观天象，俯看地理，效法自然，创造出《周易》，所以《周易》可以帮助人们知道微妙隐约和明显变化的缘故。（《周易》从初爻到上爻，六爻相互推荡可以模拟变化，）推究原始，类推终究，所以知道万物生死转化的学问。《周易》中阴阳二气凝聚化成物形，聚精会神，二气游离，无精打采，魂飞魄散而成变化，所以甚至能知道看不见的鬼神的情态状况。

《周易》以天地为准则，其道类似天地，不会违背自然法则；其智慧足以通晓天下万物的规律，其道足以救济万物，所以没有过失。一切道理都能触类旁通，通情达理，顺应天道，达观天命，所以无忧无虑。随遇而安，宅心仁厚，就能生发仁爱之心。《周易》之道包括天地之间一切变化而没有过错；

wàn wù ér bù yí　tōng hū zhòu yè zhī dào ér zhì

万物而不遗，通乎昼夜之道而知（智），

gù shén wú fāng ér　　yì　wú tǐ

故神无方而《易》无体。

第五节

yì yīn yì yáng zhī wèi dào　jì zhī zhě shàn yě　chéng

一阴一阳之谓道，继之者善也，成

zhī zhě xìng yě　rén zhě jiàn zhī wèi zhī rén　zhì　　zhě

之者性也。仁者见之谓之仁，知（智）者

jiàn zhī wèi zhī zhì　　bǎi xìng rì yòng ér bù zhī　gù

见之谓之知（智），百姓日用而不知，故

jūn zǐ zhī dào xiǎn yǐ

君子之道鲜矣。

xiǎn zhū rén　cáng zhū yòng　gǔ wàn wù ér bù yǔ shèng

显诸仁，藏诸用，鼓万物而不与圣

rén tóng yōu　shèng dé dà yè zhì yǐ zāi

人同忧，盛德大业至矣哉！

【大意】细密万全地成就事物而没有遗漏；通晓白天晚上的自然变化规律而富有智慧。因此，《周易》之道如神一般，变幻无方，没有固定的形体，可以千变万化，无所不能。

（《周易》之道如此巨大，虽然变幻无方，实际上只是阴阳的往来而已。）一阴一阳相反相成，阴极生阳，阳极生阴，阴与阳不断向各自相反方向转化就是道，道的继续而创生宇宙万事万物就是善，道铸成于万事万物当中就是性。仁慈的人见到道有仁慈的一面，就把道称作"仁"，智慧的人见到道有智慧的一面，就把道称作"智"。百姓日常遵循"道"，却对"道"茫无所知，所以像君子那样全面了解"道"，又能依"道"行事的人就非常稀少了。

《周易》之道显示在成就万物的大仁大德之中，隐藏在人伦日用中而不被察知。《周易》之道鼓动生成万物而不像有忧患之心的圣人那样忧虑天下，《周易》之道具备的隆盛道德和建立的恢宏功业真是至高无上啊！

富^{fù}有^{yǒu}之^{zhī}谓^{wèi}大^{dà}业^{yè}，日^{rì}新^{xīn}之^{zhī}谓^{wèi}盛^{shèng}德^{dé}。

生^{shēng}生^{shēng}之^{zhī}谓^{wèi}易^{yì}，成^{chéng}象^{xiàng}之^{zhī}谓^{wèi}乾^{qián}，效^{xiào}法^{fǎ}之^{zhī}谓^{wèi}坤^{kūn}，极^{jí}数^{shù}知^{zhī}来^{lái}之^{zhī}谓^{wèi}占^{zhān}，通^{tōng}变^{biàn}之^{zhī}谓^{wèi}事^{shì}，阴^{yīn}阳^{yáng}不^{bú}测^{cè}之^{zhī}谓^{wèi}神^{shén}。

第六节

夫^{fú}《易^{yì}》广^{guǎng}矣^{yǐ}大^{dà}矣^{yǐ}，以^{yǐ}言^{yán}乎^{hū}远^{yuǎn}则^{zé}不^{bú}御^{yù}，以^{yǐ}言^{yán}乎^{hū}迩^{ěr}则^{zé}静^{jìng}而^{ér}正^{zhèng}，以^{yǐ}言^{yán}乎^{hū}天^{tiān}地^{dì}之^{zhī}间^{jiān}则^{zé}备^{bèi}矣^{yǐ}。

夫^{fú}乾^{qián}，其^{qí}静^{jìng}也^{yě}专^{zhuān}，其^{qí}动^{dòng}也^{yě}直^{zhí}，是^{shì}以^{yǐ}大^{dà}生^{shēng}焉^{yān}。夫^{fú}坤^{kūn}，其^{qí}静^{jìng}也^{yě}翕^{xī}，其^{qí}动^{dòng}也^{yě}辟^{pì}，是^{shì}以^{yǐ}

【大 意】《周易》之道化生万物，富有天下，就是大业，能日新月异就是盛大的品德。阴阳生生不息就是《周易》之道的功能。（《周易》之道生生不息，化为天地，成于阴阳，显于乾坤。天地生万物，阴阳生万象，乾坤两卦生出其余六十二卦。）《周易》从乾卦开始，在天成象，使人们容易知道；通过坤卦来效法顺承，简单而有成效。穷极阴阳的数理，可推算事物未来的变化，就是《周易》的占验。照这种趋势去引领阴阳的变化和发展，就能明白、通达事理，进而达到阴阳变幻莫测，超出常人的境界，这就是神化。

《易》道生生不息，是多么广博宏大啊！用它比拟像天一样遥远的事情，它无边无际、自强不息；用它来说明像地一样切近的事物，它平静端正、厚德载物，《周易》之道在天地之间，万物齐备，无所不包。

（万物莫大于天地，六十四卦莫大于乾坤，用乾坤来模拟《易》道的广大。乾坤都有动静，阴中有阳，阳中有阴，）乾阳刚健，静止时专一不分，发动时勇往直前，所以能够大兴生旺之气。坤阴柔顺，静止时收敛闭合，发动时开天辟地，所以能够广大含藏的生气。

guǎng shēng yān guǎng dà pèi tiān dì biàn tōng pèi sì shí yīn
广 生 焉。广 大 配 天 地，变 通 配 四 时，阴

yáng zhī yì pèi rì yuè yì jiǎn zhī shàn pèi zhì dé
阳 之 义 配 日 月，易 简 之 善 配 至 德。

第七节

zǐ yuē yì qí zhì yǐ hū fú
子 曰："《易》，其 至 矣 乎！夫

yì shèng rén suǒ yǐ chóng dé ér guǎng yè yě
《易》，圣 人 所 以 崇 德 而 广 业 也。"

zhì chóng lǐ bēi chóng xiào tiān bēi fǎ dì tiān
知（智）崇 礼 卑，崇 效 天，卑 法 地。天

dì shè wèi ér yì xíng hū qí zhōng yǐ chéng xìng cún
地 设 位，而《易》行 乎 其 中 矣。成 性 存

cún dào yì zhī mén
存，道 义 之 门。

第八节

shèng rén yǒu yǐ jiàn tiān xià zhī zé ér nǐ zhū qí
圣 人 有 以 见 天 下 之 赜，而 拟 诸 其

【大 意】乾坤的宽广宏大与天地的广大无边相配，卦爻的变化通达与四季的更替无穷相配，阴阳的各得其宜与日月的往来不息相配，乾坤的容易简单、尽善尽美与至高无上的德业相配。

孔子说：《周易》真的是至高无上啊！一部《周易》，圣人所以能够为天下推崇道德而且扩大功业。智慧如此崇高易知，礼法如此谦卑简单，崇高效法天道，谦卑效法地德。天上地下设立了乾阳坤阴的位置，《周易》之道就在天地之间，运行在人们的日常生活之中。（既然《周易》在日常生活之中，人们就不能日用而不知，应该身体力行，）使《周易》里的仁义道德、知崇礼卑成为自身的习惯性格，时时处处保持和积存《周易》之道，达到知行合一，就可以进入道义的大门。

（《周易》之道容易简单，就在人们的生活之中，人们要将《周易》之道变成为自己的习惯品性。所以，圣人从人们的日常起居出发来运用《周易》。因此，）圣人看到天下深奥难言的事物，开始模拟形容，合理类比想象某种事物的本质特征，这就是"象"的由来。

xíng róng xiàng qí wù yí shì gù wèi zhī xiàng shèng rén yǒu
形容，象其物宜，是故谓之象。圣人有

yǐ jiàn tiān xià zhī dòng ér guān qí huì tōng yǐ xíng qí
以见天下之动，而观其会通，以行其

diǎn lǐ xì cí yān yǐ duàn qí jí xiōng shì gù wèi zhī
典礼，系辞焉以断其吉凶，是故谓之

yáo yán tiān xià zhī zhì zé ér bù kě wù yě yán tiān
爻。言天下之至赜而不可恶也，言天

xià zhī zhì dòng ér bù kě luàn yě nǐ zhī ér hòu yán
下之至动而不可乱也。拟之而后言，

yì zhī ér hòu dòng nǐ yì yǐ chéng qí biàn huà
议之而后动，拟议以成其变化。

míng hè zài yīn qí zǐ hè zhī wǒ yǒu hǎo
"鸣鹤在阴，其子和之：我有好

jué wú yǔ ěr mí zhī zǐ yuē jūn zǐ jū qí
爵，吾与尔靡之"。子曰："君子居其

shì chū qí yán shàn zé qiān lǐ zhī wài yìng zhī kuàng qí
室，出其言善，则千里之外应之，况其

ěr zhě hū jū qí shì chū qí yán bú shàn zé qiān lǐ
迩者乎？居其室，出其言不善，则千里

【大意】圣人看到天下的运动和变化，通过观察理解变动的会通之处，使人们的行动能合乎礼法典则，把这种法则以文辞的方式写在卦爻的后面，帮助人们判断吉凶，这就是"爻"效法天下之动的由来。运用这种方法，天底下再难知的事情，也不会感觉麻烦；天底下再怎么变动，也不会感到混乱。因为，模拟想象就能言知，理解斟酌就能行动，模"象"拟"爻"变通起来，就能因应世间万事万物的奇妙变化。

（运用《周易》拟议的方法，可以成就变化，六十四卦都是如此。现在列举七个爻来说明如何运用拟议。）中孚卦九二爻辞说："大鹤在阴幽之境中鸣唱，它的小鹤也鸣唱应和，（好像在说：）我这里有甘甜的美酒，希望与你分享，同饮共乐。"孔子说："君子足不出户，只要言语向善，远隔千里之外的人都会得到感应前来顺应，何况近处的人呢！如果言语邪恶，即使居住在室内，千里之外的人也会得到感应与他违抗，更何况近处的人！言论出在自身，影响会加在人们身上；行为发生在近处，但影响非常深远。言论与行为，是一个人的枢纽关键所在。

zhī wài wéi zhī　kuàng qí ěr zhě hū　yán chū hū shēn

之外违之，况其迩者乎? 言出乎身，

jiā hū mín　xíng fā hū ěr　xiàn　　hū yuǎn yán

加乎民；行发乎迩，见（现）乎远。言

xíng　jūn zǐ zhī shū jī　shū jī zhī fā　róng rǔ zhī zhǔ

行，君子之枢机。枢机之发，荣辱之主

yě　yán xíng　jūn zǐ zhī suǒ yǐ dòng tiān dì yě　kě bú

也。言行，君子之所以动天地也，可不

shèn hū

慎乎! ”

tóng rén　xiān háo táo ér hòu xiào　　zǐ yuē

"同人，先号咷而后笑。" 子曰：

jūn zǐ zhī dào　huò chū huò chǔ　huò mò huò yǔ

"君子之道，或出或处，或默或语，

èr rén tóng xīn　qí lì duàn jīn　tóng xīn zhī yán　qí

二人同心，其利断金。同心之言，其

xiù　　rú lán

臭（嗅）如兰。"

chū liù　jiè yòng bái máo　wú jiù　　zǐ yuē

"初六：藉用白茅，无咎。" 子曰：

gǒu cuò　　zhū dì ér kě yǐ　jiè zhī yòng máo　hé jiù

"苟错（措）诸地而可矣，藉之用茅，何咎

【大意】 这个关键是引发荣辱的主要因素。当然，一个人的言论与行为不仅影响到自身，还能感天动地，惊动万物。难道可以不谨慎吗？"（这是用拟议卦爻来说明谨言慎行的道理。）

同人卦九五爻辞说："把群众聚合起来，先号咷大哭，后破涕为笑。"孔子说："君子同人们相处，不在乎表面，而在于心，或者出现，或者隐居，沉默也罢，表达也罢，方式不一定相同，但是只要两人同心同德，合力足以切断金属，无坚不摧，众志成城。志同道合的肺腑之言，心照不宣的味道就像兰花一样浓香。"（所以，同人之道，先号咷大哭，是指方式不同，但心志相同，能冲破隔阂，而后笑。这就是用拟议的方法来阐述爻辞里同心的道理。）

大过卦初六爻辞说："初六：祭祀前先把柔软的白茅草衬垫在祭器的下边，这样谨小慎微当然没有什么害处。"

zhī yǒu   shèn zhī zhì yě   fú máo zhī wéi wù bó   ér yòng kě
之有？慎之至也。夫茅之为物薄，而用可

zhòng yě   shèn sī shù yě yǐ wǎng   qí wú suǒ shī yǐ
重也。慎斯术也以往，其无所失矣。"

láo qiān jūn zǐ   yǒu zhōng jí   zǐ yuē
"劳谦君子，有终，吉。"子曰：

láo ér bù fá   yǒu gōng ér bù dé   hòu zhī zhì yě
"劳而不伐，有功而不德，厚之至也。

yù yǐ qí gōng xià rén zhě yě   dé yán shèng lǐ yán
语以其功下人者也。德言盛，礼言

gōng qiān yě zhě   zhì gōng yǐ cún qí wèi zhě yě
恭，谦也者，致恭以存其位者也。"

kàng lóng   yǒu huǐ   zǐ yuē   guì ér wú
"亢龙，有悔。"子曰："贵而无

wèi gāo ér wú mín xián rén zài xià wèi ér wú fǔ shì
位，高而无民，贤人在下位而无辅，是

yǐ dòng ér yǒu huǐ yě
以动而有悔也。"

bù chū hù tíng wú jiù   zǐ yuē luàn zhī
"不出户庭，无咎。"子曰："乱之

【大意】孔子说："直接把祭品放置在地上也是可以的，何况还用柔软的白茅草来衬垫，怎么可能会有咎害呢？这就是谨小慎微到极点的地步。不要小看茅草很微薄，但作用和影响可以非常重大。能够用谨慎的方法前往做事，就不会有任何过失。"（这是用拟议来从爻辞中感悟谨慎的道理。）

谦卦九三爻辞说："有功劳又谦和的君子，有好结果，吉祥。"孔子说："勤劳而不自夸炫耀，有功劳而不认为是自己的功德，品德修养深厚到了极致。这就是告诉人们有功劳更能谦下于人。合乎道德的言语帮助他盛大，合乎礼仪的言语帮助他谦恭处世。所谓的谦虚，就是要用毕恭毕敬来立足，来为人处世。"（这是用拟议卦爻来感悟谦虚的道理。）

（谦虚如此重要，那么不谦虚会带来什么后果呢？）乾卦上九爻辞说："龙飞到穷极高亢之处，必有悔恨。"孔子说："显贵却没有实位，高高在上却失去人民，有贤能的人处在下位却无法辅助，所以这样的行为必有悔恨。"（这是用拟议卦爻来感悟高亢不谦的道理。）

节卦初九爻辞说："不跨出门户庭院，没有咎害。"孔子说："祸乱之所以产生，那是言多语失的缘故，言语泄露成为祸乱产生的阶梯。

所生也，则言语以为阶。君不密则失
臣，臣不密则失身，几事不密则害
成。是以君子慎密而不出也。”

子曰："作《易》者，其知盗乎？
《易》曰：'负且乘，致寇至。'负也
者，小人之事也。乘也者，君子之器
也。小人而乘君子之器，盗思夺之
矣。上慢下暴，盗思伐之矣。慢藏诲
盗，冶容诲淫。《易》曰：'负且乘，致
寇至'，盗之招也。"

【大意】君主不去保密，就会失去大臣的信任，大臣不去保密就会招来杀身之祸，几微的细节不去保密就会妨害成功。所以君子要谨慎保密而不乱说话。"（这是引用节卦初九爻来拟议保密的重要性。）

（一旦不谨慎，保密没做好，秘密泄露，消息就会被盗。）孔子说："写作《周易》的人，大概知道强盗的心理吧！解卦六三爻辞说：'身子坐在大车上，背上却还背着贵重的财物，这样就会招来寇盗抢劫。'背负重物是小人的事情，乘车是君子的工具，现在小人不能安分守己，自不量力，而去乘坐君子的工具，强盗就会乘机思谋夺取了。小人在高位却没有涵养，对上傲慢无礼，对下面的人暴虐无道，众叛亲离，强盗就会乘机思谋讨伐了。轻慢随便，不掩藏重要的财物，就是教人来偷盗。妇女整天无事打扮得过度妖艳，就是教人起淫辱之心。《周易》说的'负且乘，致寇至'，正是说偷盗都是自己招来的，咎由自取。"（这是引用解卦的爻辞来拟议量力而行的道理。）

第九节

天一，地二，天三，地四，天五，地
六，天七，地八，天九，地十。天数五，
地数五，五位相得而各有合。天数二
十有（又）五，地数三十，凡天地之数
五十有（又）五，此所以成变化而行鬼
神也。

　　【大意】（上一节，圣人列举七个爻辞为例，来说明圣人设卦观象，象其物宜，用系辞来断其吉凶，圣人就是如此拟议卦辞来成就《周易》在生活中的变化。人们平日观象玩辞，一旦有所行动，就要观变玩占，圣人又是如何模拟计算《周易》里的天地之数来实现卦爻的变化？天地间的生命不过就是一动一静而已，天地间的数，不过就是一而二，二而一而已。）天为阳刚，为动，为奇数，为一。地为阴柔，为静，为偶数，为二。天地二气相互往来，所以，二加一为三，是天数。二加二为四，是地数。四加一为五，是天数。四加二为六，是地数。六加一为七，是天数。六加二为八，是地数。八加一为九，是天数。八加二为十，是地数。（数始于一，成于三，终于十，到了十就终结圆满了。）河图只有十数。天共一三五七九这五个为奇数，地共二四六八十这五个偶数。天地这十个数以河图来定位，分在上下左右中这五个位置，对应了东南西北中，配合了金木水火土。一得到五变成六，天一与地六相合居在下方。二得到五变成七，地二与天七相合居在上方。三得到五变成八，天三与地八相合居在左边。四得到五变成九，地四与天九相合居在右边。《周易》占卜得到的六七八九，就是由于各自都必须得到五才变成的，所以五居在中间。一二三四加起来变成十，地十又与天五相合居在中间。五个方位的数相互得到而各自配合。再把天数一三五七九相加，等于二十五，地数二四六八十相加，等于三十，天地之数加在一起总和为五十五。这五十五个数就可以实现卦爻的变化，应对世间事变，达到运行阴阳至鬼神莫测的境界。

大　衍　之　数　五　十，其　用　四　十　有（又）
dà yǎn zhī shù wǔ shí qí yòng sì shí yòu

九。分　而　为　二　以　象　两，挂　一　以　象　三，揲
jiǔ fēn ér wéi èr yǐ xiàng liǎng guà yī yǐ xiàng sān shé

之　以　四　以　象　四　时，归　奇　于　扐　以　象　闰；
zhī yǐ sì yǐ xiàng sì shí guī jī yú lè yǐ xiàng rùn

五　岁　再　闰，故　再　扐　而　后　挂。《乾》之　策
wǔ suì zài rùn gù zài lè ér hòu guà qián zhī cè

二　百　一　十　有（又）六，《坤》之　策　百　四
èr bǎi yī shí yòu liù kūn zhī cè bǎi sì

十　有（又）四，凡　三　百　有（又）六　十，当　期
shí yòu sì fán sān bǎi yòu liù shí dāng qī

之　日。二　篇　之　策，万　有（又）一　千　五　百
zhī rì èr piān zhī cè wàn yòu yī qiān wǔ bǎi

　　【大　意】（上文说明了天地之数，那么圣人是如何拟议《周易》的卦爻数来实现天地之数的变化呢？）《周易》中用蓍草占筮推演，共需要五十根，天地之数是五十五，蓍草占筮数只用五十根，（那五个数，在天上为五星，地上为五行，人间为五德，是不可以动摇的。）占卜的时候，在这五十根蓍草里，随意抽出一根不用，模拟太极，只用四十九根。双手把四十九根蓍草随意一分为二，比喻太极生出了阴阳两仪，一画开天地。再从右手边的那一堆蓍草中随意抽出一根，悬挂在左手小指与无名指之间，象征天地人三才，（左手边这一堆蓍草代表天，右手边的蓍草代表地，万物从大地孕育而生，所以从右手边那堆蓍草中取出挂在左手上的那一根蓍草代表人）。再把左右两堆蓍草，按照每四根数成一揲，象征春夏秋冬四个季节。按照每四根为一揲进行归类以后，把左手边多余出来的蓍草的那个余数，夹在左手无名指与中指之间，这个归类后剩下的余数象征了闰月。因为五年有两个闰月，所以，再把右手边的蓍草每四根数成一揲，把剩余的蓍草的那个余数，夹在左手的中指与食指处。最后，把左手上夹的所有蓍草整合揲在一起放在一边，然后把数过的两堆蓍草合在一起，再按照前面同样的方法进行数算。经过三次演算以后，把这三次在左手上夹的蓍草数加在一起，用四十九减去这个总数，再用减去的这个差数除以四，得到的商，（只会出现六七八九这四种数字），一个爻就算完成了。（三次演变完成一个爻，一个卦有六个爻，需要十八次变化。六为老阴，七为少阳，八为少阴，九为老阳。六八为阴爻，六为变爻，七九为阳爻，九为变爻。）按照天地极数老阳老阴来算，乾卦纯阳，老阳之数九，每四个单位来数，一爻的蓍草策数就是四乘以九等于三十六策，乾卦六个爻的总策数就是六乘以三十六等于二百一十六。坤卦纯阴，老阴之数六，同样按照每四个单位来数，一爻为四乘以六等于二十四策，坤卦六爻的总策数就是六乘以二十四等于一百四十四。乾坤两卦的策数总和为三百六十，大概等于一年的天数。如果再把《周易》上下两篇六十四卦的策数加起来的话，阳卦有三十二，乘以乾卦策数二百一十六，等于六千九百一十二，阴卦有三十二，乘以坤卦策数一百四十四，等于四千六百零八，二者相加总和为一万一千五百二十，这就等于是天地万物的数字了。

èr shí dāng wàn wù zhī shù yě shì gù sì yíng ér chéng
二 十, 当 万 物 之 数 也。 是 故 四 营 而 成

yì shí yòu bā biàn ér chéng guà
易, 十 有（又） 八 变 而 成 卦。

bā guà ér xiǎo chéng yǐn ér shēn zhī chù lèi ér zhǎng
八 卦 而 小 成, 引 而 伸 之, 触 类 而 长

zhī tiān xià zhī néng shì bì yǐ xiǎn dào shén dé xíng shì
之, 天 下 之 能 事 毕 矣。 显 道 神 德 行, 是

gù kě yǔ chóu zuò kě yǔ yòu shén yǐ zǐ yuē zhī biàn
故 可 与 酬 酢, 可 与 佑 神 矣。 子 曰: "知 变

huà zhī dào zhě qí zhī shén zhī suǒ wéi hū
化 之 道 者, 其 知 神 之 所 为 乎。"

第十节

yì yǒu shèng rén zhī dào sì yān yǐ yán zhě shàng
《易》 有 圣 人 之 道 四 焉: 以 言 者 尚

qí cí yǐ dòng zhě shàng qí biàn yǐ zhì qì zhě shàng qí
其 辞, 以 动 者 尚 其 变, 以 制 器 者 尚 其

xiàng yǐ bǔ shì zhě shàng qí zhān
象, 以 卜 筮 者 尚 其 占。

【大 意】所以, 经过分二、挂一、揲四、归奇四个操作经营环节, 每重复三遍这样的程序就可变成《周易》中的一个爻, 六爻十八变可成为一个完整的卦。

六十四卦是由相对较小的八卦组合而成的,（八卦两两组合成为六十四卦, 有三百八十四爻, 六十四卦每卦都可再变出六十四卦, 共有四千零九十六个卦, 有二万四千五百七十六爻, 再加上乾坤坎离震巽艮兑八卦能包罗万象, 能拥有万数, 这样）一直引申延展、触类旁通, 天下能够存在的事物原理就全部包含其中了。这种拟议卦爻的大衍之数, 可以显示深奥的道理, 可以神化道德品行的作用。所以,《周易》可以应对人们至赜至动之事, 可以达到犹如神佑的境界。孔子说: "知道了《周易》卦爻变化的道理, 就能领会《周易》神奇的魔力了。"

（君子静居的时候观象玩辞, 行动的时候观变玩占,）辞、变、象、占是《周易》所具有的四大功能, 圣人之道在《周易》里通过这四个方面体现出来: 用它来指导言论、美化辞藻的人, 推崇卦爻辞; 用卦爻变化作为行动指南的人, 琢磨卦爻变化; 参考卦爻象来制造器物的人, 体会卦爻实象; 用卦爻占卜来卜筮决疑的人, 注重实践占验的机理。

shì yǐ jūn zǐ jiāng yǒu wéi yě　jiāng yǒu xíng yě
是以君子将有为也，将有行也，

wèn yān ér yǐ yán　qí shòu mìng yě rú xiǎng　wú yǒu yuǎn
问焉而以言，其受命也如响。无有远

jìn yōu shēn　suì zhī lái wù　fēi tiān xià zhī zhì jīng　qí
近幽深，遂知来物。非天下之至精，其

shú néng yǔ yú cǐ
孰能与于此？

sān　（叁）　wǔ yǐ biàn　cuò zōng qí shù　tōng qí
参（叁）伍以变，错综其数。通其

biàn　suì chéng tiān xià zhī wén　jí qí shù　suì dìng tiān
变，遂成天下之文；极其数，遂定天

xià zhī xiàng　fēi tiān xià zhī zhì biàn　qí shú néng yǔ
下之象。非天下之至变，其孰能与

yú cǐ
于此？

yì　wú sī yě　wú wéi yě　jì rán bú
《易》无思也，无为也，寂然不

dòng　gǎn ér suì tōng tiān xià zhī gù　fēi tiān xià zhī zhì
动，感而遂通天下之故。非天下之至

shén　qí shú néng yǔ yú cǐ
神，其孰能与于此？

【大意】所以，君子将要有所作为，有所行动，遇到疑问去征询《周易》，卦爻言辞就能回答，一一对应，非常准确，就像接受到了命令，有求必应。无论远近幽深，事无巨细，都能预先知道未来事物的发展变化。（精通卦爻辞就能无所不知，代替占卜。）如果《周易》不是有天底下最精妙的预测机制，又岂能如此？

天三主化，地五主变，天三地五用以变化，交错综合它的数，融会贯通其中的变化，就可以形成天下错杂的文采；穷究卦爻数至于极致，可以确定天下万事对应的万象（精通卦爻象就能通达变化）。如果《周易》不是天底下善于变通的，又岂能如此？

《周易》（如此高深，以其至精至变，解决天下至赜至动之事，）不需要任何思虑，没有任何人为的做作，一切都是源于自然，易简而已。正是通过寂静不动，反而以静制动，静观其变，对《周易》之道有所感悟就能通晓天底下的来龙去脉。如果《周易》不是天下最神奇的，又岂能如此？

夫《易》，圣人之所以极深而研几
也。唯深也，故能通天下之志；唯几
也，故能成天下之务；唯神也，故不疾
而速，不行而至。子曰"《易》有圣人
之道四焉"者，此之谓也。

第十一节

子曰："夫《易》何为者也？夫
《易》开物成务，冒天下之道，如斯而
已者也。"

是故圣人以通天下之志，以定天
下之业，以断天下之疑。是故蓍之德

【大意】圣人就是通过《周易》来穷极深奥、研索几微的。唯因其已达深远，所以能通达天下人的心志意愿；唯因其已得几微，所以能成就天下的事务；唯因其如此神妙，所以不需疾驰就能迅速，不需行动就能到达。孔子说"《周易》有四个方面的圣人之道"，就是这个意思。

（既然《周易》具有辞变象占四大功能，使得《周易》能够至精、至变、至神，而发挥这四大功能的就是蓍草、卦、爻，那么，《周易》到底有什么作用呢？）孔子说："《周易》到底有什么作为？《周易》可以开创万物，成就事务，包括覆盖天下的道理，如此而已。"

所以，圣人用《周易》可以通达天下万物的心志，奠定天下大业，决断天下的疑惑。

圆而神，卦之德方以知（智），六爻之
义易以贡。

圣人以此洗心，退藏于密。吉凶与
民同患。神以知来，知（智）以藏往。其
孰能与此哉？古之聪明睿知（智），神
武而不杀者夫！

是以明于天之道，而察于民之
故，是兴神物以前民用。圣人以此斋
戒，以神明其德夫！

是故，阖户谓之坤。辟户谓之乾。
一阖一辟谓之变，往来不穷谓之通。

【大意】因此，蓍草占卜的功德圆满而且神化莫测，卦象方正而有智慧，通过比拟来使人们知道万事万物，六爻变动不居，把平易浅显的道理贡献给人们。

圣人通过《周易》洗涤心灵，修身养性，能收藏到天地间的密钥，与人们一同为如何更好地趋吉避凶而忧虑。学习《周易》就能达到出神入化，能知未来，富有智慧，能包藏往事的经验，除非如此，还有谁能做到这样呢？估计只有古代聪明睿智的人可以做到，他们是能未卜先知、神奇勇武、不用杀戮就可以服人的圣王。

所以，圣人明白天地自然的大道，体察人情世故，新兴创制了蓍占这样的神物，用于引导人们趋吉避凶。圣人用《周易》来斋戒洁诚，虔敬培养神明般的道德！

（《周易》有出神入化、明了一切万物的功德。圣人通过观察的方法发明《周易》这本书。）所以，圣人看到闭合起来包藏万物的房间，就叫作坤卦；看到开辟的门户，犹如从中能够创生万物，就叫作乾卦。看到一扇门一开一闭变来变去，就好比卦爻变化之象；看到日月往来无穷无尽，就好似卦爻变化通达。

見 乃 謂 之 象，形 乃 謂 之 器。制 而 用 之
jiàn nǎi wèi zhī xiàng xíng nǎi wèi zhī qì zhì ér yòng zhī

謂 之 法，利 用 出 入，民 咸 用 之 謂 之 神。
wèi zhī fǎ lì yòng chū rù mín xián yòng zhī wèi zhī shén

是 故《易》有 太 极，是 生 两 仪。
shì gù yì yǒu tài jí shì shēng liǎng yí

两 仪 生 四 象，四 象 生 八 卦。八 卦 定 吉
liǎng yí shēng sì xiàng sì xiàng shēng bā guà bā guà dìng jí

凶，吉 凶 生 大 业。
xiōng jí xiōng shēng dà yè

是 故 法 象 莫 大 乎 天 地，变 通 莫 大
shì gù fǎ xiàng mò dà hū tiān dì biàn tōng mò dà

乎 四 时，县（悬）象 著 明 莫 大 乎 日 月，
hū sì shí xuán xiàng zhù míng mò dà hū rì yuè

崇 高 莫 大 乎 富 贵。备 物 致 用，立 成 器
chóng gāo mò dà hū fù guì bèi wù zhì yòng lì chéng qì

以 为 天 下 利，莫 大 乎 圣 人。探 赜 索
yǐ wéi tiān xià lì mò dà hū shèng rén tàn zé suǒ

【大 意】 看见各种事物的形象，都能对应《周易》中的象；看见万物的各种形状，都能与《周易》中器物的象对应起来。制象并将象对应的器物运用在生活中，就是效法《周易》之道。人民时刻都在运用《周易》之道，一出一入之间，（好像人体生命一刻都离不开呼吸那样），这就达到《周易》之道显化的神妙境界。

（正因为圣人如上述观察、发明创造《周易》，）所以，《周易》从宇宙混沌初开的太极开始，太极一画开天创生（天地、阴阳、日月）两仪，两仪化生（春夏秋冬、金木水火或少阳、老阳、少阴、老阴）四象，四象化生八卦（象征天地水火风雷山泽），八卦（象征乾健坤顺坎陷离丽巽入震动艮止兑说八种性情，进而模拟万事万物）的推演可以确定吉凶，确定吉凶便可以成就盛大的功业。

（《周易》作用伟大，功能神奇，但书的原理并不奇特，本来源于自然，非常容易简单。）《周易》的效法想象再大不过天地而已；变化通达再大不过四季而已；高悬法象光明显著再大不过日月而已；让人尊崇仰望再大不过富裕高贵而已。齐备万物、学以致用，立身成器，为天下谋福利，再大不过圣人而已。

隐，钩深致远，以定天下之吉凶，成天
下之亹亹者，莫大乎蓍龟。

是故，天生神物，圣人则之。天
地变化，圣人效之。天垂象，见（现）
吉凶，圣人象之。河出图，洛出书，
圣人则之。《易》有四象，所以示
也。系辞焉，所以告也。定之以吉
凶，所以断也。

　　【大意】 探察玄妙，思索隐秘，钩寻深邃，到达遥远，以此确定天下吉凶祸福，催促天下人勤勉不懈地建功立业，再大不过神奇的蓍草和神龟而已。

　　所以，自然界产生神奇的蓍草和灵龟，圣人取法其原理，发明卜筮的方法。天地间本来就充满了变化，圣人效法用卦爻变化来模拟。天地间垂挂着很多现象，显现吉凶的征兆，圣人用卦爻之象来模拟想象。龙马背着河图从黄河出来，神龟背着洛书从洛水出来，圣人取法它们阐明宇宙大道，创造八卦九畴。《周易》有这四个方面的现象，所以把占卜、爻变、卦象、八卦乃至六十四卦显示给人们。每个卦爻后面都系有文辞，用来告诉人们变化的趋势，以此可以确定吉凶，帮助人们判断利害祸福。

第十二节

《易》曰："自天佑之，吉无不利。"子曰："佑者，助也。天之所助者顺也；人之所助者信也。履信思乎顺，又以尚贤也。是以自天佑之，吉无不利也。"

子曰："书不尽言，言不尽意。"然则圣人之意，其不可见乎？子曰："圣人立象以尽意，设卦以尽情伪，系辞焉以尽其言，变而通之以尽利，鼓之

【大意】《周易》（大有卦上九爻辞）说："得到上天的保佑，吉祥而无所不利。"孔子说："佑不是随便就能得到保佑，是靠自身努力得到帮助。天所帮助的是能顺应天道的人；人所帮助的是诚实守信的人。人只要能履行信用，思想意念顺应天道，又能崇尚贤德，所以才能得到上天的佑助，吉祥而无所不利。"

孔子说："文字无法把想说的话都表达详尽，说出来的言语也无法把心中的意思完全表达清楚。"然而，圣人的心意难道就见不到了吗？孔子说："圣人通过创立卦象来尽可能全面地表达他想表达的意思，设置八卦、六十四卦、三百八十四爻来尽可能全面地显现万物难以描绘的真情和虚伪，对卦爻系辞来尽可能全面表达自己要说的言语，通过卦爻的变化流通，来尽可能全面地趋利避害，鼓舞人心推动天下人建功立业，来尽可能显现《周易》之道的神妙。"

舞^{wǔ}之^{zhī}以^{yǐ}尽^{jìn}神^{shén}。"

乾^{qián}坤^{kūn}，其^{qí}《易^{yì}》之^{zhī}蕴^{yùn}耶^{yé}？乾^{qián}坤^{kūn}成^{chéng}列^{liè}，

而^{ér}《易^{yì}》立^{lì}乎^{hū}其^{qí}中^{zhōng}矣^{yǐ}。乾^{qián}坤^{kūn}毁^{huǐ}，则^{zé}无^{wú}以^{yǐ}

见^{xiàn}（现）《易^{yì}》。《易^{yì}》不^{bù}可^{kě}见^{xiàn}（现），则^{zé}乾^{qián}

坤^{kūn}或^{huò}几^{jī}乎^{hū}息^{xī}矣^{yǐ}。

是^{shì}故^{gù}形^{xíng}而^{ér}上^{shàng}者^{zhě}谓^{wèi}之^{zhī}道^{dào}，形^{xíng}而^{ér}下^{xià}者^{zhě}

谓^{wèi}之^{zhī}器^{qì}。化^{huà}而^{ér}裁^{cái}之^{zhī}谓^{wèi}之^{zhī}变^{biàn}，推^{tuī}而^{ér}行^{xíng}之^{zhī}

谓^{wèi}之^{zhī}通^{tōng}，举^{jǔ}而^{ér}错^{cuò}（措）之^{zhī}天^{tiān}下^{xià}之^{zhī}民^{mín}谓^{wèi}之^{zhī}

事^{shì}业^{yè}。

【大 意】（那么《周易》又是通过什么来表达呢？万物出自天地，六十四卦出自乾坤。乾以易知，坤以简能，就是一个容易简单而已。）乾阳坤阴就穷尽《周易》的蕴含了吧？乾刚坤柔排列成序，六十二卦成列其中，《周易》之道也就在其中成立起来。乾坤如果毁灭，那《周易》之道就无法显现了。如果《周易》没有出现，那么乾坤推演万物之道或许永远停息，不为人知了。所以说，形体之上无法琢磨的就是《周易》的大道。

形体之下有体有状的，就是卦象模拟的器物。用形上之道化解裁定形下之器，就是卦爻的变化；推广形上之道付诸行动就是卦爻的变通，把形上之道用于天下万民身上的重大举措就是六十四卦的事业。

shì gù　fú xiàng　shèng rén yǒu yǐ jiàn tiān xià zhī
是故，夫象，圣人有以见天下之

zé　ér nǐ zhū qí xíng róng　xiàng qí wù yí　shì gù wèi
赜，而拟诸其形容，象其物宜，是故谓

zhī xiàng　shèng rén yǒu yǐ jiàn tiān xià zhī dòng　ér guān qí
之象。圣人有以见天下之动，而观其

huì tōng　yǐ xíng qí diǎn lǐ　xì cí yān yǐ duàn qí jí
会通，以行其典礼，系辞焉以断其吉

xiōng　shì gù wèi zhī yáo　jí tiān xià zhī zé zhě cún hū
凶，是故谓之爻。极天下之赜者存乎

guà　gǔ tiān xià zhī dòng zhě cún hū cí　huà ér cái zhī
卦，鼓天下之动者存乎辞。化而裁之

cún hū biàn　tuī ér xíng zhī cún hū tōng　shén ér míng zhī
存乎变，推而行之存乎通，神而明之

cún hū qí rén　mò ér chéng zhī　bù yán ér xìn cún hū
存乎其人。默而成之，不言而信，存乎

dé xíng
德行。

【大意】所以，这个象是什么呢？（《周易》通过象来表达它的智慧。象是学懂《周易》最关键的地方，模拟万象是学习《周易》最重要的方法，学会用象来表达，通过象来模拟事物的变化。）圣人看到天下深奥难言的事物，开始用卦象来模拟形容，合理类比想象各种事物，这就是《周易》卦爻象的作用。圣人看到天下的运动和变化，通过观察理解变化的会通之处，使人们的行动合乎典法仪则，把这种法则以文辞的方式写在六十四卦的卦爻下面，帮助人们判断吉凶，这就是爻效法天下之动的由来。极致表达天下繁杂的现象是通过卦形的象征来实现的；鼓舞天下人运动起来是通过卦爻的辞义实现的。变化裁剪在于卦爻变化，推广行动存在于卦爻会通，能够让《周易》之道神奇精妙，这完全取决于用《易》的人。在潜移默化就能实现，不需要言语相告就能让人信服，这是因为已经积存了足够的高尚德行。

第四章 系辞下传

第一节

八卦成列，象在其中矣。因而重之，爻在其中矣。刚柔相推，变在其中矣。系辞焉而命之，动在其中矣。

吉凶悔吝者，生乎动者也。刚柔者，立本者也。变通者，趣（趋）时者也。吉凶者，贞胜者也。天地之道，贞

【大意】 八卦（乾坤坎离震巽艮兑）排列出来以后，卦象所对应的天地万物之象都在卦中了。八卦两两相重，变为六十四卦以后，三百八十四个爻位显现在其中了。阳爻的性质是刚，阴爻的性质是柔，阳刚阴柔相互推移，变化就显现在其中了。卦爻下面系上文辞来进一步加以告诫，趋吉避凶的动向就显现在其中了。

卦爻辞里所告诫的吉利、凶险、后悔、羞吝都是因为人起心动念并有所行动。刚爻与柔爻是了解《周易》之道的根本，也是六十四卦的立足之本。刚柔的变通就是为了把握时局、与时俱进。时机有吉有凶，只有长久持守正道才能险中求胜，超越吉凶。天地因为长久持守正道，所以成就万物，蔚然大观。

guān zhě yě　　rì yuè zhī dào　zhēn míng zhě yě　tiān xià zhī

观 者 也。日 月 之 道，贞 明 者 也。天 下 之

dòng　zhēn fú yī zhě yě

动，贞 夫 一 者 也。

fú qián　què rán shì rén yì yǐ　fú kūn　tuí

夫 乾，确 然 示 人 易 矣；夫 坤，隤

rán shì rén jiǎn yǐ　yáo yě zhě　xiào cǐ zhě yě　xiàng

然 示 人 简 矣。爻 也 者，效 此 者 也。象

yě zhě　xiàng cǐ zhě yě　　yáo xiàng dòng hū nèi　jí xiōng

也 者，像 此 者 也。爻 象 动 乎 内，吉 凶

xiàn　　　hū wài　gōng yè xiàn　　hū biàn　shèng rén

见（现）乎 外，功 业 见（现）乎 变，圣 人

zhī qíng xiàn　　hū cí

之 情 见（现）乎 辞。

tiān dì zhī dà dé yuē shēng　shèng rén zhī dà bǎo yuē

天 地 之 大 德 曰 生，圣 人 之 大 宝 曰

wèi　　hé yǐ shǒu wèi yuē rén　hé yǐ jù rén yuē cái　lǐ

位，何 以 守 位 曰 仁，何 以 聚 人 曰 财，理

cái zhèng cí　　jìn mín wéi fēi yuē yì

财 正 辞，禁 民 为 非 曰 义。

【大 意】日月因为长久持守正道，所以普照大地，大放光明。大自然在变动当中成就万事万物，是因为长久持守正道，心意精诚专一。

乾卦，很明确地告诉人们非常容易；坤卦，安静地告诉人们非常简单。爻就是要把天底下千变万化的复杂现象效法成像乾坤那样的简单容易。象就是把万事万物通过比喻模拟成简单容易的生动形象。爻与象在卦里往来变动，吉凶就类比显现于卦外，功业成败在爻象变化中彰显出来，圣人情怀在卦爻辞中体会得到。

天地有化生、好生、乐生、助生的大德，就像卦爻变动生生不息；圣人最宝贵的是时位，即显示贵贱的爻位；如何才能持守优越的时位和爻位，要有仁德；如何才能聚拢人才，需要财利。利用好财物，修正言辞，阻止人们不为非作歹，就是正义。

第二节

^{gǔ zhě bāo xī shì zhī wàng tiān xià yě yǎng zé guān}
古者包牺氏之王天下也，仰则观

^{xiàng yú tiān fǔ zé guān fǎ yú dì guān niǎo shòu zhī wén}
象于天，俯则观法于地，观鸟兽之文

^{yǔ dì zhī yí jìn qǔ zhū shēn yuǎn qǔ zhū wù yú shì}
与地之宜，近取诸身，远取诸物，于是

^{shǐ zuò bā guà yǐ tōng shén míng zhī dé yǐ lèi wàn wù}
始作八卦，以通神明之德，以类万物

^{zhī qíng}
之情。

^{zuò jié shéng ér wéi wǎng gǔ yǐ tián yǐ}
作结绳而为罔（网）罟，以佃（畋）以

^{yú gài qǔ zhū lí}
渔，盖取诸离。

^{bāo xī shì mò shén nóng shì zuò zhuó mù}
包牺氏没（殁），神农氏作，斫木

^{wéi sì róu mù wéi lěi lěi nòu zhī lì yǐ jiào tiān}
为耜，揉木为耒，耒耨之利，以教天

【大意】 上古时期的伏羲氏以王道治理天下，仰观天上日月星辰之象，俯察地上山川河流之理，观察飞禽走兽（身上和地上足迹）的纹路，以及与地气相适宜的自然风貌，近处取法人身，远处取法万物，就这样创制出八卦，通过八卦来通达天地神明的大德，来类比万物的性情。

伏羲氏发明编结绳索的方法，结成畋网和渔网（罟），畋网用来捕猎，渔网用来打渔，这大概是取象于离卦。（离卦为眼，网有众多小眼，又卦形似网状。互卦中有两个方向对调的巽卦，为打结的绳子。离卦为雉、为甲胄、为戈兵，是捕猎之象。互卦兑为泽，巽为鱼，离卦又为鳖、龟、蟹、蚌，有打渔之象。离卦为文明为火，捕猎打渔为民除害，以区别于禽兽，又用火熟食，象征文明开始，能够转化动物的能量为人所用。）

（人们不仅需要肉食，还需要粮食，于是进入农业文明时代。）伏羲氏去世以后，神农氏兴起，把木头削尖作为犁头，揉弯木料作为犁把手，利用犁耕地来教化天下，这大概是取象于益卦。（益卦上卦巽为木，又为进退，互卦艮为手、坤为土，下卦震为动为足，手持木在土中来回动，有耕地之象。）

下，盖取诸益。

日中为市，致天下之民，聚天下之货，交易而退，各得其所，盖取诸噬嗑。

神农氏没（殁），黄帝、尧、舜氏作，通其变，使民不倦，神而化之，使民宜之。《易》穷则变，变则通，通则久。是以自天佑之，吉无不利。黄帝、尧、舜垂衣裳而天下治，盖取诸乾坤。

刳木为舟，剡木为楫。舟楫之利，以济不通，致远以利天下，盖取

【大意】（丰衣足食，便有交换，于是进入商业文明时代。）大白天进行市场贸易活动，把人们招引在一处，聚集各地的商品货物，互通有无，交换之后各自离开，各得所需，这大概是取象于噬嗑卦。（上卦离为日、为贝壳，下卦震为大涂、为足、为动、为鸣，互卦艮为径路、为止，噬嗑卦有市合之意，所以是日中进行集市活动之象。）

（人类通过一系列活动得到生存之后，逐渐有了文化制度。）神农氏去世以后，黄帝、唐尧、虞舜兴起，与时俱进，自然而然通达天下变化，使民众不断进取，不会感到疲倦；神妙地化用前人的成果，切于日用，使人们各得其宜。《周易》之道穷极就会变化，变化就能通达，变通就能天长地久。所以，就像得到了上天的保佑，吉祥而无所不利。黄帝、唐尧、虞舜制作衣裳，任凭衣裳下垂，无为化民、垂拱而治，这大概是取象于乾卦和坤卦。（乾易坤简，简单无为。乾通变，坤化育，有变化、神化之意。天尊地卑，有乾坤尊卑文明礼仪之意。乾为上衣，坤为下裳，垂范衣裳，有文明之象。）

zhū huàn

诸涣。

fú niú chéng mǎ　　yǐn zhòng zhì yuǎn　yǐ lì tiān xià

服牛乘马，引重致远，以利天下，

gài qǔ zhū suí

盖取诸随。

zhòng mén jī tuò　　yǐ dài bào kè　gài qǔ zhū yù

重门击柝，以待暴客，盖取诸豫。

duàn mù wéi chǔ　jué dì wéi jiù　jiù chǔ zhī lì

断木为杵，掘地为臼，臼杵之利，

wàn mín yǐ jì　gài qǔ zhū xiǎo guò

万民以济，盖取诸小过。

xián mù wéi hú　yǎn mù wéi shǐ　hú shǐ zhī lì

弦木为弧，剡木为矢，弧矢之利，

yǐ wēi tiān xià　gài qǔ zhū kuí

以威天下，盖取诸睽。

【大意】（天下文明，各地的人们都会往来交流学习。打通水路，跨越天险。）挖空树干做成船，砍削木头制成船桨，利用船和桨来渡过无法交通的两岸，能到达更远的地方，为天下交流提供便利，这大概是取象于涣卦。（涣卦有分散之意，又上卦巽为进退、为近利市三倍、为木、为风，互卦艮为手，震为动，下卦坎为水，有划船航行之象。）

（打通陆路，交通发达。）驯牛牵引重物，骑马到达远方，更加便利天下，这大概是取象于随卦。（随卦上卦兑为悦，下卦震为动，象征地底下震动，泽水跟随着波动，比喻牛马跟随人们而动。互卦巽为绳、为股、为进退，艮为手、为鼻，下卦震为足、为动、为马鸣，有服牛乘马之象。）

（海陆皆通，容易产生海盗、强盗，所以）加固城防，敲打巡夜的木梆子作为信号，加强警戒，抵御强盗，这大概是取象于豫卦。（从取义上说，豫卦有预防之意，卦辞"利建侯、行师。"从卦象来看，豫卦上卦震为动、为鸣、为乐器之类，有敲打木梆之象，下卦坤为地、为城邑、为众，互卦艮为门阙，有重门之象，互卦坎为盗。）

（不仅要加固城防，还要储备好粮食。）砍断木头做成舂米的木棒，把平地挖成凹状用来舂米，利用舂米来救济万民，这大概是取象于小过卦。（从取义上说，小过卦有稍微超过平常之意，做好过多的储备。从卦象上看，小过卦上卦震为动、为木，互卦兑为口舌，巽为木、为工、为进退、为白，下卦艮为手、为土、为止，有臼杵舂米之象。）

（做好储备，还要加强军备。）把弦拴在木头两端，弯成弓，把木头削尖做成弓箭，利用弓箭武器来威慑天下，这大概是取象于睽卦。（睽卦上卦离为火、为中女，下卦兑为泽、为少女，象征水火不容，二女同居而意见不同，容易引起争端，就要加强军备预防。又上卦离为目、为矢，互卦坎为弓，兑为口舌。）

shàng gǔ xué jū ér yě chù　hòu shì shèng rén yì zhī
上古穴居而野处，后世圣人易之

yǐ gōng shì　shàng dòng xià yǔ　yǐ dài fēng yǔ　gài qǔ zhū
以宫室，上栋下宇，以待风雨，盖取诸

dà zhuàng
大壮。

gǔ zhī zàng zhě　hòu yì zhī yǐ xīn　zàng zhī zhōng
古之葬者，厚衣之以薪，葬之中

yě　bù fēng bú shù　sàng qī wú shù　hòu shì shèng rén yì
野，不封不树，丧期无数，后世圣人易

zhī yǐ guān guǒ　gài qǔ zhū dà guò
之以棺椁，盖取诸大过。

shàng gǔ jié shéng ér zhì　hòu shì shèng rén yì zhī
上古结绳而治，后世圣人易之

yǐ shū qì　bǎi guān yǐ zhì　wàn mín yǐ chá　gài qǔ
以书契，百官以治，万民以察，盖取

zhū guài
诸夬。

【大意】（除去了外患危险，人们开始安居乐业。）上古时期的人们，在洞穴里居住，在野外生活，后代的圣人改变为居住在房屋宫室里，上面搭建栋梁，人们住在屋宇之下，用来躲避风雨，这大概是取象于大壮卦。（大壮卦上卦震为雷、为鸣，互卦兑为泽，下卦乾为天，有天上打雷，风雨交加，洪水泛滥之象。又震为木，乾为圆，有房屋之象。）

（生活起居安定，有生便有死，厚葬是大事。）远古时期，用木柴当作厚衣盖在逝者身上，埋葬在野外，不堆土筑坟，不树立标志，没有服丧的时间，后代圣人改用棺材下葬，这大概是取象于大过卦。（小过卦讲养生，大过卦讲生死。大过卦上卦兑为缺口，上卦又是一个反过来的巽卦，为木，互卦乾为人、为骨、为衣、为野，下卦巽为木、为白、为多白眼，上下四个阴爻犹如四个钉子，是上下木相盖，有棺椁埋葬之象。）

（本章节开头以结绳而创造文明，最终以书契而产生文化。）上古时期没有文字，人们用绳子打结记事的方式来处理事务，后代圣人用文字来取代结绳记事，官员运用文字可以治理事务，人民借助文字可以察知世情，这大概是取象于夬卦。（夬卦有决断之意。上卦兑为口舌，下卦乾为金、为刚物、为契，有记录言语之象。）

第三节

shì gù yì zhě xiàng yě xiàng yě zhě xiàng
是 故《易》者，象 也。象 也 者，像
yě tuàn zhě cái yě yáo yě zhě xiào tiān xià
也。象 者，材（裁）也。爻 也 者，效 天 下
zhī dòng zhě yě shì gù jí xiōng shēng ér huǐ lìn zhù yě
之 动 者 也。是 故 吉 凶 生 而 悔 吝 著 也。

第四节

yáng guà duō yīn yīn guà duō yáng qí gù hé yě
阳 卦 多 阴，阴 卦 多 阳，其 故 何 也？
yáng guà qí yīn guà ǒu qí dé xíng hé yě yáng yī
阳 卦 奇，阴 卦 偶。其 德 行 何 也？阳 一
jūn ér èr mín jūn zǐ zhī dào yě yīn èr jūn ér yī
君 而 二 民，君 子 之 道 也。阴 二 君 而 一
mín xiǎo rén zhī dào yě
民，小 人 之 道 也。

【大 意】（以上列举十三个卦例来说明八卦取象制器，）由此可见，《周易》就是一本讲象、用象的书，这个象也就是模拟、比喻、好像、类似、形容的意思。卦中的象辞，是用来判断卦象、裁断卦义的。六爻刚柔往来，生动形象地仿效天下的变动。所以从卦和爻入手就能非常显著明白地显现出人世间的吉凶悔吝。

（《周易》是一本很形象的书，简单容易到都在讲象、用象，通过简单的卦爻之象，就能明白千变万化，看清万事万物，通晓君子小人之道。所以，就三画卦而言，）阴爻多的卦是阳卦，例如震卦、坎卦、艮卦，皆是一阳二阴。阳爻多的卦反而是阴卦，例如巽卦、离卦、兑卦，皆是一阴二阳。这是什么缘故呢？这是因为阳卦为奇数，阴卦为偶数。（所以，一阳二阴，和为奇数，为阳卦；一阴二阳，和为偶数，为阴卦。）这又代表了什么德行呢？阳为君子，阴为小人，阳卦是一君万民，一正万邦，是君子正道。阴卦是一民侍二君，国家分裂混乱，是小人当道。

第五节

《易》^{yì}曰^{yuē}：“憧^{chōng}憧^{chōng}往^{wǎng}来^{lái}，朋^{péng}从^{cóng}尔^{ěr}

思^{sī}。”子^{zǐ}曰^{yuē}：“天^{tiān}下^{xià}何^{hé}思^{sī}何^{hé}虑^{lù}？天^{tiān}下^{xià}同^{tóng}

归^{guī}而^{ér}殊^{shū}途^{tú}，一^{yī}致^{zhì}而^{ér}百^{bǎi}虑^{lù}。天^{tiān}下^{xià}何^{hé}思^{sī}何^{hé}

虑^{lù}？日^{rì}往^{wǎng}则^{zé}月^{yuè}来^{lái}，月^{yuè}往^{wǎng}则^{zé}日^{rì}来^{lái}，日^{rì}月^{yuè}相^{xiāng}

推^{tuī}而^{ér}明^{míng}生^{shēng}焉^{yān}。寒^{hán}往^{wǎng}则^{zé}暑^{shǔ}来^{lái}，暑^{shǔ}往^{wǎng}则^{zé}寒^{hán}

来^{lái}，寒^{hán}暑^{shǔ}相^{xiāng}推^{tuī}而^{ér}岁^{suì}成^{chéng}焉^{yān}。往^{wǎng}者^{zhě}屈^{qū}也^{yě}，来^{lái}

者^{zhě}信^{shēn}（伸）也^{yě}，屈^{qū}信^{shēn}（伸）相^{xiāng}感^{gǎn}而^{ér}利^{lì}生^{shēng}焉^{yān}。

尺^{chǐ}蠖^{huò}之^{zhī}屈^{qū}，以^{yǐ}求^{qiú}信^{shēn}（伸）也^{yě}；龙^{lóng}蛇^{shé}之^{zhī}蛰^{zhé}，

以^{yǐ}存^{cún}身^{shēn}也^{yě}。精^{jīng}义^{yì}入^{rù}神^{shén}，以^{yǐ}致^{zhì}用^{yòng}也^{yě}；利^{lì}用^{yòng}

【大意】（下面引用十一条爻例来说明《周易》本来就是自然而然、简单容易的一本书，这本书无思无为，寂然不动，感而遂通天之故。）《周易》咸卦九四爻辞说：“心思意向不能专一，心神不宁，飘忽无定，来来往往，（一旦思虑专一），朋友终究会顺从你的心思意虑。”孔子说："天下事有什么可思虑的，万物的本质归宿是相同的，只是形式途径不一样罢了，天下的目的是一致，只不过是有各种各样的思想行动而已，一切都是顺其自然，天下何须思虑，画蛇添足呢？日月往来不穷，光明自然而然产生。寒暑往来不息，四季自然交替。过往的就屈退，过来的伸展，屈伸感应循环，很自然就顺利达到了。地上爬的虫子靠弯曲身体来伸展行走，龙蛇靠冬眠来保身，一切都是很自然的。所以，精通了悟这种自然之意，自然而然就会熟练到出神入化的境界，聚精能会神，熟练能生巧，就可以学以致用了；能够身怀绝技，做事可以游刃有余，品德自然而然就崇高。

安身，以崇德也。过此以往，未之或知
也；穷神知化，德之盛也。"

《易》曰："困于石，据于蒺藜，入
于其宫，不见其妻，凶。"子曰："非所
困而困焉，名必辱。非所据而据焉，身
必危。既辱且危，死期将至，妻其可得
见耶！"

《易》曰："公用射隼于高墉之
上，获之，无不利。"子曰："隼者，

【大意】如果继续超过这个境界，继续前往，精益求精，就不知道能达到什么样的地步了，但只要通达自然之意，精义入神，潜移默化，穷极宇宙的神妙，通晓天下的变化，就已经拥有盛德了。"（何必去憧憧往来、忧心忡忡呢？《易》道不过就是个无思无为、简单容易罢了。）

（上文讲君子之道，君子能够精义入神，利用安身。此文讲小人之道，见利忘义，身败名裂。上文讲《周易》本无思无虑，简单容易，自然而然，如果不能无为无欲，则蠢蠢欲动，必惹是生非，陷于不义，皆是因为自己刚强好胜，为所欲为，所造成的不祥。所以，）《周易》困卦六三爻辞说："被围困于乱石堆之中，又靠坐在荆棘蒺藜之上。退入自家宫室，却已见不到妻子，非常凶险。"孔子说："本来不是困境，却被困住了，名声必将受辱。不可以占据的地方却滞留了，必将危及身体和生命。身败名裂，（由于自己的欲望驱使，不懂屈伸取舍之理，见利忘义，）死期将至，怎么可能再见到自己的妻子？"

（此论君子之道。）《周易》解卦上六爻说："王公用箭射下栖落在高墙之上凶恶的鹰鹞，一举把它擒获，这样做是无所不利的。"

禽也。弓矢者，器也。射之者，人也。

君子藏器于身，待时而动，何不利之

有。动而不括，是以出而有获，语成器

而动者也。"

子曰："小人不耻不仁，不畏不

义，不见利不劝，不威不惩。小惩而大

诫，此小人之福也。《易》曰：'屦校

灭趾，无咎。'此之谓也。善不积不

足以成名，恶不积不足以灭身。小人

以小善为无益而弗为也，以小恶为

【大意】孔子说："隼是猎物，弓箭是武器，射箭的是人，这就好似君子能身怀绝技，又能等待时机，（正是前文说的精通了悟自然之意，自然而然就会熟练到出神入化的境界，聚精能会神，熟能生巧，就可以学以致用了。君子能懂得屈伸进退之理，随时得宜，顺其自然，）有何不利？日积月累，一旦时机成熟，行动就会游刃有余，熟练自如。所以，出手必有所获，百发百中。这主要是说人要先学成器，学有所成，然后才能有所作为。"

（此又论小人之道。）孔子说："小人蒙受羞辱，才会表现出仁爱之心，不感到畏惧就不会讲义气，小人不见到利益就不会努力去做，没有威吓就不知戒惧，所以给小人以小的惩罚，让他明白重大的告诫，这是小人的福气啊。《周易》噬嗑卦初九爻辞说：'脚上套着脚枷，遮没了脚趾，没有太大的罪过。'

wú shāng ér fú qù yě gù è jī ér bù kě yǎn zuì
无 伤 而 弗 去 也。 故 恶 积 而 不 可 掩， 罪

dà ér bù kě jiě yì yuē hè jiào miè
大 而 不 可 解。《易》曰：'何（荷）校 灭

ěr xiōng
耳， 凶。'"

zǐ yuē wēi zhě ān qí wèi zhě yě wáng zhě
子 曰："危 者， 安 其 位 者 也； 亡 者，

bǎo qí cún zhě yě luàn zhě yǒu qí zhì zhě yě shì
保 其 存 者 也； 乱 者， 有 其 治 者 也。 是

gù jūn zǐ ān ér bú wàng wēi cún ér bú wàng wáng zhì
故 君 子 安 而 不 忘 危， 存 而 不 忘 亡， 治

ér bú wàng luàn shì yǐ shēn ān ér guó jiā kě bǎo yě
而 不 忘 乱， 是 以 身 安 而 国 家 可 保 也。

yì yuē qí wáng qí wáng xì yú bāo sāng
《易》曰：'其 亡 其 亡， 系 于 苞 桑。'"

zǐ yuē dé bó ér wèi zūn zhì xiǎo ér
子 曰："德 薄 而 位 尊， 知（智） 小 而

móu dà lì xiǎo ér rèn zhòng xiǎn bù jí yǐ yì
谋 大， 力 小 而 任 重， 鲜 不 及 矣。《易》

【大意】 就是要表达这个意思。善德不积累，不可能扬名于后世，恶行不累积，也不会毁灭自身。小人以为小善无所益而不去做，以为小恶无所谓而不去除。最后日积月累，恶贯满盈而无法掩盖，罪大恶极而无法解救。所以《周易》噬嗑卦上九爻辞说：'肩上扛着颈枷，遮没了耳朵，有凶祸。'"

（此论君子之道。）孔子说："危险，是因为自以为可守其位，无需进取。灭亡，是因为自以为能够保证自己长久存续。混乱，是因为自以为天下已趋大治。所以，君子能够居安思危，安定而不忘大乱，生存而时刻谨记灭亡的危机。这样才能自身安宁，进而保全国家。《周易》否卦九五爻辞说：'（要时刻居安思危）可能会灭亡啊，可能会灭亡啊，这样才能就像被拴在丛生的大桑树上一样安然无恙。'"

（此论小人之道。）孔子说："德浅行薄却处在尊位，才薄智浅却谋求大计，力薄才疏却担当重任，很少能有不遭灾受难的。

曰：'鼎折足，覆公餗，其形渥，凶。'
言不胜其任也。"

子曰："知几其神乎？君子上交不谄，下交不渎，其知几乎？几者，动之微，吉之先见（现）者也。君子见几而作，不俟终日。《易》曰：'介于石，不终日，贞吉。'介如石焉，宁用终日？断可识矣。君子知微知彰，知柔知刚，万夫之望。"

子曰："颜氏之子，其殆庶几乎？有不善未尝不知，知之未尝复行

【大意】所以《周易》鼎卦九四爻辞说：'鼎足折断了，王公的美食倒出来了，搞得鼎身醍醐，凶险。'主要是指志大才疏，力不胜任，不能安分守己。"（这也是不懂得屈伸进退之理。）

（此论君子之道。）孔子说："掌握先几这样的事情神秘吗？君子与上交往不谄媚，与下交往不轻慢，能做到如此，就能掌握先几了吧？几就是变化的苗头征兆，是吉凶显现出来的先发苗头。君子见几行动，刻不容缓，不会拖延日久，坐失良机。《周易》豫卦六二爻辞说：'独立耿介，坚定不移，犹如巨石，不成天沉溺于安乐当中，守正吉祥。'独立耿介有如磐石，岂可等到日终，当机立断，断然可知。君子能见微知著，见柔知刚，见屈知伸，众望所归。"

孔子说："颜家的儿子颜回，几乎做到了掌握先几的本事！他一有做得不对的地方，便能知晓，知错以后，再不会重复同样的错误。

也。《易》曰：'不远复，无祗（祇）悔，元吉。'"

天地氤氲，万物化醇。男女构精，万物化生。《易》曰："三人行则损一人，一人行则得其友。"言致一也。

子曰："君子安其身而后动，易其心而后语，定其交而后求。君子修此三者，故全也。危以动，则民不与也；惧以语，则民不应也；无交而求，则

【大意】《周易》复卦初九爻辞说：'没有偏离正道太远，犯错之后，马上改正回复，不至于日后悔恨，非常吉祥。'"（正所谓"君子见几而作，不俟终日。"）

天地日月阴阳二气交合，万物浓醇化育。男女两性精血交媾，万物得以化育生成。《周易》损卦六三爻辞说："三个人一起前行会损失一个人，一个人单独前行则会得到朋友。"说的就是专心一致的意思。（本章从开篇讨论阳卦与阴卦，君与民，一君二民与二君一民，君子之道与小人之道，接着从咸卦讲起，提到一致，精义入神，后文紧接着讲往来、屈信、名辱、动藏、仁义、善恶、安危、存亡、动乱、小大、知几、上下、知微知彰、柔刚等等，皆是两两相对，天地男女是二，氤氲构精是相交相应，化醇化生是一，专一不二，天地之道，不过就是一而二、二而一而已，彼此往来相应，两两相感致一，三则杂乱无章。所以，三人行，损去一人为二，一人行，得到其友为二，二人同心，其利断金，二则专一。宇宙天地人生看似杂乱无章，实际上都是有规律的，万变不离其宗，都是一以贯之的，形式多种多样，但《易》道只有一个，一切都是贯通天人的。）

孔子说："君子安身立命，修己修身，然后再来作为；能够将心比心，然后再来说话；确定志同道合，坚定交情，再来求人。君子修身、修心、修行，能把这三个修好，精益求精，这样就全面了。人们感到危险却要他们行动，谁都不会来帮助。民众感到恐惧却想要说服他们，那就没有人会答应。

mín bù yǔ yě　　mò zhī yǔ　zé shāng zhī zhě zhì yǐ
民不与也；莫之与，则伤之者至矣。

yì　yuē　　　mò yì zhī　huò jī zhī　lì xīn wù
《易》曰：'莫益之，或击之。立心勿

héng　xiōng
恒，凶。'"

第六节

zǐ　yuē　　qián kūn　qí　yì　zhī mén yé
子曰："乾坤，其《易》之门耶？"

qián yáng wù yě　　kūn　yīn wù yě　　yīn yáng hé dé
乾，阳物也；坤，阴物也。阴阳合德，

ér gāng róu yǒu tǐ　yǐ tǐ tiān dì zhī zhuàn　yǐ tōng shén
而刚柔有体。以体天地之撰，以通神

míng zhī dé　qí chēng míng yě　zá ér bú yuè　yú jī qí
明之德。其称名也，杂而不越。于稽其

lèi　qí shuāi shì zhī yì yé
类，其衰世之意邪？

　　【大意】平时不打交道，没有交情，有求于人的时候是不会得到帮助的。如果没有人来帮助，伤害他的人就会出现。所以，《周易》益卦上九爻辞说：'没有人来增益他，反而有人来攻击他，不能坚定地持守人天之意，会有凶险。'"（从开篇到现在都在讲日积月累，精义入神，久而久之，熟能生巧，游刃有余。同时也说明，虽然卦爻不同，但《易》道是连贯的，殊途同归，百虑而一致。整篇《系辞传》都在讲一个《易》道——以象为中心的阴阳之道，一念恒定，自然感而遂通，自然"朋从尔思"，从而开启心意通天的全新人生境界。）

　　（整部《周易》，都是关于乾阳坤阴的简易之道，纷繁复杂的六十四卦不过就是阴阳的变化而已。）孔子说："乾阳坤阴就是通往《周易》的大门吧。"乾代表阳类的事物，坤代表阴类的事物，阴阳不同的德性相互配合，刚和柔就成为形体了，（阴阳看似为二，其实合一，阴中有阳，阳中有阴，六十四卦都是阴阳，阴阳看似往来无穷，一而二、二而一，神化莫测，但阴阳有刚柔之体，然后运用刚柔的特性，就有了刚柔相推变化之用，）可以体会天地的造化，具备通晓神明的妙用。

夫《易》，彰往而察来，而微显阐幽，开而当名，辨物正言，断辞则备矣。其称名也小，其取类也大。其旨远，其辞文，其言曲而中，其事肆而隐。因贰以济民行，以明失得之报。

第七节

《易》之兴也，其于中古乎？作《易》者，其有忧患乎？是故履，德之基也。谦，德之柄也。复，德之本也。恒，德之固也。损，德之修也。益，德

【大 意】《周易》六十四卦、三百八十四爻，象征宇宙万事万物，虽然名称杂七杂八，其实不过就是阴阳刚柔而已，万变不离其宗，最根本的《易》道是一致的，纯一不杂的。仔细考察卦爻辞所表达的各类事态和情况，大概反映了作者正处于衰危之世的忧患思想吧？

《周易》能揭示古往而知晓今来，能显示几微而阐明深幽。《周易》能开示卦爻，各自配上适当的名称，以明辨是非，言辞能准确判断吉凶祸福，无所不备。六十四卦描述的名称很微小，但所取类的事物却非常广大。《周易》的主旨虽然很深远，但卦爻辞却很形象生动，所讲的言语好像婉转曲折，却能切中要害，所说的事情看似无章可循，其实隐藏深意。可见，《周易》之道就是对应统一，阴阳刚柔这样简单容易的大道，足以救济天下，使人们明白失与得的果报。

《周易》的兴起，大概是在中古时期吧？当初创作《周易》的人，还有什么忧患呢？（因为下面列举九卦之德，足见学习《周易》可以成性存存，提升道德，进入道义之门，应对忧患。）

之裕也。困，德之辨也。井，德之地
也。巽，德之制也。

履，和而至。谦，尊而光。复，小而
辨于物。恒，杂而不厌。损，先难而后
易。益，长裕而不设。困，穷而通。井，
居其所而迁。巽，称而隐。

履以和行，谦以制礼，复以自知，
恒以一德，损以远害，益以兴利，困以
寡怨，井以辩（辨）义，巽以行权。

【大 意】 所以，履卦是德行的基础。谦卦是德行所要秉持的。复卦是德行的根本。恒卦加固德行。损卦可以修德。益卦充实道德。困卦（在困境中）分辨品德。井卦是培育道德的基地。巽卦是道德的制约。

履卦，柔和可以无所不至。谦卦，尊让才有光辉。复卦，在细微处就要开始辨别外物，反省自己。恒卦，复杂艰难但能持之以恒不厌烦。损卦，减损欲望，先攻坚克难后必容易。益卦，常常充实，习惯成自然，便不需做作摆设。困卦，困穷可以通达，置之死地而后生，人的本事都是逼出来的。井卦，变动不居方可随机应变，坚定不移，毫不动摇，才能通达变迁，以静制动，持经才能达变。巽卦，审时度势，因地制宜，度量物性，顺性而为，潜移默化于无形之中。

履卦以和为贵，谦卦用来行礼，复卦反求诸己，有自知之明，恒卦可以培养始终如一的品德，损卦可以远离危害，益卦可以带来好处，困卦可以使人坚强而不抱怨，井卦可以明辨道义，巽卦可以学会权衡得失取舍之宜。

第八节

《易》之为书也不可远，为道也屡迁，变动不居，周流六虚，上下无常，刚柔相易，不可为典要，唯变所适。

其出入以度，外内使知惧。又明于忧患与故。无有师保，如临父母。初率其辞而揆其方，既有典常。苟非其人，道不虚行。

【大　意】（上一节说卦爻有德，能指导生活的方方面面。所以，）《周易》这本书离我们并不遥远，就在日常生活之中。（同时，也说明《周易》并不深奥遥远，就在六十四卦之中，不过就是阴阳、六爻而已。）《周易》之道不断变动，居无定所，阴爻可居阳位，阳爻可居阴位，六爻循环往复，六位空虚包罗万象，可上可下，上下往来无常，刚柔交换无穷，不可拘泥于固定不变的典章模式，而要随机应变。

（《周易》六爻如此灵活应变，掌握了六爻的规律，就能发现）六爻往来出入都是有法度的，告诉人们从外到内都有规矩，不敢乱来，要戒慎惕惧。又能通晓忧患的来由，具有忧患意识，能小心谨慎到即使好像没有老师和保姆的看护，也能像时刻面临父母那样保持敬畏。只要一开始就遵循卦爻辞，掌握其中的方法，就能有章法可循。所以，除非人们不去理会，否则《周易》之道一点都不空虚遥远，就在人们身边。

第九节

yì　　zhī　wéi　shū　yě　　yuán　shǐ　yào　zhōng　yǐ　wéi
《易》之为书也，原始要终，以为

zhì　yě　　liù　yáo　xiāng　zá　　wéi　qí　shí　wù　yě
质也。六爻相杂，唯其时物也。

qí　chū　nán　zhī　　qí　shàng　yì　zhī　　běn　mò　yě　　chū
其初难知，其上易知，本末也。初

cí　nǐ　zhī　　zú　chéng　zhī　zhōng　　ruò　fú　zá　wù　zhuàn　dé　　biàn
辞拟之，卒成之终。若夫杂物撰德，辩

shì　yǔ　fēi　　zé　fēi　qí　zhōng　yáo　bú　bèi　　yī　　yì　yào　cún
是与非，则非其中爻不备。噫！亦要存

wáng　jí　xiōng　　zé　jū　kě　zhī　yǐ　　zhì　　zhě　guān　qí
亡吉凶，则居可知矣。知（智）者观其

tuàn　cí　　zé　sī　guò　bàn　yǐ
彖辞，则思过半矣。

èr　yǔ　sì　tóng　gōng　ér　　yì　wèi　　qí　shàn　bù　tóng
二与四同功而异位，其善不同。

èr　duō　yù　　sì　duō　jù　　jìn　yě　　róu　zhī　wéi　dào　　bú
二多誉，四多惧，近也。柔之为道，不

　　【大 意】《周易》这本书用处在于：它（每卦）有六个爻，初爻为起始，上爻为终结，中间四个爻为中爻，所以从初到上，推究起始，便可审查终结，《周易》以善始善终为实质；六爻相互变化往来，多种多样，根据时势的发展变化而变化。

　　《周易》初爻预示事物起始阶段难以知晓，到上爻以后，便容易知道事物发展的过程。《周易》以初爻为本始，以上爻为末端，通达六爻，可知晓事情的本末。因此，《周易》的卦爻辞通过比拟的方式，模拟事物的初始，告诫人们慎始而善终。在这六爻中，如果要模拟杂七杂八的事物，而且提炼出道德准则，助人们明辨是非，如果没有中间的四个爻，不可能具备这样的功能。想要知道存亡吉凶的道理，坐在家里把万事万物代入六爻之中，便可知晓。明眼人通过审察象辞，对卦爻辞就已经领悟过半了。

　　在中爻中，二爻与四爻，同属阴爻，共同具有阴柔的功能，但是位置不同，所以二者的处境不同。二爻多半会得到荣誉，四爻多半非常恐惧，这是因为四爻处在外卦，与危险、诱惑、名利、得失等靠得太近。但是纯粹使用柔道，软弱无能，又不利于实现远大的目标。

利远者。其要无咎，其用柔中也。三与
五同功，而异位，三多凶，五多功，贵
贱之等也。其柔危，其刚胜也。

第十节

《易》之为书也，广大悉备。有天道
焉，有人道焉，有地道焉。兼三才而两
之，故六。六者非它也，三材之道也。
道有变动，故曰爻。爻有等，故曰
物。物相杂，故曰文。文不当，故吉凶
生焉。

【大 意】所以要想预防咎害，既要柔顺，又要把握中道。三爻与五爻，同属阳爻，共同
具有阳刚的功能，但是位置不同，三爻多凶险，五爻多半成功，这是因为二者的高低所导致的贵
贱不同，柔软下贱则危险，刚健自尊则可以取胜。

《周易》这部书，广大无际，包罗万事，无所不备，具有天道、人道、地道，兼顾了天地人三
才，而且各自都具有阴阳、仁义、刚柔的两面性，所以每卦有六个爻。（初二在下为地，三四在中为
人，五上在上为天。）六爻包括天地宇宙，看似广大，但就是在讲天地人三才之道而已。

三才之道有变动，阴阳仁义刚柔有变化，所以用爻来模仿。六爻有阴阳、刚柔、远近、贵贱的种
类分别，所以象征万事万物。事物之间的联系纷繁复杂，所以用卦爻文辞来形容。卦爻辞里都在告诫人
们文理错杂不当的地方，需要人们特别警戒，所以吉凶就在当与不当之间明白显示出来。

yì zhī xīng yě qí dāng yīn zhī mò shì zhōu

《易》之兴也，其当殷之末世、周

zhī shèng dé yé dāng wén wáng yǔ zhòu zhī shì yé shì gù

之盛德耶？当文王与纣之事耶？是故

qí cí wēi wēi zhě shǐ píng yì zhě shǐ qīng qí dào shèn

其辞危。危者使平，易者使倾。其道甚

dà bǎi wù bú fèi jù yǐ zhōng shǐ qí yào wú jiù

大，百物不废。惧以终始，其要无咎，

cǐ zhī wèi yì zhī dào yě

此之谓《易》之道也。

第十二节

fú qián tiān xià zhī zhì jiàn yě dé xíng héng yì

夫乾，天下之至健也，德行恒易

yǐ zhī xiǎn fú kūn tiān xià zhī zhì shùn yě dé xíng héng

以知险。夫坤，天下之至顺也，德行恒

jiǎn yǐ zhī zǔ

简以知阻。

【大意】《周易》的兴盛，正是处在殷商末期，周文王逐渐拥有盛德大业的时代吧？正是在说周文王被商纣囚禁在羑里创作《周易》的事情吧？所以，卦爻辞到处都有危险的告诫，提高警惕的人可以化险为夷，粗心大意的人便会阴沟里翻船。《周易》的道理非常重要，所有的事物都需要它的指导。小心谨慎，善始善终，最重要的是做到没有咎害。这就是《周易》之道。

（《周易》就是这么简单容易，就是这么实用。《周易》源于天地自然，自然之大，不过就是天地而已，《周易》之道甚大，也不过就是乾坤而已。天地的德行特性就是自然无为，乾坤的德行特性就是简单容易。所以，）象征天的乾阳卦，是天底下最刚健的，它的德行特点是容易，"乾以易知"，不容易就是遇到困难，容易就能知道困难所在。象征地的坤阴卦，是天底下最柔顺的，它的德行特点是简单，"坤以简能"，不简单就是遇到阻碍，简单就能知道阻碍之所在。

能说（悦）诸心，能研诸侯之虑，定天下之吉凶，成天下之亹亹者。是故变化云为，吉事有祥。象事知器，占事知来。

天地设位，圣人成能。人谋鬼谋，百姓与能。

八卦以象告，爻彖以情言。刚柔杂居，而吉凶可见（现）矣。变动以利言，吉凶以情迁。是故爱恶相攻而吉凶生，远近相取而悔吝生，情伪相感

【大 意】（尽管乾道成男，坤道成女，但人心复杂多欲导致无法完全纯粹地达到天下至健至顺，无法真正地做到犹如天地那样超越艰难险阻、吉凶悔吝。所以，）《周易》便通过简易的方式，把趋吉避凶的道理与人心合一，所以人们很愉快地达到知行合一，而且能详尽研究养育万物的诸侯们的忧虑，决定天下的吉凶祸福，促成天下万物勉力不息，奋发创造。所以，这一切的变化现象，只要按照《周易》之道去做，就是在做好事，必有祥兆，通过卦爻模拟想象可以知道如何去制作器物，六爻能原始要终，以此占断可推测未来。

（天尊地卑，乾坤定位，）天地自然确立上下尊卑的位置，圣人顺从天道，设立卦爻辞体系以简单容易的方式使圣人具有赞天地之化育的能力，圣人的智谋先通于大众之心，在人谋仍然存疑的情况下，可以通过占卜和解读卦爻系统等途径，参与到天地阴阳变化莫测的鬼神智谋之中，如此打通人谋与鬼谋之后，连同普通百姓也都认可并跟着圣人的谋划，参与这种接通天地、延伸意识境遇的功能运用之中。

八卦通过模拟万物之象来告知《周易》之道，象辞爻辞通过形容万物的性情来言说《周易》之道。阴阳刚柔相杂而且变动不居，屈信往来，所以吉凶就显现出来。《周易》卦爻的变动，使人们知道什么是最有利的，因为六爻之间的吉凶依事物发展的情理变迁。所以，卦爻之间的互动，如互相恩爱，互相厌恶，或相互攻击，同类则相聚而相爱，异类则相恶而相攻，所以出现了吉凶。六爻之间有远有近，远近之间互相争取，后悔与羞辱就产生了。

ér lì hài shēng fán yì zhī qíng jìn ér bù xiāng dé
而利害生。凡《易》之情，近而不相得

zé xiōng huò hài zhī huǐ qiě lìn
则凶，或害之，悔且吝。

jiāng pàn zhě qí cí cán zhōng xīn yí zhě qí cí
将叛者其辞惭，中心疑者其辞

zhī jí rén zhī cí guǎ zào rén zhī cí duō wū shàn zhī
枝。吉人之辞寡，躁人之辞多。诬善之

rén qí cí yóu shī qí shǒu zhě qí cí qū
人其辞游，失其守者其辞屈。

【大意】六爻之间有真情实感，也有虚情假意，真假相互感应，就有了利害关系。六爻形象地演绎了人世间的情态，看来人心比较险恶难测、复杂多变，人生也充满了诸多艰难险阻，然而，《周易》之道又言简意赅地概括了六爻和人情的规律：那就是卦爻之间、万物之间，不要靠得太近，一旦太近，容易彼此不相容，就会有凶险，导致分离而有凶祸，或者残害对方，或者懊悔而且侮辱诬毁对方。（《周易》的卦爻辞通过模拟人性告诉人们，人情相反相成，感情不会固定不变，容易变迁，只有天地永恒不变，天长地久。）《周易》既通达万物性情，也包含人情世故。

（人情不相得的情形有很多种，比如：）遇到有背叛之心的人，卦爻辞便显得惭愧；遇到内心犹疑的人，卦爻辞显得枝枝节节，支离破碎，难以捉摸；遇到吉祥的人，卦爻辞显得沉默寡言，恬淡寡欲；遇到急躁的人，卦爻辞显得非常烦琐；遇到诬蔑善良的人，卦辞显得游移不定，没有根据，信口开河。遇到失去操守的人，卦辞显得委曲求全，卑躬屈膝。（《系辞传》围绕乾易坤简为线索，一以贯之，一气呵成，前后连贯呼应，从开头到结尾，殊途而同归，一致而百虑，都在说简单容易这个中心话题。通读百遍之后，意思自然明确，条理一贯，以经解经，其义自见。）

第五章 说卦传

昔者圣人之作《易》也，幽赞于
神明而生蓍，参（叁）天两地而倚数，
观变于阴阳而立卦，发挥于刚柔而
生爻，和顺于道德而理于义，穷理尽
性以至于命。

昔者圣人之作《易》也，将以顺性命
之理，是以立天之道曰阴与阳，立地之
道曰柔与刚，立人之道曰仁与义。兼三

【大意】 昔日，圣人在创作《周易》的时候，潜移默化地赞助天地神明养育万物之德，而发明了蓍草占筮的方法，效法天地自然之数，把天奇（一三五三个天数）地偶（二四两个地数）相互交错的道理揣摩出来，确定了《周易》的数理。天地的变化，不过就是阴阳之变而已，观察阴阳的变化而建立卦形。阳刚阴柔，将阴阳发挥出刚柔之性，然后有了爻。把人的道德与天地阴阳之道相协和，将天人之际理顺合宜，穷究卦爻辞的道理，尽显万物的性情，可以通晓并揭示它们的命运。

昔日圣人所创作的这部《周易》，是完全顺应天地万物性命的规律。所以，用阴暗和阳光来显现天的规律，用柔弱和刚强来显现大地的状态，用仁爱和正义来显现人类的性情。

cái ér liǎng zhī　　gù　yì liù huà ér chéng guà　fēn yīn fēn
才而两之，故《易》六画而成卦。分阴分

yáng　　dié yòng gāng róu　　gù　yì　liù wèi ér chéng zhāng
阳，迭用刚柔，故《易》六位而成章。

tiān dì dìng wèi　　shān zé tōng qì　　léi fēng xiāng bó
天地定位，山泽通气，雷风相薄，

shuǐ huǒ bù xiāng shè　　bā guà xiāng cuò　　shù wǎng zhě shùn　zhī
水火不相射，八卦相错。数往者顺，知

lái zhě nì　　shì gù　yì　nì shù yě
来者逆，是故《易》逆数也。

léi yǐ dòng zhī　　fēng yǐ sàn zhī　　yǔ yǐ rùn zhī
雷以动之，风以散之，雨以润之，

rì　yǐ xuǎn zhī　　gèn yǐ zhǐ zhī　　duì yǐ yuè　　zhī
日以烜之，艮以止之，兑以说（悦）之，

qián yǐ jūn zhī　　kūn yǐ cáng zhī
乾以君之，坤以藏之。

dì chū hū zhèn　　qí hū xùn　　xiāng jiàn hū lí　　zhì
帝出乎震，齐乎巽，相见乎离，致

【大意】《周易》顺应了天道、人道、地道，兼顾了天地人三才，而且各自都具有阴阳、仁义、刚柔的两面性，两两相对。因此，《周易》便有六个爻画而组成了一个六画卦。六爻有阴有阳，错综复杂，柔与刚迭相为用，因此，《周易》通过六个爻位而有了章法。

天高上地低下，各自定位；大山与河泽，上下气流相通相润，（有山必有水，有水必有山；）雷与风互相激荡逼迫，迅雷风烈必变。水火不相容。由这八个自然现象所象征的八个卦是相互交错的，既相互对立，又相互统一，既相互顺应，又相互逆反，既相互生成、促进，又相互克制、敌对。八卦之间相生、相因、相往则为顺。八卦互相对立，由此方推断彼方的来头，则是采取逆向思维。《周易》就是通过比拟的方式，借助卦象来推断事物发展的来头，由此而及彼，神以知来，知以藏往，所以，《周易》走的就是逆向的路数。

震为雷，雷有振起的作用，震的特性是振奋鼓动。巽为风，风有吹散的作用，巽的特性是吹散播散。坎为水，在天为雨，雨有滋润的作用，坎的特性是滋润万物。离为火，在天为日，日有晒干的作用，离的特性是温暖干燥。艮为山，大山有阻止的作用，艮的特性是阻止使静。兑为泽，大泽有使人愉悦的作用，兑的特性是欣悦万物。乾为天，在地为君王，君王有主宰的作用，乾的特性为君临主宰。坤为地，地有负载万物的作用，坤的特性是包容藏养。

役乎坤，说(悦)言乎兑，战乎乾，劳乎坎，成言乎艮。

万物出乎震，震东方也。齐乎巽，巽东南也；齐也者，言万物之絜(洁)齐也。离也者，明也；万物皆相见，南方之卦也；圣人南面而听天下，向明而治，盖取诸此也。坤也者，地也；万物皆致养焉，故曰致役乎坤。兑，正秋也；万物之所说(悦)也，故曰说(悦)言乎兑。战乎乾，乾，西北之卦也，言阴

【大 意】创生万物的天帝从东方震位出来，故震有复出的意义（时值春季，草木初生）。到了巽万物就变得鲜洁整齐，故巽有鲜洁整齐的意义（时值春末夏初，万物欣欣向荣）。到了离，就光辉具足地显现出来，故离有相见的意义（时值盛夏，万物茂盛）。到了坤，天帝把自己的使命交给大地去完成，故坤有致役的意义（时值夏末秋初，万物苗壮生长）。到了兑，变得喜悦言笑，故兑有喜悦言笑的意义（时值正秋，果实累累）。到了乾，六阳具足与阴气交战，故乾有交战的意义（时值秋末冬初，万物由盛转衰）。到了坎，已变得劳苦，故坎有劳苦而犒赏的意义（时值正冬，万物收敛蓄藏）。到了艮，天帝巡行一周的任务完成，故艮有成功的意义（时值冬末春初，万物终而复始）。

天地万物从东方震位生出，震为雷，春雷动而万物生，正值春季，春回大地，处在东方。在巽位整齐划一，巽为风，处在东南，风吹而万物鲜洁整齐。离为日，日照光明，万物都能相见，离是处在南方的卦，正值夏季。所以，圣人坐北朝南，面向南方来治理天下，象征勤政廉明的治理天下，大概是取法于此。

阳相薄也。坎者，水也；正北方之卦
也，劳卦也，万物之所归也，故曰劳乎
坎。艮，东北之卦也；万物之所成终而
所成始也，故曰成言乎艮。

神也者，妙万物而为言者也。
动万物者莫疾乎雷。挠万物者莫疾
乎风，燥万物者莫熯乎火，说万物者
莫说乎泽，润万物者莫润乎水，终万
物、始万物者莫盛乎艮。故水火不相
逮，雷风不相悖，山泽通气，然后能变
化，既成万物也。

【**大意**】坤为地，大地孕育万物，所以万物都是由地来生养，因此把劳役交给坤卦。兑卦正值秋季，万物成熟，各正性命，所以愉悦尽性，因此是在兑位言笑。在乾位战斗，乾卦是处在西北方的卦，阴阳相互激荡，天寒地冻。坎为水，是处在正北方的卦，正值冬季，休养生息，取到劳效、收获的卦，万物都有了归宿，因此是在坎位有劳效。艮是处在东北方的卦，万物到此时结束，结束之日也是开始之时，所以又是从此刻开始，因此是在艮位完成。（这是八卦的人文属性。）

大自然非常神奇，看不见，摸不着，却充满着一股神奇的力量，自然无为，却生成万物，八卦比拟的自然界万物，就如有神助，这个神是以巧妙的指挥万物来表现的。使万物生动，充满生机的，比不过雷的猛烈。弯曲万物的，比不过风的厉害。干燥万物的，比不过火的照射。令万物洒脱愉悦的，比不过湖泽的荡漾。湿润万物，比不过水的滋润了。万物终而复始，循环往复，比不过大山的壮观了。因此，水火不相及，恰恰水可以救火，火可以化水，雷风相互搏击激荡，相互推动而不相逆，高山与湖泽相互环绕通气，然后自然而然能发生变化，也就产生了万物奇妙的景观。（这一段在说明八卦的无穷的力量。）

乾，健也；坤，顺也；震，动也；
巽，入也；坎，陷也；离，丽也；艮，止
也；兑，说（悦）也。

乾为马，坤为牛，震为龙，巽为
鸡，坎为豕，离为雉，艮为狗，兑为羊。

乾为首，坤为腹，震为足，巽为

【大意】 乾为天，运转不息，变化多端，又为纯阳，所以是刚健。坤为地，顺承万物，安安静静，又为纯阴，所以是柔顺。震为雷，动如雷霆，又象一阳从底下出动，奋发有为，所以是振动。巽为风，无孔不入，又象一阴入于二阳之下，所以是进入。坎为水，水容易陷入，又象中间一阳陷入上下两阴，所以是下陷。离为火，火必须附丽在物体之上才能燃烧，又象中间一阴柔之爻附丽在上下二刚之内，又象火光靓丽，所以是附丽。艮为山，不动如山，所以是静止。兑为泽，碧波荡漾，养育万物，又象外柔内刚，所以是和悦。（这一段是说明八卦的德性。）

乾为马，因为乾卦是纯阳卦，为奇数，马蹄是圆形，象一，为奇数；又乾为阳，马属阳，行走时前蹄先起，下卧时后蹄先卧；又阳极生阴，马常站立，生病则卧；又乾为天，运动不息，马性刚健致远。坤为牛，因为坤卦是纯阴卦，为偶数，牛蹄子分拆，象二，为偶数；又坤为阴，牛属阴，行走时后蹄先起，下卧时前蹄先卧；又阴极生阳，牛常卧，生病则站立；又坤为地，顺承万物，牛性柔顺而承载货物。震为龙，因为龙潜藏于大海之中，震卦一阳藏于两阴之下；又震为雷为动，龙飞上天，必电闪雷鸣。巽为鸡，因为巽为风，刮风可知时令，鸡鸣可知时间；又风烈则雷鸣，鸡准备鸣叫时，必然拍打翅膀；又巽为风，刮风必看天气，鸡低头喝水，然后必然仰头看天；又巽为入，鸡吃食则入，鸡不会飞，伏地前行，鸡羽毛怕淋雨，遇阴天则钻入鸡窝，鸡休息时，一脚独立，一脚深入前胸；坎为猪，因为水处万物之所恶，猪喜欢生活在肮脏潮湿的地方；又坎上下二阴，中间一阳，猪身肥壮，前后则头俯耳垂尾巴短；又坎卦中刚外柔，猪外迟缓而内性暴躁。离为野鸡，因为离火艳丽，又离为文明，野鸡羽毛秀丽；又离卦外刚而内柔，野鸡见人就会缩头，是内心柔弱。艮为狗，因为艮山静止，狗能看守止人；又艮外刚内柔，狗对外人凶猛，对自己人摇尾谄媚。（又《九家易》说："艮止，主守御也。艮数三，七九六十三，三主斗，斗为犬。"）兑为羊，因为兑卦外阴内阳，外柔内刚，羊外表柔悦，叫声亲切，喜欢群居，内心刚狠，喜欢顶撞；又兑上阴象羊角，兑卦象羊字。（这一段是说明八卦能远取诸物。）

乾为头，因为乾为天，高高在上。坤为肚，因为坤为地，藏养万物。震为足，因为震为动，足行走运动；又震卦一阳在下动，象脚在底下走动。巽为腿，巽能行权，随机应变，腿随脚而动；又巽二阳在上，下阴分开，象人站立，两腿分开。坎为耳，因为坎为陷，耳孔向内陷入。

股，坎^{kǎn}为^{wéi}耳^{ěr}，离^{lí}为^{wéi}目^{mù}，艮^{gèn}为^{wéi}手^{shǒu}，兑^{duì}为^{wéi}口^{kǒu}。

乾^{qián}，天^{tiān}也^{yě}，故^{gù}称^{chēng}乎^{hū}父^{fù}；坤^{kūn}，地^{dì}也^{yě}，

故^{gù}称^{chēng}乎^{hū}母^{mǔ}。震^{zhèn}一^{yī}索^{suǒ}而^{ér}得^{dé}男^{nán}，故^{gù}谓^{wèi}之^{zhī}长^{zhǎng}

男^{nán}。巽^{xùn}一^{yī}索^{suǒ}而^{ér}得^{dé}女^{nǚ}，故^{gù}谓^{wèi}之^{zhī}长^{zhǎng}女^{nǚ}。坎^{kǎn}

再^{zài}索^{suǒ}而^{ér}得^{dé}男^{nán}，故^{gù}谓^{wèi}之^{zhī}中^{zhōng}男^{nán}。离^{lí}再^{zài}索^{suǒ}而^{ér}

得^{dé}女^{nǚ}，故^{gù}谓^{wèi}之^{zhī}中^{zhōng}女^{nǚ}。艮^{gèn}三^{sān}索^{suǒ}而^{ér}得^{dé}男^{nán}，

故^{gù}谓^{wèi}之^{zhī}少^{shào}男^{nán}。兑^{duì}三^{sān}索^{suǒ}而^{ér}得^{dé}女^{nǚ}，故^{gù}谓^{wèi}之^{zhī}

少^{shào}女^{nǚ}。

乾^{qián}为^{wéi}天^{tiān}，为^{wéi}圜^{yuán}（圆），为^{wéi}君^{jūn}，为^{wéi}父^{fù}，

为^{wéi}玉^{yù}，为^{wéi}金^{jīn}，为^{wéi}寒^{hán}，为^{wéi}冰^{bīng}，为^{wéi}大^{dà}赤^{chì}，为^{wéi}良^{liáng}

【大意】离为目，为日为光明，又为附丽，眼睛必须借助光亮才能看见。艮为手，因为艮为静止，手能止物；又艮卦一阳动于上，象人手在身上动。兑为口，因为兑卦一阴在上开口，象嘴在头上张口。（八卦没有提到心，因为心为神也，心神是以巧妙的指挥身体五官来表现的。又人的身体就是一个小宇宙，所以乾首坤腹，象天地定位；坎耳离目，耳目互不相见，象水火不相射；面相学鼻梁为山根，所以艮也为鼻子，艮鼻兑口，象山泽通气；巽为号令，手势可发号施令，所以巽也为手，震足巽手，人行走时必摆手，象雷风相薄。这一段是说八卦能近取诸身。）

乾卦象蓝天那样令人敬畏，因此称作父亲；坤卦象大地般和蔼可亲，因此称作母亲。有天地必生万物，有男女必生儿女，刚柔相交而成变化。《周易》逆数，从下往上，以下为先。震卦是坤卦从乾卦中索求的第一个阳爻而生出的男孩，故叫长子；巽卦是乾卦从坤卦中索求的第一个阴爻而生出的女孩，故叫长女。坎卦是坤卦从乾卦中索求的第二个阳爻而生出的男孩，故叫中男；离卦是乾卦从坤卦中索求第二个阴爻而生出的女孩，故叫中女。艮卦是坤卦从乾卦中索求的第三个阳爻而生出的男孩，故叫少男；兑卦是乾卦从坤卦中索求的第三个阴爻而生出的女孩，故叫少女。（这一段是说乾道成男、坤道成女，八卦的人伦属性。）

乾卦刚健，故为天。天圆地方；又天道循环往复，故为环绕。天尊贵在上，故为君、为父。

马，为老马，为瘠马，为驳马，为木果。

坤为地，为母，为布，为釜，为吝

啬，为均，为子母牛，为大舆，为文，为

众，为柄，其于地也为黑。

震为雷，为龙，为玄黄，为旉（敷），

为大涂（途），为长子，为决躁，为苍筤

竹，为萑苇。其于马也为善鸣，为馵足，

为作足，为的颡。其于稼也，为反生。其

【大 意】 天体纯粹刚健，故为玉、为金。乾卦处在西北方，天寒地冻，故为寒、为冰。乾卦纯阳，为太阳，太阳刚刚升起和落山之时，为大红色，故为大赤。乾卦刚健，故为良马。乾卦纯阳，阳极生阴，壮变老，肥变瘦，纯色变杂色，故为老马、为瘦马、为杂色的马。天上有日月星辰，就像树上有果梨桃杏；又果子为圆形而在树上，象天圆在上，故为树木的果实。

坤卦包藏，生养万物，生儿育女，故为地、为母。坤卦柔顺广远，可以包藏，故为布。大地成熟万物，象锅煮熟食物；又坤卦纯阴虚，象锅中空；又大地中虚而藏物，象锅中虚而盛物，故为锅。大地始终持有万物而从不舍弃，故为吝啬。大地生养万物，均衡而不挑剔，故为均匀。大地生生不息，时刻都在生养万物，故为怀孕的母牛。大地装载万物，天旋地转，故为大车。地上的万物五彩缤纷，各有文采，故为文。坤卦纯阴，阴爻成群结队，故为众。大地在下面把万物承载在上面，故为把手。坤卦纯阴，阴暗至极；又天南地北，北方为黑色，对于地来说，土壤为黑土地。

震卦为动，打雷震动；又一阳在二阴之下动，如阴雨天才打雷，故为雷。为龙。乾坤始交而生震，天为玄，地为黄，天地相交的颜色就是玄黄色，故为玄黄。雷响而春天之气散布大地；又春回大地，万物呼吸散发的大气；又阳气初生，前面两阴象阳气散布开来，故为散布。底下一阳奋进，前面两阴象开出的两条大路，故为大路。为长子。雷霆猛烈；又一阳初动，向上决进，故为暴躁。春雷作响，万物初生，初生的竹子为青色；又震居东方，东方为青色；又底下一阳为根，上面两阴象一节一节的竹子；又竹子下根实，象一阳，上面的竹竿空虚，象两阴，故为青嫩的竹子；一阳为乾，上面两阴象挂着的穗子；又一阳生在两阴旁，象芦苇生长在阴湿的河水旁，故为芦苇；

jiū wéi jiàn　wéi fán xiān
究为健，为蕃鲜。

xùn wéi mù　wéi fēng　wéi zhǎng nǚ　wéi shéng zhí
巽为木，为风，为长女，为绳直，

wéi gōng　wéi bái　wéi cháng　wéi gāo　wéi jìn tuì
为工，为白，为长，为高，为进退，

wéi bù guǒ　wéi xiù　　qí yú rén yě　wéi guǎ
为不果，为臭（嗅）。其于人也，为寡

fà　wéi guǎng sǎng　wéi duō bái yǎn　wéi jìn lì shì sān
发，为广颡，为多白眼，为近利市三

bèi　　qí jiū wéi zào guà
倍，其究为躁卦。

kǎn wéi shuǐ　wéi gōu dú　wéi yǐn fú　wéi jiǎo róu
坎为水，为沟渎，为隐伏，为矫輮，

wéi gōng lún　qí yú rén yě　wéi jiā yōu　wéi xīn bìng　wéi
为弓轮。其于人也，为加忧，为心病，为

【大意】震卦足动，也属于马，对于马的这一类，雷声隆隆，又阳为火，阴为水，水遇火会发声，善于鸣叫，又一阳在下跳动发声，上面两阴开口，故为马善于鸣叫；一阳在底下动，阳光明亮为白色，白色在下；又春雷作响，春回大地，万物初生，电闪雷鸣；又震卦在左，打雷时，先看到闪电，后听到雷声，故为马的后左蹄子是白色，行走时容易看见；震卦为雷，雷电是从地底下打到天上，又一阳在下而起，向上决进，故象马的前蹄腾跃而起；万物震动，又震卦为异足，马蹄子为白色的马，额头也必为白色，故象马的额头为白色。对于庄稼来说，是一种反生长的庄稼，意思是不是根在下，果实在上，反而是果实在土里，根在土地上面；果实不是从地上生长出来，反而是一种在土地里就生长的庄稼，例如花生、土豆、红薯、豆类食品，取象于震卦，因为震卦一阳在两阴之下反生；又象一阳果实在两阴地下生长。震卦一阳虽然刚刚萌动，但其终究是最刚健的；又象征万物初生，终究会长大茂盛，故又为绚丽茂盛而灿烂鲜明。

　　巽卦为入，木善于入土，无土不穿，风善于入孔，无孔不入，故为木、为风；又一阴在下，象根部在下，二阳在上，象树干枝繁叶茂，故为木。为长女。巽卦为风，风吹万物整齐划一，绳子可以衡量木头的曲直，故为笔直、为工艺。风吹大地，一尘不染，干净洁白，故为白。风能吹得很长远，故为长。风可以把物体吹得很高；又参天大木，故为高。风东西南北到处乱吹，故为进退、为不果断。风吹可以散味，故为臭。对于人来说，风吹落叶，如人的头发稀疏，故为少发；头发少则前额宽广，故为广阔的额头；阳为白，阴为黑，故离卦上下为白，中间为黑，象眼睛，巽卦二阳在上，一阴在下，为翻起了白眼，故为多白眼。巽卦善入，能够靠近；又能进退，可以权衡利弊；又风吹万物，没有偏袒，象公平交易的市场，所以是靠近利益的市场能获利三倍多。巽卦一阴虽然刚刚潜入，但其终究是最躁动的卦；风虽然为气流，但力道很强大。

ěr tòng　wéi xuè guà　wéi chì　qí yú mǎ yě　wéi měi
耳痛，为血卦，为赤。其于马也，为美

jǐ　wéi jí xīn　wéi xià shǒu　wéi bó tí　wéi yè　qí
脊，为亟心，为下首，为薄蹄，为曳。其

yú yú yě　wéi duō shěng　wéi tōng　wéi yuè　wéi dào　qí
于舆也，为多眚，为通，为月，为盗。其

yú mù yě　wéi jiān duō xīn
于木也，为坚多心。

lí wéi huǒ　wéi rì　wéi diàn　wéi zhōng nǚ　wéi
离为火，为日，为电，为中女，为

jiǎ zhòu　wéi gē bīng　qí yú rén yě　wéi dà fù　wéi
甲胄，为戈兵。其于人也，为大腹。为

qián guà　wéi biē　wéi xiè　wéi luó　wéi bàng　wéi guī
乾卦，为鳖，为蟹，为蠃，为蚌，为龟。

【大意】 坎卦一阳在中，象水中透明；又一阳陷入二阴之中，如陷入水中；又一阳在中，二阴在外，为内明外暗，故为水。坎卦一阳在二阴之间穿行，象河流渠道，故为沟渎。一阳藏在二阴之中；又水多隐藏在地下，故为隐伏。水流蜿蜒曲折，故为矫正，为弓箭车轮；又弓箭、车轮弯曲，都是把木头矫正弯曲过来的；又水流湍急如射箭，水流弯曲如车轮；又坎为月亮，月亮有时象弓箭的弯曲，有时象车轮满圆。对于人来说，坎卦是坎坷险难，故为更加忧愁、为心病；耳朵中空，坎卦一阳在中堵塞，故为耳痛；水在地上流，象血在人体流，故为血卦；血为红色，故为赤。对于马来说，坎卦一阳在中央如脊背，二阴在外如身体匀称，故为美丽脊背的马；坎卦一阳在内刚硬，内心焦急，故为心性急躁难以驾驭的马；水流头先趋下，故为垂头的马；水流轻快，故为蹄子轻浮多动的马；坎为险难，马遇到危险头向后扯，故为向后曳扯的马。对于车来说，坎卦一阳在中象车身，上下两阴象四个车轮，但坎卦为险陷，故为多灾难不安全的车；水流无阻挡，又滴水可穿石，故为通；水借光而透明，因此一阳在内而发光，象月亮借助太阳而发光；又水流变幻无形，月亮圆缺变化；又月亮可引动潮汐，故为月；坎为隐伏，为月，在月夜下隐伏，又一阳藏于两阴之中，故为盗。对于木来说，坎卦刚在中，中心坚实，故为坚硬实心。

离卦为附丽，火附着木头才燃烧；又内阴外阳，如火内暗外明；又离卦在南方，多炎热，故为火。火光照亮，如太阳光明；又中间一阴暗，如太阳黑子；又太阳附丽在天上，故为日。火光发亮；又二阳在外，一阳在内，亮光在阴暗处发光；又离卦中虚，象电流无影无形；又闪电附丽在云雨中，故为电。为中女。离卦一阴在内为内柔，二阳在外为外刚，内柔外刚故为盔甲、为战士。对于人来说，内虚外实，可以包容万物；又火可烧万物，包括一切；又月亮有圆缺，而太阳常圆满，犹如孕妇，故为大肚子。日生于天；又离火干燥，故为乾卦。内柔外刚，有贝壳之象，故为甲鱼、为螃蟹、为海螺、为蚌、为龟，又都是大肚子。

qí yú mù yě　　wéi kē shàng gǎo
其于木也，为科上槁。

gèn wéi shān　wéi jìng lù　wéi xiǎo shí　wéi mén
艮为山，为径路，为小石，为门

què　wéi guǒ luǒ　wéi hūn sì　wéi zhǐ　wéi gǒu
阙，为果蓏，为阍寺，为指，为狗，

wéi shǔ　wéi qián huì zhī shǔ　qí yú mù yě　　wéi
为鼠，为黔喙之属。其于木也，为

jiān duō jié
坚多节。

duì wéi zé　wéi shào nǚ　wéi wū　wéi kǒu shé
兑为泽，为少女，为巫，为口舌，

wéi huǐ zhé　wéi fù jué　qí yú dì yě　　wéi gāng lǔ
为毁折，为附决。其于地也，为刚卤。

wéi qiè　wéi yáng
为妾，为羊。

【大意】 对于木来说，外干硬内空虚；又火性炎上，树木内空，上部必干枯落叶，故为干枯的树木。

一阳高高在上，二阴象地，如高耸的山顶；又艮为止，山在地上静止，故为山。山上有盘山小路；又一阳挡在前，大路不通，只能绕小道，震为大涂，艮卦反过来是径路，故为小路。艮为山，一阳在上象小石头，大而为山，小而为石，故为小石。一阳横跨在两阴之上，两阴象两根柱子，也象两扇门，有门的样子；又艮为止，门能止人入内，故为城门。一阳在上如果实，二阴在下如根部或者蔓延的藤，故为瓜果。艮为禁止，故为看门的人。艮为手，手指可以取物，可以止物；又人的身体，在下动的为震为足，在上动的为艮为手；又艮为坚多节，手指多节，故为指。前刚后柔，老鼠、狗牙齿坚硬；又狗可以禁止人；鼠被人禁止，故为鼠、为狗。鸟喙、野兽牙齿非常坚硬，飞禽走兽的嘴一般都为黑色；又飞禽走兽多居深山老林之中；又动物都靠嘴来守卫，故为禽兽之类。对于木来说，艮卦阳刚在上，是坚木，二阴在下，枝枝节节，故为坚硬而且有好多节的树枝。

兑为坎水初爻变阳，水底堵塞不通，聚集为湖泊；又一阴蓄止在上，象湖泽，故兑为泽。为少女。湖泽幽深，意境神奇，故为巫术或巫师。阳动于内，象舌头在嘴里动；又说话需用舌头，故为口舌。兑卦上缺；又兑卦正秋，瓜熟蒂落，树干叶落，故为毁坏折断、为脱落。对于地来说，一阴在上，二阳在下，底下厚实坚硬，又泽水多盐，又兑卦在西，五行属金，颜色为白，故为土地坚硬的盐碱地。兑卦外柔内实，内有涵养，外谦虚，又兑卦为少女，犹如古代女子对自己的谦称，如妾身、贱妾，故为妾。为羊。

第六章 序卦传

yǒu tiān dì　rán hòu wàn wù shēng yān　yíng tiān dì
有天地，然后万物生焉。盈天地

zhī jiān zhě wéi wàn wù　gù shòu zhī yǐ tún　tún
之间者唯万物，故受之以《屯》。屯

zhě　yíng yě　tún zhě　wù zhī shǐ shēng yě　wù shēng bì
者，盈也。屯者，物之始生也。物生必

méng　gù shòu zhī yǐ méng　méng zhě　méng yě　wù
蒙，故受之以《蒙》。蒙者，蒙也，物

zhī zhì yě　wù zhì bù kě bù yǎng yě　gù shòu zhī yǐ
之稚也。物稚不可不养也，故受之以

xū　xū zhě　yǐn shí zhī dào yě　yǐn shí bì yǒu
《需》。需者，饮食之道也。饮食必有

sòng　gù shòu zhī yǐ sòng
讼，故受之以《讼》。

sòng bì yǒu zhòng qǐ　gù shòu zhī yǐ shī
讼必有众起，故受之以《师》。

shī zhě　zhòng yě　zhòng bì yǒu suǒ bǐ　gù shòu zhī yǐ
师者，众也。众必有所比，故受之以

【大 意】天地生养万物，有了天地，然后才有了万物的生生不息，所以《周易》以乾坤两卦为首。充满天地之间的也只有万物，所以用屯卦相接，屯就是囤积充满，正是万物初生之时。万物初生，必然蒙昧无知，所以用蒙卦相接，蒙就是蒙昧，万物正处幼稚之时。万物幼稚，非养不可，所以用需卦相接，需是万物都有饮食需求欲望的自然规律。饮食男女，人之大欲存焉，有欲望必然会有争抢，所以用讼卦相接。

争讼必然会有众人揭竿而起，所以用师卦相接，师就是兴师动众。天下大乱，群雄并起，人以类聚，物以群分，必然要有所亲附，投奔倚靠，所以用比卦来相接。

《比》。比者，比也。比必有所畜，故

受之以《小畜》。物畜然后有礼，故受

之以《履》。（履者，礼也。）履而泰然

后安，故受之以《泰》。泰者，通也。物

不可以终通，故受之以《否》。

物不可以终否，故受之以《同

人》。与人同者，物必归焉，故受之以

《大有》。有大者不可以盈，故受之以

《谦》。有大而能谦必豫，故受之以

《豫》。豫必有随，故受之以《随》。

以喜随人者必有事，故受之以《蛊》。

【大意】比就是亲比。相互比附依靠，必然要能得到蓄养，无法蓄养，不来投靠，所以用小畜卦相接。礼义生于富足，小有积蓄，然后要有礼义，富而有礼，所以用履卦来相接。（履是礼节的意思，）人有礼则安，无礼则危，以礼相待所以通泰，然后才能安定，所以用泰卦相接，泰就是通泰。事物不可能永远通泰，必然会有人反对，遭遇阻碍，所以用否卦相接。

事物不可能永远闭塞不通、无法沟通，必定会有人赞同，遇到志同道合之人，所以用同人卦相接。与人相处能求同存异，一视同仁，大公无私，则万物必然归顺，大有所得，所以用大有卦相接。拥有巨大财富，不可以骄盈，满必招损，谦必受益，所以用谦卦来相接。富有而且能够谦虚，必然安居乐业，所以用豫卦相接。能安居乐业，必然会有人前来追随，所以用随卦相接。之所以喜欢追随别人，因为必然有事相求，所以用蛊卦相接。

gǔ zhě shì yě yǒu shì ér hòu kě dà gù shòu zhī yǐ
蛊者，事也。有事而后可大，故受之以

lín lín zhě dà yě wù dà rán hòu kě guān
《临》。临者，大也。物大然后可观，

gù shòu zhī yǐ guān kě guān ér hòu yǒu suǒ hé
故受之以《观》。可观而后有所合，

gù shòu zhī yǐ shì hé hé zhě hé yě wù bù
故受之以《噬嗑》。嗑者，合也。物不

kě gǒu hé ér yǐ gù shòu zhī yǐ bì bì zhě
可苟合而已，故受之以《贲》。贲者，

shì yě zhì shì rán hòu hēng zé jìn yǐ gù shòu zhī yǐ
饰也。致饰然后亨则尽矣，故受之以

bō bō zhě bō yě
《剥》。剥者，剥也。

wù bù kě yǐ zhōng jìn bō qióng shàng fǎn xià
物不可以终尽，剥穷上反（返）下，

gù shòu zhī yǐ fù fù zé bú wàng yǐ gù shòu zhī
故受之以《复》。复则不妄矣，故受之

yǐ wú wàng yǒu wú wàng rán hòu kě xù gù shòu zhī
以《无妄》。有无妄然后可畜，故受之

yǐ dà xù wù xù rán hòu kě yǎng gù shòu zhī yǐ
以《大畜》。物畜然后可养，故受之以

【大意】蛊是生事的意思。有事相求，一起共事，然后可以成就大业，所以用临卦相接，临是指能有人光临，是因为重大的缘故。事物重大，然后蔚为可观，所以用观卦相接。事业可观然后就会有人前来联合，所以用噬嗑卦相接，嗑就是相合。事物不可以随随便便凑合在一起，如此必成乌合之众，久则必散，所以用贲卦相接，贲就是修饰。装饰发挥到了极致，然后花开自然花谢，通达便走到了尽头，华丽开始衰落，所以用剥卦相接，剥就是剥落。

事物不可能无穷尽的剥落，物极必反，穷极于上，必反生于下，所以用复卦相接。事物复苏则不会有妄念，所以用无妄卦相接。没有妄念，然后可以拥有很大的储蓄，（嗜欲浅者天机深，）所以用大畜卦相接。德才兼备，然后才能有修养、有涵养，所以用颐卦相接。

《颐》。颐者，养也。不养则不可动，故受之以《大过》。物不可以终过，故受之以《坎》。坎者，陷也。陷必有所丽，故受之以《离》。离者，丽也。

有天地然后有万物，有万物然后有男女，有男女然后有夫妇，有夫妇然后有父子，有父子然后有君臣，有君臣然后有上下，有上下然后礼义有所错（措）。

夫妇之道不可以不久也，故受之以《恒》。恒者，久也。物不可以久居

　　【大意】 颐就是培养的意思。有修养才能成大器，没有经过培养则不可大动干戈、大有作为，所以用大过卦相接。不养则不可动，有养也不可以太过度，过度便会难以承受而沦陷，所以用坎卦相接，坎就是陷落。陷入困境必然会附着依赖可以拯救的对象，所以用离卦相接，离就是附丽。

　　有天地阴阳二气的往来，然后才有万物的生生不息，有万物然后就有男女性别的不同，有男有女然后就有了夫妇相随，有夫妻相随然后有父子大小，有父子大小然后有君臣尊卑，有君臣尊卑然后有上下规矩，有上下规矩然后礼义文化就有了推行。

　　夫妇终生相许，感情始终如一，夫妻不可以不长久，所以用恒卦接在咸卦之后，恒就是天长地久的意思。

其所，故受之以《遯》。遯者，退也。物
不可以终遯，故受之以《大壮》。物不
可以终壮，故受之以《晋》。晋者，进
也。进必有所伤，故受之以《明夷》。
夷者，伤也。

伤于外者必反（返）于家，故受之
以《家人》。家道穷必乖，故受之以
《睽》。睽者，乖也。乖必有难，故受
之以《蹇》。蹇者，难也。物不可以终
难，故受之以《解》。解者，缓也。缓必
有所失，故受之以《损》。

【大意】事物不可能永久存在，必然衰落，所以用遯卦相接，遯就是衰退的意思。事物不可能一直衰退，必将壮大起来，所以用大壮卦相接。事物不可能盛壮不已，必然争进，所以用晋卦相接，晋就是前进。一直进取，必然会受到打击伤害，所以用明夷卦相接。夷就是受伤的意思。

在外受伤，必然反求诸己，反求家人，所以用家人卦相接。家道不正，穷困潦倒，必然妻离子散，所以用睽卦相接，睽就是乖离的意思。相互乖离，背道而驰，必将患难，时乖运蹇，所以用蹇卦相接，蹇就是困难的意思。事物不可能一直处于困难，车到山前必有路，船到桥头自然直，一定会得到解决，所以用解卦相接，解就是缓解的意思。缓解困难，必将付出一定的成本代价，必然会造成损失，所以用损卦相接。

损而不已必益，故受之以《益》。

益而不已必决，故受之以《夬》。

夬者，决也。决必有所遇，故受之以
《姤》。姤者，遇也。物相遇而后聚，
故受之以《萃》。萃者，聚也。聚而上
者谓之升，故受之以《升》。升而不已
必困，故受之以《困》。

困乎上者必反（返）下，故受之以
《井》。井道不可不革，故受之以《革》。
革物者莫若鼎，故受之以《鼎》。主器
者莫若长子，故受之以《震》。震者，

【大意】 持续损耗，必然会出现损极而返的增益，所以用益卦相接。持续增益，必将决裂，所以用夬卦相接，夬就是决开的意思。决开必然相遇，所以用姤卦相接，姤是相遇。事物相遇然后聚集，所以用萃卦相接，萃就是萃聚的意思。不断聚集，成堆向上就是上升，所以用升卦相接。不停地升进必然有所困乏，所以用困卦相接。

上升困乏，必然返回底下，比喻前进受困，必然后退，井卦巽乎水而上水，模拟由上返下，所以用井卦相接。前进受阻，必须进行改革，就像井水长久不用必然腐坏，不可不流通革新，所以用革卦相接。鼎器用来煮食，生的变熟，硬的变软，变革事物再没有比鼎更形象的了，所以用鼎卦相接。掌管权力象征的鼎器再没有比长子更合适的了，震为长子，所以用震卦相接，震就是大运动的意思。

动也。物不可以终动，止之，故受之以

《艮》。艮者，止也。物不可以终止，

故受之以《渐》。渐者，进也。进必有

所归，故受之以《归妹》。得其所归者

必大，故受之以《丰》。丰者，大也。穷

大者必失其居，故受之以《旅》。

旅而无所容，故受之以《巽》。

巽者，入也。入而后说（悦）之，故受之

以《兑》。兑者，说（悦）也。说（悦）而后

散之，故受之以《涣》。涣者，离也。

物不可以终离，故受之以《节》。节而

【大意】事物不可能长期运动，必然停止，所以用艮卦相接，艮就是静止的意思。事物不可能一直静止不动，必然逐渐进化，所以用渐卦相接，渐是渐进的意思。循序渐进必然有所成就，得到归宿，所以用归妹卦相接。能够如愿以偿，必然丰盛，所以用丰卦相接，丰是盛大。一家饱暖千家怨，半世功名百世愆，穷追盛大，必遭侵夺，流离失所，所以用旅卦相接。

漂泊羁旅而没有容身之地，必须循天顺人，随遇而安，入乡随俗，所以用巽卦相接，巽就是深入的意思。能够深入人心，精义入神，然后得意自如，所以用兑卦相接，兑就是喜悦的意思。心情喜悦，然后闲散，所以用涣卦相接，涣是离散。事物不可以一直离散，人心不可以一直涣散，必然有所节制，所以用节卦相接。

信之，故受之以《中孚》。有其信者必
行之，故受之以《小过》。有过物者必
济，故受之以《既济》。物不可穷也，
故受之以《未济》。终焉。

【大　意】 有节制才能信守，无规矩不成方圆，所以用中孚卦相接。过于相信，必然言出必行，所以用小过卦相接。有过人之处必然能够完成任务，所以用既济卦相接。事物不可能终结，生命生生不息，没完没了，所以用未济卦相接。周而复始，循环往复，终究如此。

第七章 杂卦传

《乾》刚《坤》柔，《比》乐《师》忧；《临》《观》之义，或与或求。《屯》见（现）而不失其居。《蒙》杂而著。

《震》，起也。《艮》，止也。

《损》《益》，盛衰之始也。《大畜》，时也。《无妄》，灾也。《萃》聚而《升》不来也。《谦》轻而豫怠也。

《噬嗑》，食也。《贲》，无色也。

【大意】（万物混沌不分，纯也是杂，杂也是纯，阴阳混沌，刚柔相推，不可分开，阴中有阳，阳中有阳，《周易》六十四卦，错综复杂，皆为事物的一体两面，乾坤相错，本为一卦，）乾纯阳刚健，坤纯阴柔顺，（刚中有柔，柔中有刚，刚柔者，立本者也，刚柔相推而生变化。）比师一体两面，比亲师众，众人聚集既有欢乐，也有忧愁，亲比则乐，争抢则忧。临观本为一卦，万物不管相临还是相望，都有相助或者相求之意，你中有我，我中有你，守望相助。屯蒙本为一卦，万物初生出现，虽然蒙昧却能各得其所，万物幼稚，虽然屯杂混乱但是各自有条不紊。震艮本为一卦，生命的开起也是生命的终止。

损益本为一卦，损而为益，益而为损，旺盛就是衰老的开始，衰老也是旺盛的开始。大畜无妄一体两面，时运也是灾祸，灾祸也是时运，福祸相依，有储蓄的好时运，也有意想不到的灾难。萃升一体两面，人生悲欢离合，有聚有散，萃则来相聚，升迁则不回来。谦豫一体两面，谦虚则不会轻怠，轻怠则不会谦虚。噬嗑贲一体两面，食色性也，饮食男女，人之大欲，噬嗑在于饮食追求，贲在于无色无欲。

《兑》见而《巽》伏也。《随》，无故也。《蛊》，则饬也。《剥》，烂也。《复》，反（返）也。《晋》，昼也。《明夷》，诛也。井通而困相遇也。

《咸》，速也。《恒》，久也。《涣》，离也。《节》，止也。《解》，缓也。《蹇》，难也。《睽》，外也。《家人》，内也。《否》《泰》，反其类也。

《大壮》则止，《遯》则退也。《大有》，众也。《同人》，亲也。《革》，去故也。《鼎》，取新也。《小过》，过

【大意】兑巽一体两面，万事万物有阴有阳，有明有暗，有可见的部分，就有不可见的部分，兑则乐见，巽则隐伏。随蛊一体两面，有事也是无事，无事也是有事，虽然无事相随，但已经埋下祸乱需要随时整治。剥复一体两面，剥落腐烂也是复返生命之时，复返生命也是剥烂的开始。晋明夷一体两面，天下有光明，就有黑暗，晋则光明正大，明夷则暗算诛杀。井困一体两面，通顺的时候有困难，处于困境的时候能相遇，井水养人能通，处于困境必能突破相遇。

咸恒一体两面，物理运动快也是慢，慢也是快，咸卦感应迅速，恒卦在于长久。涣节一体两面，宇宙万物看似涣散无序，实际上都有章法制止。解蹇一体两面，事物无穷无尽，没完没了，刚刚缓解，困难将接踵而至。睽家人一体两面，外患皆是内因，内因导致外患，睽是分化向外，家人是聚拢向内。否泰一体两面，否中有泰，泰中有否，相反也相类。

大壮和遯一体两面，壮大则当休止，后退则穷当退避。大有同人一体两面，大有众多则能一视同仁亲天下，与人相同相亲则能大有。革鼎一体两面，变革去旧而取新，鼎取新而能去旧。

也。《中孚》，信也。《丰》，多故也。

亲寡，《旅》也。

《离》上而《坎》下也。《小畜》，

寡也。《履》，不处也。《需》，不进

也。《讼》，不亲也。

《大过》，颠也。《姤》，遇也，柔

遇刚也。渐，女归待男行也。《颐》，养

正也。既济，定也。归妹，女之终也。

《未济》，男之穷也。《夬》，决也，刚

决柔也，君子道长，小人道忧也。

【大意】 小过中孚一体两面，遇事小过因为相信，因为相信则过于平常。丰旅一体两面，财物丰富，故交都来投靠，实际上寡情薄意，皆为利往。

离坎一体两面，文明的上升，必然也是一种沦陷，发明创造的提升，必然也将陷入依赖。小畜履一体两面，小有积蓄则有礼有节，不敢以富贵自居，有礼有节，则缺少真情。需讼一体两面，有需求必然有争斗，有需求则人心涣散而失去亲情，有争斗则不敢进取。

大过平常，刚柔颠倒，非常时期。姤则相遇，柔遇到刚。柔遇刚，如女遇男，须守矜持，循序渐进，女子出嫁，等待男子来娶。如此才是颐养的正道，方可既济安定。女子出嫁，是女子合适的归宿，同时，有终必有始，也是男子事业的开始，穷途当决，夬是决断，刚正决去柔邪。刚柔消息盈虚，此消彼长，但邪不胜正，君子正道必长，小人邪道必忧。